LE PLAISIR DES YEUX

Dans la même collection

Bazin, *Le Cinéma de la cruauté*
Borde et Chaumeton, *Panorama du film noir américain* (1941-1953).
Boujut, *Wim Wenders*
Bourget, *Lubitsch*
Lotte H. Eisner, *Fritz Lang*
Fellini par Fellini
Godard par Godard :
Les années Cahiers
Les années Karina
Kracauer, *De Caligari à Hitler (une histoire du cinéma allemand, 1919-1933)*
Pasolini, *Écrits corsaires*
Renoir, *Ma vie et mes films*
Rohmer, *Le Goût de la beauté*
Rossellini, *Le Cinéma révélé*
Laurence Schifano, *Visconti (les feux de la passion)*
Tassone, *Akira Kurosawa*
Truffaut, *Les Films de ma vie*
Truffaut, *Le Plaisir des yeux*

FRANÇOIS TRUFFAUT

LE PLAISIR DES YEUX

FLAMMARION

ISBN 2-08-081514-8

AVERTISSEMENT

Souvent, à partir de 1980, nous avons eu l'occasion d'évoquer avec François Truffaut le projet de réunir dans un nouveau recueil des articles, préfaces ou courts essais, parus à diverses occasions dans des journaux, revues ou livres, en France ou aux Etats-Unis. Ses interventions devaient constituer en quelque sorte un prolongement des *Films de ma vie* (paru en 1975 chez Flammarion), témoignant d'une activité d'écriture constante, parallèle à celle du cinéaste.

Ce projet avait visiblement fait son chemin, puisque dans les moments libres que lui laissaient la préparation et la réalisation de ses films, François Truffaut s'était attelé à cette tâche. Le temps, la maladie ne lui ont pas permis de la mener à bien. Mais l'esquisse du livre était dessinée, avec des ébauches de chapitres, des listes d'articles, des titres. Il nous restait à retrouver ces textes, à adopter un principe d'organisation de l'ensemble pour que ce *Plaisir des yeux* — titre que Truffaut avait lui-même choisi — paraisse un jour.

Ces articles couvrent une période très large de son activité d'« écrivain de cinéma » : trois décennies qui l'ont vu tour à tour s'affirmer comme critique (dès le début des années cinquante, dans l'hebdomadaire *Arts* et dans les *Cahiers du cinéma*), polémiste cinglant (c'est avec le fameux « Une certaine tendance du cinéma français », paru en janvier 1954 dans les *Cahiers,* qu'il devint célèbre), puis, après ses débuts dans la mise en scène, comme essayiste, toujours prêt à préfacer les livres de ses amis, et à revenir sur des cinéastes ou des personnalités qu'il admirait (Renoir, Hitchcock, Welles, Chaplin, André Bazin, Henri Langlois, Henri-Pierre Roché, etc.).

C'est dire que la nature même de ces écrits est hétérogène, même si, à l'évidence, s'en dégage une réelle continuité de style et de point de vue : ceux d'un véritable penseur, ou plus précisément d'un moraliste du cinéma dont le talent, la fécondité sont reconnus par tous.

En suivant ses propres notes de travail, nous avons adopté le principe d'organiser cet ouvrage, non pas de manière chronologique (en commençant par ses articles les plus anciens), mais en remontant vers eux, à partir de ses textes les plus récents, la plupart postérieurs à la parution des *Films de ma vie*. C'est dire que *Le Plaisir des yeux* dessine une figure évolutive, en quelque sorte « à rebours », depuis la position de Truffaut cinéaste, jusqu'à ses articles antérieurs à ses débuts de metteur en scène, qui restituent de lui une image plus ancienne, presque enfuie, dont il s'était de son propre aveu quelque peu dégagé, sans la renier pour autant.

Preuve en est que François Truffaut lui-même avait inclus dans ce livre un chapitre polémique (le titre « Un peu de polémique ne fait pas de mal » est de lui). Il trouve ainsi tout naturellement sa place aux côtés de ses nombreux articles élogieux, concernant des comédiens (« Vive la vedette ! »), des écrivains (William Irish, Henri-Pierre Roché), ou ses « cinéastes de chevet ». L'ensemble dessine une généalogie, ou une archéologie qui, avec les *Films de ma vie*, reflète dans sa diversité l'intense activité d'écriture du cinéaste.

C'est grâce au précieux concours de Madeleine Morgenstern et des Films du Carrosse (Josiane Couëdel et Monique Holveck) que nous avons pu mener à bien ce projet, et nous les en remercions vivement.

Jean Narboni et Serge Toubiana

I

LE CINÉMA À LA PREMIÈRE PERSONNE

Le réalisateur, celui qui n'a pas le droit de se plaindre

La question de savoir qui est le véritable auteur d'un film ne se pose pas d'une façon impérieuse : il y a des films de metteurs en scène, des films de scénaristes, des films d'opérateurs, des films de vedettes. Dans l'absolu, on peut considérer que l'auteur d'un film est le metteur en scène, et lui seul, même s'il n'a pas écrit une ligne du scénario, s'il n'a pas dirigé les acteurs et s'il n'a pas choisi les angles de prises de vues ; bon ou mauvais, un film ressemble toujours à celui qui en signe la réalisation et, dans le pire des cas — celui que je viens de citer —, nous serions en face du film d'un monsieur qui n'a pas dirigé les acteurs, collaboré au scénario, décidé les angles. Même si le scénario était bon, les acteurs assez doués pour jouer sans indications et l'opérateur habile, ce film serait un mauvais film et très exactement le mauvais film d'un mauvais réalisateur.

A mon avis, le réalisateur est le seul membre de l'équipe cinématographique qui n'ait pas le droit de se plaindre ou de s'estimer brimé ; c'est à lui de se connaître assez bien pour s'estimer à sa juste valeur et décider s'il est capable de subir telle ou telle contrainte et de la faire virer à son avantage — l'avantage du film — ou si telle ou telle contrainte deviendra une concession et, comme telle, nuisible au résultat. N'oublions pas que le grand metteur en scène vivant, Jean

Renoir, n'a pratiquement réalisé que des films de commande ou des adaptations, les attirant à lui jusqu'à en faire chaque fois des œuvres absolument personnelles.

L'intérêt d'un film, qui doit se fondre avec l'intérêt du metteur en scène, peut aller à l'encontre des intérêts individuels : le scénariste verra ses intentions s'édulcorer, des morceaux de dialogues disparaître, le décorateur s'apercevra qu'on n'utilise finalement qu'une partie de ses décors, un peu de la partition musicale « sautera » au mixage, les exigences du montage feront un sort aux effets d'un acteur qui n'aura eu, lui, que le tort de « faire un sort » à quelques répliques du texte, bref, chaque membre de l'équipe aura peut-être de bonnes raisons de s'estimer brimé ou mal utilisé, l'essentiel étant le film achevé, bien ou mal, mais achevé.

Trop de réalisateurs ont pris l'habitude d'excuser la médiocrité de leurs films par les exigences abusives du producteur. C'est ainsi que s'est créée une légende selon quoi l'exercice du métier de cinéaste est un esclavage doré qui, par les sommes investies et la divergence des intérêts représentés, relègue cette fonction dans un domaine où l'art a peu de part, aux antipodes de la liberté créatrice du romancier, du peintre ou de l'auteur dramatique.

Pour ne citer que des exemples français, je crois que l'œuvre d'un Robert Bresson ou celle d'un Jean Renoir apportent un démenti absolu. J'ai choisi à dessein deux exemples contradictoires. Robert Bresson, pour réussir un film, a besoin d'une liberté totale ; il doit apporter lui-même son sujet, travailler seul à la rédaction du script, décider seul des interprètes — qu'il choisit désormais non professionnels —, disposer d'un temps assez long pour le tournage et le montage tout en travaillant avec une équipe assez réduite. Aussi, pour tourner un film, attend-il le temps nécessaire afin de rencontrer le producteur qui acceptera toutes ses conditions, étant séduit par le sujet ou faisant confiance au grand talent de l'auteur du *Journal d'un curé de campagne* et d'*Un condamné à mort s'est échappé*.

Jean Renoir, au contraire, ne conçoit pas de travailler sans tenir compte des avis de tout le monde autour de lui ; il aime passionnément les métiers du spectacle, les acteurs, les techniciens ; il acceptera volontiers, à la suggestion du producteur, d'utiliser telle ou telle vedette à qui du reste il permettra de jouer son meilleur rôle ; il discutera volontiers du sujet avec les financiers ou les vedettes, acceptant les arguments les plus divers ; il tiendra compte de toutes les exigences et ménagera toutes les susceptibilités ; chacun de ses collaborateurs aura le sentiment d'avoir fait triompher son point de vue et pourtant le résultat sera du pur Jean Renoir, quelque chose de chaleureux, bondissant, intelligent et strictement inimitable.

Donc, à mon avis, la contrainte exercée sur le réalisateur est fictive ou n'existe que lorsque le réalisateur est justement un homme de peu de caractère et de peu d'exigence ; aucun producteur n'ayant intérêt à financer un mauvais film, il est toujours possible d'améliorer un scénario déjà existant...

Toutefois, il est vrai que la liberté laissée au réalisateur est inversement proportionnelle à l'importance du devis. Le « temps » au cinéma est devenu si cher — locations des studios, cachets des vedettes, multiplicité des postes de techniciens — que les expériences ou même les erreurs ne sont guère permises ; le film est une locomotive qui doit avancer coûte que coûte parce qu'on fait sauter les rails derrière son passage. Si la voie, devant, est obstruée, tant pis ! Il faut passer quand même.

Il a fallu tout le génie, le talent et la ruse de Max Ophuls pour faire de *Lola Montès* une œuvre aussi personnelle et aussi belle, un petit poème de huit cents millions, évidemment déficitaire !

Ici, je dois ouvrir une parenthèse : je suppose que si l'on a choisi, pour apporter le point de vue du réalisateur, le débutant metteur en scène que je suis, c'est que l'on attend de moi des comparaisons entre la production française normale telle qu'elle apparaissait il y a deux ans, avant l'arrivée de ce que l'on a surnommé « la Nouvelle Vague », et ce qu'elle est maintenant.

Il y a deux ans, le coût moyen d'un film français était de cent vingt millions. Pour s'amortir, il devait réaliser aux guichets des salles de France cinq fois cette somme et réaliser de substantielles ventes à l'étranger ; le risque de perdre tout ou partie de cette somme obligeait les producteurs et les distributeurs à s'entourer de garanties infaillibles, constituées en général par la présence d'une ou plusieurs vedettes rétribuées très grassement, les autres postes dussent-ils en pâtir, ou même la vraisemblance des personnages et donc de l'histoire racontée.

La profession cinématographique s'alarmait devant la crise et personne n'envisageait la possibilité de diminuer les devis des films.

On pensera qu'il fallait que les producteurs fussent bien incompétents pour ne pas se rendre compte qu'il était possible de produire des films de qualité pour quarante millions !

La réponse est très simple : les producteurs ne sont pas, ou rarement, les financiers des films, ils ne sont généralement que les intermédiaires, les exécutants ; et comme leur rétribution — quel que soit le sort commercial du film — est proportionnelle au total du devis (de 7 à 12 %), ils n'avaient aucun intérêt à faire baisser les prix, à n'utiliser que des acteurs raisonnables, un minimum de techniciens, des décors naturels.

Il a fallu l'arrivée dans l'industrie cinématographique de réalisateurs devenant eux-mêmes leurs propres producteurs et ayant trouvé de l'argent hors du cinéma — capitaux privés ou familiaux, héritages, emprunts — pour que l'expérience soit tentée ; il a fallu aussi le talent de Louis Malle et de Claude Chabrol pour qu'elle soit concluante. Comme l'a dit Roger Leenhardt, « *avec la* “ *Nouvelle Vague* ” *le cinéma* “ *à compte d'auteur* ” a fait son apparition », encore qu'on en trouverait des prémices dans l'histoire du cinéma avec l'avant-garde des années trente, le mécénat, les débuts familiaux de Jean Renoir.

Par la responsabilité que représentait la réalisation d'un film, il n'était pas question pour les producteurs de faire appel à de jeunes inconnus. C'est pourquoi les jeunes cinéastes ont eu raison de ruer dans les brancards pour secouer la torpeur de la production française qui, de plus en plus, menaçait de ressembler au cinéma anglais, le plus mauvais d'Europe.

« La Nouvelle Vague » ! Ce terme a séduit, puis irrité. Les journalistes qui ironisent aujourd'hui sur « la Nouvelle Vague » sont ceux-là même qui l'ont inventée ! Pour moi, elle est une réalité anticipée mais une réalité tout de même ; c'est-à-dire que les journalistes, dans leur hâte à généraliser, ont précédé l'actualité de quelques mois.

En 1960, il y aura réellement une nouvelle génération de réalisateurs français, dont une majorité de moins de trente ans. Aux noms de Louis Malle, Claude Chabrol, Claude Bernard-Aubert, Alain Resnais, Agnès Varda, Georges Franju, Jacques Baratier, Edouard Molinaro, Jean Rouch, Jean Valère, viendront s'ajouter ceux de Jacques Rivette, Jacques Doniol-Valcroze, Philippe de Broca, Eric Rohmer, Paul Paviot, Marcel Hanoun, Jean-Luc Godard, Jean-Daniel Pollet, Michel Drach qui viennent tous de tourner un film. La « vague » suivante sera constituée par Ado Kyrou, Jacques Rozier, Jacques Demy, Claude de Givray, François Reichenbach, Jean-François Hauduroy, Jacques Villa, Claude Sauter, Alain Jessua et d'autres noms que je ne connais pas encore. Bref, il est bien évident que l'ampleur de ce mouvement, sa diversité, dépassent un engouement publicitaire pour opérer réellement un bouleversement systématique de la production en France, bouleversement auquel participent tous les membres de base de la profession : financiers, producteurs, scénaristes.

Dix ans après la jeune critique, les producteurs pratiquent enfin la « politique des auteurs » et prennent conscience de cette vérité : un film vaut ce que vaut celui qui le tourne. Enfin on identifie un film à son auteur et l'on comprend que la réussite n'est pas la somme d'éléments divers : bonnes vedettes, bons sujets, beau temps, mais qu'elle est liée à la personnalité du seul maître à bord ; le talent devient une valeur reconnue et, comme me disait récemment un producteur, « *ça ne coûte rien et ça peut rapporter beaucoup* ».

Voici donc résolue, pour la première fois dans l'histoire du cinéma, la question *Comment faire des films* ?, comment y arriver, comment inspirer confiance la première fois. Une autre question se pose, plus angoissante et plus profonde : *Pourquoi faire des films ?*

S'il s'agit seulement, comme le prétend René Clair, de « *raconter une histoire en images* », alors considérons que toutes les histoires ayant été racontées, l'art de la mise en scène cinématographique ne peut plus beaucoup évoluer. S'il s'agit au contraire de libérer le cinéma de la nécessité de raconter une histoire, alors il y a tout à faire et Alain Resnais vient de réaliser un très grand pas en avant avec *Hiroshima, mon amour*, film sans anecdote strictement poétique et émotionnel.

Que, sur sa seule exclusivité parisienne, *Hiroshima* ait réalisé un plus grand nombre d'entrées dans les salles que *La Femme et le pantin*, *La Loi*, *Faibles femmes*, *Du rififi chez les femmes*, *Bobosse*, *Le Petit Prof*, prouve que l'on a eu tort de mépriser le public et de ne pas lui faire confiance.

Le moins que l'on puisse attendre d'un réalisateur de films est qu'il soit un artiste, complet ou non, et qu'il fasse preuve d'un minimum d'ambition ; de même que tous les romanciers rêvent au prix Goncourt, tous les cinéastes devraient espérer obtenir le prix Louis Delluc. Ce qui tuait lentement le cinéma français était le manque d'ambition, la résignation, l'acceptation.

Le succès des films des jeunes a réveillé l'ambition des aînés et, paradoxalement, l'année 1959 sera historiquement importante, non seulement par l'apparition de cinq ou six noms nouveaux de la mise en scène, mais surtout parce que Jean Renoir, Jean Cocteau, Jacques Becker, Abel Gance, Robert Bresson auront entrepris leurs films les plus ambitieux ou les plus risqués.

Le public naturellement a son rôle à jouer dans cette partie, mais je crois préférable qu'on ne s'inquiète pas trop de lui avant de tourner un film.

En effet, c'est dans la mesure où l'on est soucieux et

conscient de ses réactions que l'on est coupable si l'on se trompe. Un cinéaste comme Bresson, par exemple, qui sait se détacher du public, est justement l'un de ceux vers qui va le public, il « marche ». Et s'il ne « marchait pas, le film n'en aurait pas moins de mérites, puisque rien n'y aurait été sacrifié à d'inutiles concessions.

Ceci ne veut pas dire, on s'en doute, que l'opinion publique doive laisser indifférent. Je suis même persuadé, pour ma part, que le choix du film qu'un couple décide d'aller voir, par exemple, c'est la femme qui le fait. Si, dans ce domaine, ce sont les femmes qui décident, ce n'est pas seulement parce qu'elles vont au cinéma plus souvent que les hommes. Elles sont particulièrement sensibles à ce mode d'expression qu'est un film et se révèlent même plus vivement intéressées que les hommes par la personnalité de l'œuvre.

Or, jusqu'à présent les films ont été faits par des hommes *pour* des hommes ; Ingmar Bergman est peut-être le premier à avoir abordé certains secrets du cœur féminin... Et *Hiroshima mon amour* pourrait bien être le premier film véritablement fait pour des femmes, en tout cas le premier à nous montrer non une poupée charmante ou une vamp, mais une vraie femme. Pour la première fois au cinéma, l'égalité de la femme est évidente dès la première image jusqu'au mot Fin.

Généralement moins paresseuses que les hommes, témoignant d'une sensibilité plus vive et plus vite alertée, les spectatrices font l'effort qu'il faut pour suivre et entrer dans le jeu du cinéaste. Autrement dit, ce sont sans doute les femmes qui conservent au cinéma ce caractère d'échange qui semblait être, jusqu'à présent, le privilège du seul théâtre.

Pour moi, je crois qu'il ne faut plus pour s'exprimer au cinéma user de suspense ni de surenchère. Le temps d'une espèce d'efficacité un peu vulgaire, qui a eu d'ailleurs son charme, me semble révolu. Je pense qu'il faut émouvoir avec le moins de moyens possible. Je suis farouchement contre le cinéma abusif.

Redonner aux choses leur vraie valeur. Ne pas se

dire surtout : au cinéma, tout est admis, tout passe. Les excès de violence qui foisonnent dans les mauvais films viennent de l'incapacité du metteur en scène à exprimer des sentiments forts avec des moyens sobres. Je sais des metteurs en scène qui mériteraient d'être gratifiés de tous les coups de pied qu'ils font donner à l'écran par leurs comédiens, et les multiples aventures des Gorilles me soulèvent le cœur.

Je crois aussi beaucoup à l'improvisation. Il n'est pas vrai qu'un film soit fini quand on en a écrit la dernière ligne. Les choses bougent sur le plateau. Les gens aussi. A commencer par le metteur en scène ! Il ne suffit pas de mettre des cadrages sur les phrases d'un scénariste ou même sur ses phrases à soi. Encore faut-il voir l'acteur réagir ; pour moi, l'acteur qui joue un personnage est plus important que le personnage. Il faut savoir sacrifer quelque chose ; pour un autre cinéaste, ce peut être l'acteur, mais je ne crois pas à la demi-mesure, au changement de parti pris à l'intérieur d'un même ouvrage.

Bien sûr, il n'est pas question de tout niveler. Je crois, au contraire, aux poids successifs que l'improvisation amène sur les deux plateaux de la balance. Ce qui me passionne, c'est de retrouver un équilibre chaque fois compromis.

Il ne me semble pas que le cinéma soit fait pour prouver quoi que ce soit. D'ailleurs, je me méfie des histoires : un film est une étape dans la vie du metteur en scène, et comme le reflet de ses préoccupations du moment.

Réussir un film insincère, c'est atteindre au comble de la difficulté. On n'y a pas de repères. Si j'ai choisi d'exprimer la solitude d'un enfant, c'est parce que l'enfance n'est pas encore très éloignée de moi. La vérité de l'enfant, j'y suis encore sensible ; je suis sûr de ce qu'elle est. Ce que j'admire, notamment chez Georges Simenon, c'est qu'il ait su faire vieillir ses personnages à mesure qu'il avançait lui-même dans la vie.

Ceci écrit, et puisque les rubriques cinématographiques depuis un an sont pleines d'une fausse querelle des générations, je dois dire que dans la vie en général, et plus particulièrement lorsqu'on débute dans le cinéma, on est extraordinairement servi par ses limites. L'ignorance est une grande force et, dans la mesure où l'écran ne constitue pas une *fenêtre* sur le monde mais un *cache*, plus notre univers est restreint, plus nous sommes à l'aise pour résumer ce monde à l'intérieur de cet écran. Le difficile, c'est le choix ; car il est encore plus malaisé de rejeter ce que l'on connaît et que l'on se refuse à utiliser que d'assimiler tout ce qui peut s'apprendre.

D'où la force des œuvres de jeunesse.

Le coup de foudre de notre pays, la France, pour sa jeunesse, est un phénomène récent et dangereux. Lorsqu'un artiste débute, il est trop impétueux, trop absolu, trop subversif pour rencontrer l'audience que déjà il mérite peut-être. Il est surtout trop jeune par rapport au grand public. Cette audience viendra plus tard, pour ses quarante ans, c'est-à-dire lorsqu'il y aura coïncidence entre l'âge de l'artiste et l'âge moyen du public français.

Si, à quarante ans, le cinéaste — qui volontairement ou non n'a cessé d'évoluer depuis sa jeunesse — stoppe son évolution en croyant avoir trouvé la clé du succès, il conservera la fidélité de cet immense public constitué par les hommes de sa génération, lesquels, à cet âge précisément, délaissent la culture littéraire (on n'a plus le temps de lire, ni de se concentrer) au profit des journaux (il faut bien se distraire et du même coup se tenir au courant). C'est le secret, je crois, du succès de certains réalisateurs chevronnés : offrir chaque année le même film au même public en changeant seulement le nom des vedettes.

Non, il n'y a pas de bonnes histoires, il n'y a que de bons films, tous basés sur une idée profonde, et qui doit toujours pouvoir se résumer en un mot : *Lola Montès* est un film sur le surmenage, *Elena et les hommes* sur l'ambition et la chair, *Un roi à New York* sur la délation, *La Soif du mal* sur la noblesse, *Ordet* sur la grâce, *Hiroshima, mon amour* sur la tache originelle.

Si le cinéphile que j'entends rester le plus longtemps possible s'amuse, un après-midi de festival, à dresser une liste approximative des plus grands cinéastes mondiaux en exercice, il obtient une énumération panachant les sexa et quinquagénaires.

Mais jugez-en plutôt : Charlie Chaplin (1889), Jean Renoir (1894), Carl Dreyer (1889), Roberto Rossellini (1906), Alfred Hitchcock (1899), Joseph von Sternberg (1894), Luis Buñuel (1900), Robert Bresson (1907), Abel Gance (1889), Fritz Lang (1890), King Vidor (1894), Jean Cocteau (1889)...

C'est pourquoi les jeunes cinéastes d'aujourd'hui, qui accèdent à la mise en scène pour l'amour des films et le désir d'en faire, ne témoigneront jamais assez leur reconnaissance aux réalisateurs qui, ayant rencontré le succès vers la quarantième année, ont eu le courage de poursuivre leur évolution jusqu'à ce que le grand public les abandonne à nouveau, toujours à la traîne, par la force même des choses.

(*Cinéma, univers de l'absence ?*
Collectif, 1960)

Qui est Antoine Doinel ?

Il y a quelque temps, un dimanche matin, la télévision française diffuse au cours d'une émission intitulée « La Séquence du spectateur » une scène extraite de *Baisers volés* se déroulant entre Delphine Seyrig et Jean-Pierre Léaud. Le lendemain, j'entre dans un bistrot où je n'ai jamais mis les pieds et le patron me dit : « *Tiens ! Vous, je vous reconnais, je vous ai vu hier à la télévision.* » Or, ce n'est évidemment pas moi que le patron du bistrot a vu à la télévision, mais Jean-Pierre Léaud jouant le rôle d'Antoine Doinel. Je suis donc dans ce bistrot, je réponds au patron du bistrot ni oui ni non, car je ne suis jamais impatient de dissiper un malentendu et je demande un café bien fort. Le patron me l'apporte et s'étant rapproché de moi, il me dévisage plus attentivement et ajoute : « *Ce film-là, vous avez dû le tourner il y a un certain temps, hein, vous étiez plus jeune...* »

Je raconte cette histoire, car elle illustre assez bien l'ambiguïté (en même temps que l'ubiquité !) d'Antoine Doinel, ce personnage imaginaire qui se trouve être la synthèse de deux personnes réelles, Jean-Pierre Léaud et moi.

Je pourrais citer également le marchand de journaux de la rue Marbeuf qui me dit l'autre jour : « *Tiens, on a vu votre fils ce matin. — Mon fils ? — Oui, le petit acteur.* »

En septembre 1958, j'avais fait passer une annonce dans *France-Soir* pour trouver un garçon de treize ans qui jouerait le héros des *Quatre Cents Coups.* Une soixantaine d'enfants se présentèrent et je fis des essais en seize millimètres avec chacun d'eux ; je me contentai de leur poser des questions assez simples, mon but étant de trouver une ressemblance plus morale que physique avec l'enfant que je croyais avoir été.

Beaucoup d'enfants étaient venus là par curiosité ou poussés par leurs parents. Jean-Pierre Léaud était différent d'eux, il *voulait* le rôle de toutes ses forces, il s'efforçait d'avoir l'air détendu et blagueur, mais en réalité il était envahi par le trac et je retirai de cette première rencontre une impression d'anxiété et d'intensité.

Je repris les essais le jeudi suivant. Jean-Pierre Léaud se détachait nettement du lot et bientôt je décidai de lui donner le rôle d'Antoine Doinel. Les autres garçons ne s'étaient pas dérangés en vain puisqu'ils furent retenus pour tourner pendant une semaine les nombreuses scènes de classes réparties dans le film.

Jean-Pierre Léaud, qui avait à ce moment-là quatorze ans, était moins sournois qu'Antoine Doinel qui fait toujours tout en cachette, qui feint toujours la soumission pour n'en faire finalement qu'à sa tête.

Jean-Pierre était, comme Doinel, solitaire, antisocial, et au bord de la révolte mais il avait, comme adolescent, une plus grande santé et il se montrait souvent effronté. Lors du premier essai, il dira devant la caméra : « *Il paraît que vous cherchez un mec qui soit gouailleur, alors je suis venu.* » Jean-Pierre, contrairement à Doinel, lisait très peu, il avait sans doute une vie intérieure, des pensées secrètes, mais il était déjà un enfant de l'audiovisuel c'est-à-dire qu'il aurait plus volontiers volé des disques de Ray Charles que des livres de la Pléiade.

Quand le tournage du film a commencé, Jean-Pierre Léaud est devenu l'un des précieux collaborateurs des *Quatre Cents Coups*. Spontanément, il trouvait les gestes vrais, il rectifiait le texte avec justesse et je l'encourageais à utiliser des mots de son vocabulaire. Nous regardions les rushes dans une petite salle de vision comportant quinze ou vingt fauteuils et, à cause de cela, Jean-Pierre croyait que le film ne serait jamais projeté dans des grandes salles de cinéma normales ! Lorsqu'il a vu le film terminé, Jean-Pierre, qui n'avait cessé d'avoir des fous rires pendant tout le tournage, a éclaté en sanglots. Il reconnaissait un peu sa propre histoire derrière cette histoire qui avait été la mienne.

Lorsque j'avais quinze ans, j'ai été enfermé dans le Centre de mineurs délinquants à Villejuif ; j'avais été arrêté pour vagabondage. C'était peu de temps après la guerre, il y avait une recrudescence de délinquance juvénile, les prisons d'enfants étaient pleines. J'ai bien connu ce que j'ai montré dans le film : le commissariat avec les putains, la voiture cellulaire, le « dépôt », l'identité judiciaire, le cachot ; je ne veux pas m'étendre sur ce sujet mais je puis dire que ce que j'ai connu était plus dure que ce que j'ai montré dans le film.

Avant de tourner *Les Quatre Cents Coups*, j'avais réalisé un court métrage, *Les Mistons*, et je m'étais rendu compte que j'aimais mieux diriger les enfants que des adultes. A l'origine, *Les Quatre Cents Coups* devait être un court métrage ou le premier sketch d'un film que je désirais consacrer à l'enfance. Le titre prévu pour ce sketch était : *La Fugue d'Antoine*. Puis je me suis mis à écrire le scénario avec mon ami Marcel Moussy et nous avons senti qu'il fallait développer cette histoire aux dimensions d'un long métrage. L'idée qui nous inspira tout au long de ce travail était d'esquisser une chronique de l'adolescence considérée non avec l'habituelle nostalgie attendrie mais au contraire comme « un mauvais moment à passer ».

L'adolescence est un état reconnu par les éducateurs et les sociologues, mais nié par la famille, les parents. Pour parler le langage des spécialistes, je dirai que le sevrage affectif, l'éveil de la puberté, le désir d'indépendance, le sentiment d'infériorité sont les signes caractéristiques de cette période. Un seul trouble entraîne la révolte et cette crise est appelée justement « d'originalité juvénile ». Le monde est injuste, donc il faut se débrouiller, alors on fait les « quatre cents coups ».

Le décalage cruel entre l'univers des adolescents et celui des adultes est admirablement exprimé par cette phrase de Jean Cocteau dans *Les Enfants terribles : « La peine de mort n'existant pas dans les écoles, on renvoya Dargelos.* » Lorsque j'avais treize ans, j'étais extrêmement impatient de devenir un adulte afin de pouvoir commettre toutes sortes de mauvaises actions *impunément*. Il me semblait que la vie d'un enfant n'est constituée que de délits et celle d'un adulte que d'accidents. Je descendais dans la rue jeter à l'égout les morceaux d'une assiette que j'avais cassée en faisant la vaisselle et le soir même j'entendais les amis de mes parents s'amuser en racontant comment leur voiture s'était brisée contre un arbre. Malgré les années passées, je n'ai pas changé d'avis sur ce point et lorsque j'entends un adulte regretter le temps de son enfance, j'ai tendance à penser qu'il a mauvaise mémoire.

J'ai souvent pensé tourner la suite des *Quatre Cents Coups* et je ne l'ai pas fait par crainte de donner l'impression d'exploiter un succès. J'ai regretté ensuite d'avoir cédé à cette crainte, et lorsqu'en 1962 l'occasion m'a été donnée de tourner le sketch français d'un film international, *L'Amour à vingt ans*, j'ai saisi cette occasion de faire revenir Antoine Doinel sur l'écran. Dans ce sketch intitulé *Antoine et Colette*, on assiste à la première histoire sentimentale d'Antoine. Amoureux d'une jeune fille qu'il a rencontrée à un concert des Jeunesses musicales, il s'efforce de se rapprocher d'elle, n'hésitant pas à déménager pour venir habiter en face de chez elle. Il devient un ami des parents de la fille et perd la fille ! C'est une histoire cruelle, mais je me suis efforcé de la raconter avec légèreté. Là encore, il s'agissait de souvenirs transposés, la passion de la musique remplaçant celle du cinéma et la fréquentation des salles de concert celle des ciné-clubs et de la Cinémathèque. Tous les parents ont remarqué que leurs enfants sont toujours réticents pour lire les livres qu'ils leur recommandent : « *Lis ce livre, quand j'avais ton âge, c'était mon livre préféré.* » Eh bien, ceci explique l'échec d'Antoine dans *L'Amour à vingt ans :* Colette n'a rien à faire d'un garçon qui a séduit ses parents !

Dans *Baisers volés* que j'ai tourné en 1968, on retrouve Antoine Doinel cinq ans plus tard sortant du service militaire et tentant de se réadapter à la vie civile. Ces nouvelles aventures d'Antoine, j'ai demandé à mes amis Claude de Givray et Bernard Revon de les imaginer et de les écrire avec moi. Nous avions décidé qu'Antoine Doinel ferait de nombreux métiers et traverserait plusieurs milieux, mais nous voulions éviter les inconvénients du film « à sketches ». C'est en regardant la couverture d'un annuaire de téléphone que nous est venue la solution en voyant un advertising : « Agence Dubly : recherches, filatures, enquêtes ». En effet, le métier de détective privé, plus « près de la vie » que celui d'agent secret, nous offrait un cadre dans lequel nous pouvions faire entrer toutes les idées que nous avions en tête. Mais la fantaisie, sous peine d'ennuyer le public avec des éléments trop arbitraires, doit s'élever d'un tremplin réaliste ; c'est pourquoi Claude de Givray et Bernard Revon consacrèrent beaucoup de temps à enquêter auprès de différents hôtels, services de dépannage, magasins de chaussures, garages et surtout auprès de l'Agence Dubly dont les conseils techniques nous ont été précieux.

Ensuite, nous avons construit l'histoire, comme une chronique, assez souplement pour que l'improvisation puisse avoir le dernier mot. Dans les deux films que je venais de tourner, le choix du sujet ne favorisait guère l'improvisation ; à travers *Fahrenheit 451* et *La Mariée était en noir,* j'en était arrivé à m'intéresser à des abstractions et j'ai ressenti le besoin de revenir au concret, aux petits événements de la vie, même si je ne perds jamais de vue la justesse de ce mot de Jean Renoir : « *La réalité est toujours féérique*. »

Dans un film comme *Baisers volés,* les personnages prennent la priorité sur les situations, sur le décor, sur le thème, ils sont plus importants que la construction, plus importants que tout, d'où l'importance de bien choisir les acteurs. Or, je ressentais de plus en plus la nécessité d'engager dans mes films des acteurs intelligents, même (et surtout) si je leur donne à jouer des personnages dont ce n'est pas le trait principal. J'ai donc choisi tous les interprètes de *Baisers volés* quelques jours avant le tournage en faisant le tour des théâtres parisiens.

Mais le pivot du film, sa raison d'être, c'était encore une fois Jean-Pierre Léaud. Si d'un film interprété par lui, le public de *Baisers volés* avait attendu un témoignage sur la jeunesse moderne, il aurait été déçu, car Jean-Pierre m'intéresse justement par son anachronisme et son romantisme, il est un jeune homme du XIXe siècle. Quant à moi, je suis un nostalgique, mon inspiration est constamment tournée vers le passé. Je n'ai pas d'antennes pour capter ce qui est moderne, je ne marche que par sensations ; c'est pourquoi mes films — et plus particulièrement *Baisers volés* — sont pleins de souvenirs et s'efforcent de ressusciter les souvenirs de jeunesse des spectateurs qui les regardent.

Quand ils sont terminés, je m'aperçois que mes films sont toujours plus tristes que je ne l'aurais voulu. Je fais chaque fois la même constatation. *Baisers volés,* je l'ai voulu drôle. Quand j'ai commencé à faire du cinéma, j'ai cru d'abord qu'il y avait les choses drôles et les choses tristes, alors j'ai mis dans mes films des choses drôles et des choses tristes. Puis j'ai essayé de passer brusquement d'une chose triste à une chose drôle. Il m'a semblé en tournant *Baisers volés* que le plus intéressant était de faire en sorte que la même chose soit drôle et triste à la fois.

Baisers volés était dédié à Henri Langois, car le tournage de ce film s'était déroulé pendant ce qu'on a appelé les « Evénements de la Cinémathèque » c'est-à-dire la tentative par le gouvernement français de mettre la main sur le stock de films que Langlois avait constitué depuis trente ans : j'ai commencé le tournage de *Baisers volés* le 5 février 1968 et le 9 février je suis arrivé sur le plateau avec deux heures de retard parce que je sortais du conseil d'administration de la Cinémathèque française au cours duquel, par un vote gouvernemental, Henri Langlois fut destitué et remplacé par un candidat « officiel », Pierre Barbin. A partir de là, j'ai mené une double vie de cinéaste et de militant, donnant des coups de téléphone entre le tournage de chaque plan, alertant les radios étrangères, créant avec mes amis le « *Comité de défense de la Cinémathèque* », quitte à manquer la projection de mes propres rushes. Dans l'équipe du film nous avions mis au point ce slogan : « *Si* Baisers volés *est un bon film ce sera grâce à Langlois, s'il est mauvais ce sera à cause de Pierre Barbin !* »

Henri Langlois étant réintégré, *Baisers volés* étant terminé, la « première » du film a eu lieu logiquement à la Cinémathèque et c'est à l'issue de cette projection que Langlois m'a dit : « *Cette fois, n'attendez pas pour nous montrer la suite, je veux revoir ce petit couple, marié.* »

J'ai donc commencé, pendant le tournage de *L'Enfant sauvage,* à accumuler des notes pour *Domicile conjugal,* puis j'ai demandé à Claude de Givray et Bernard Revon de m'aider à construire l'histoire en nous inspirant des comédies américaines sur le couple, celles de Leo McCarey et de George Cukor, sans oublier l'influence de Lubitsch qui est déterminante quand il s'agit d'agencer des événements familiers en vue d'obtenir les rires du public, tout cela pourtant étant finalement traité évidemment dans un esprit français. Dans *Domicile conjugal,* j'ai l'impression d'avoir été sévère avec Antoine Doinel et d'avoir jeté sur lui un regard critique, comme sur le Pierre

Lachenay de *La Peau douce*. C'est probablement parce que *Domicile conjugal* nous montre, non plus un adolescent mais un adulte, et que je suis moins tendre pour les adultes que pour les adolescents, même si Pierre Lachenay ou Antoine Doinel se ressemblent comme des frères. Certains critiques français ont pensé qu'Antoine Doinel dans *Domicile conjugal* s'était embourgeoisé. Je crois avoir répondu à cette objection dans le film lui-même. Dans une des premières séquences, un ancien copain de dépannage S.O.S. retrouve Antoine en train de teindre des fleurs dans une cour, apprend qu'il est marié à une jeune violoniste et lui dit : « *Dans le fond, tu as toujours aimé les petites filles bien élevées, les petites bourgeoises ?* » Et Antoine lui répond : « *Je ne me suis jamais posé la question comme ça. J'aime les filles qui ont des parents gentils, j'adore les parents des autres.* »

Antoine Doinel avance dans la vie comme un orphelin et il cherche des familles de remplacement. Malheureusement, quand il les trouve, il a tendance à prendre la fuite car il reste un fugueur. Doinel ne s'oppose pas ouvertement à la société et en cela il n'est pas un révolutionnaire, mais il mène son chemin en marge de la société, en se méfiant d'elle et en cherchant à se faire accepter par ceux qu'il aime et qu'il admire car sa bonne volonté est totale. Antoine Doinel n'est pas ce qu'on appelle un personnage exemplaire, il a du charme et en abuse, il ment beaucoup, il demande plus d'amour qu'il n'en a lui-même à offrir, il n'est pas l'homme en général, il est un homme en particulier. Antoine Doinel aime la vie, il aime surtout ne plus être un enfant, c'est-à-dire quelqu'un dont on dispose sans lui demander son avis, quelqu'un qu'on laisse de côté, qu'on oublie ou qu'on rejette cruellement.

Où avais-je trouvé le nom d'Antoine Doinel ? Pendant longtemps j'ai cru sincèrement l'avoir inventé jusqu'au jour où quelqu'un m'a fait remarquer que j'avais simplement emprunté celui de la secrétaire de Jean Renoir, Ginette Doynel !

C'est justement Jean Renoir qui m'a appris que l'acteur jouant un personnage est plus important que ce personnage ou, si l'on préfère, qu'il faut toujours sacrifier l'abstrait au concret. Rien d'étonnant donc si Antoine Doinel s'est, dès le premier jour de tournage des *Quatre Cents Coups*, éloigné de moi pour se rapprocher de Jean-Pierre.

Lorsqu'un film est terminé depuis plusieurs mois, le laboratoire téléphone à la production pour obtenir l'autorisation de détruire la pellicule non utilisée dans le montage final : les « doubles », les « chutes » qui, roulées dans des bobines en métal, encombreraient les blockhaus. Pour la plupart de mes films, je donne facilement cette autorisation, pour le cycle Doinel je ne m'y résous pas, car j'ai l'impression que la pellicule consacrée à Jean-Pierre Léaud et le fixant chaque fois dans une étape différente de son développement physique est plus précieuse que lorsqu'il s'agit de protagonistes adultes.

J'ai presque tout dit et en vérité je n'ai rien dit. J'ajoute seulement que Jean-Pierre Léaud est, selon moi, le meilleur acteur de sa génération et qu'il serait injuste d'oublier qu'Antoine Doinel n'est pour lui qu'un des personnages qu'il a joués, un des doigts de sa main, un des habits qu'il a portés, un des collèges de son enfance.

(Février 1971.
Préface aux *Aventures d'Antoine Doinel*.
Editions Mercure de France)

La femme disparaît dans le train de La Ciotat

L'Italien malicieux, Ennio Flaianno, décrit le film comme un ruban de trois centimètres et demi de large et de deux kilomètres de long, qui défile à la vitesse d'un mètre toutes les deux secondes.

A cause de ce déroulement ininterrompu, le film peut se comparer à une pièce de musique jouée dans une salle de concert, mais à rien d'autre et surtout pas à une visite de musée ni à la lecture d'un livre.

A vrai dire, l'image hitchcockienne du film qui serait

comparable à un trajet en train est probablement la plus juste ; les scènes s'accrochent les unes aux autres comme des wagons, l'histoire avance sur ses rails, le public-voyageur ne quitte pas le train, il se laisse véhiculer du point de départ au terminus et il traverse des paysages qui sont des émotions.

Les scénaristes, dans leur chambre d'hôtel, s'obstinent à croire que leur héroïne retrouve son amant un mercredi après avoir quitté son mari le lundi, en vérité, pour le public, elle est passée d'un homme à l'autre en soixante-dix secondes (ou en trente-cinq mètres de ruban). Dans un film, il y a ce qui est *avant* et ce qui est *après,* de même qu'il y a ce qui est *montré* et ce qui est *dit*. Tout ce qui est montré est réel et vous ne ferez croire à personne que cette femme que l'on voit boire une tasse de thé imagine l'avoir bue : elle l'a bue, un point c'est tout.

Faire un film, c'est prendre des décisions pendant un an, décisions à propos du scénario, du vocabulaire, des ellipses, des acteurs, des lieux de tournage, des lumières, des grosseurs d'images, des durées, des collures et même du calibrage des bobines ; la qualité d'un film est souvent proportionnelle à l'intelligence des décisions prises, leur logique, leur cohérence. La beauté de ce travail réside dans sa sournoiserie, car le metteur en scène donne l'impression qu'il a seulement *enregistré* ces paysages sublimes, ces acteurs magnifiques, ces actions poignantes, il se donne le luxe de ne pas paraître responsable de tant de merveilles. Lui, qui a tout choisi, il peut dire simplement : « *Voilà ce que j'ai vu* », hypocrisie sublime et indispensable.

Faire un film, c'est montrer la marquise qui sort à cinq heures, c'est échauder une fiction, c'est choisir une partie du monde et oublier volontairement le reste, c'est accepter de passer pour un idiot, un primaire ou un frivole, c'est accepter d'être jugé par ses contemporains. Vouloir tout mettre dans un film (principe de l'amalgame) ou n'y mettre rien (principe de l'avant-garde), c'est empêcher les autres de porter un jugement en les terrorisant par l'obscurité des intentions. Lorsque l'exécution d'un film s'achemine vers la perfection, au bout il y a un chef-d'œuvre, c'est-à-dire un film qui a trouvé sa forme définitive, un objet mystérieux et plutôt fermé ; plus l'exécution laisse à désirer, plus les intentions sont visibles et le résultat peut nous paraître alors bouleversant ou pitoyable. Les films respirent par leurs défauts, le chef-d'œuvre est irrespirable. A travers ses trente-sept films, Jean Renoir donne l'impression d'avoir systématiquement évité le chef-d'œuvre, ce même chef-d'œuvre qu'Eisenstein a poursuivi tout au long de sa carrière.

A travers un article, l'écrivain transmet des idées, à travers un discours il organise des émotions ; beaucoup de gens pensent aujourd'hui que les films doivent ressembler à des articles plutôt qu'à des discours. Je ne suis pas d'accord avec eux et je reste partisan d'un cinéma de manipulation. Lorsqu'un avion atterrit, l'hôtesse prend la parole : « *Vous êtes priés de ne pas détacher vos ceintures avant l'arrêt complet de l'appareil* » ; à la fin de sa phrase, on entend le cliquetis des ceintures qui toutes se *détachent*, pourquoi ? Parce que l'hôtesse n'a pas su se faire comprendre, elle a prononcé au mauvais moment une phrase mal construite.

L'attitude qui consiste, de la part de tant de metteurs en scène, à se plaindre sans cesse et à parler des producteurs, des distributeurs, des exploitants et des critiques comme d'autant d'ennemis et simultanément à proclamer leur amour ou leur amitié pour le public, me semble fausse et basse. Le véritable adversaire à vaincre ou à convaincre, c'est le public, nous ne devons pas lui demander son avis mais son argent, nous devons nous comporter comme de bonnes putains professionnelles, lui donner l'illusion de l'amour, le soulager, mais lui refuser notre bouche.

Si la dernière phrase du personnage principal de notre film est : « *Cette histoire était terminée, j'éprouvais un sentiment de bonheur et de tristesse* » le public se lèvera de son fauteuil en pensant « *Il est triste.* » Si nous inversons les mots bonheur et tristesse : « ... *j'éprouvais un sentiment de tristesse et de bonheur* » le public sortira sur l'idée heureuse, sur ce fameux happy-ending qui a sauvé le cinéma pendant soixante-dix ans et qui, à ce qu'il paraît, menacerait de le ruiner dans les jours d'aujourd'hui. Alors, voici ma conclusion : le cinéma me fait souffrir et me rend heureux.

(9 mai 1972)

Réflexions sur les enfants et le cinéma

Par rapport à son importance dans la vie quotidienne, l'enfant est sous-représenté au cinéma. Bien sûr, il existe un certain nombre de films comportant des enfants, mais peu de films *sur* des enfants. Pourquoi ? Tout simplement parce qu'il n'y a pas de vedettes-enfants. Les films étant commercialement édifiés sur l'exhibition des vedettes, l'enfant ne peut y être utilisé qu'en surplus, en marge de l'action et souvent d'une manière décorative.

Pourtant, il y en eut autrefois, à Hollywood, des vedettes-enfants que le public aimait retrouver de film en film à la faveur d'une série d'aventures ; à mon avis, ces films, souvent excellents et constituant des divertissements de qualité, ne pouvaient toutefois enrichir notre connaissance de l'enfance et risquaient même de donner au public une idée fausse de l'enfance ; ils étaient le plus souvent irréels, car ils s'adressaient à un public juvénile qu'on voulait gaver d'optimisme.

Il arrive que dans certains films l'enfant soit trahi par un vice de forme du scénario, c'est-à-dire qu'on l'escamote au profit d'un élément jugé poétique *d'emblée,* un objet, parfois un animal. Les enfants amenant avec eux *automatiquement* la poésie, je crois qu'il faut éviter d'introduire des éléments poétiques dans un film d'enfants, en sorte que la poésie naisse d'elle-même, comme de surcroît, comme un résultat et non comme un moyen, ni même comme un but à atteindre.

Pour être plus concret, je trouverai davantage de poésie dans une séquence qui montrera un enfant en train d'essuyer la vaisselle que dans telle autre où le même enfant en costume de velours cueillera des fleurs dans un jardin sur une musique de Mozart.

Il ne faut jamais oublier que l'enfant est un élément pathétique auquel le public sera, d'avance, sensibilisé. Il est donc très difficile d'éviter la mièvrerie et la complaisance. On n'y parviendra qu'à force de sécheresse voulue et calculée dans le traitement, ce qui ne veut pas dire que le style ne sera pas vibrant.

Un sourire d'enfant sur un écran et la partie est gagnée. Mais justement, ce qui saute aux yeux quand on regarde la vie, c'est la gravité de l'enfant par rapport à la futilité de l'adulte. C'est pourquoi il me semble que l'on atteindra un plus haut degré de vérité en filmant non seulement les jeux des enfants, mais aussi leurs drames qui sont immenses et sans rapport avec les conflits entre adultes.

Vu par les enfants, le monde des adultes est celui de l'impunité, celui où tout est permis. Un père de famille raconte en riant à ses amis comment il a écrasé sa voiture contre un platane ; par contre, son fils de huit ans, s'il vient à laisser échapper une bouteille en voulant rendre service, croira avoir commis un crime, car l'enfant ne fait pas la différence entre un accident et un délit. De cet exemple, peut naître un drame sur l'écran et cela nous montre qu'un film d'enfants peut s'élaborer à partir de *petits faits,* car en vérité rien n'est *petit* de ce qui concerne l'enfance.

Pour le spectateur adulte, l'idée d'enfance est liée à l'idée de pureté et surtout d'innocence ; en riant et pleurant devant le spectacle de l'enfance, l'adulte, en réalité, s'attendrit sur lui-même, sur son « innocence » perdue. C'est pourquoi, plus qu'en tout autre domaine, il importe ici d'être réaliste, et qu'est-ce que le réalisme sinon le refus de pessimisme et d'optimisme, en sorte que l'esprit du spectateur puisse prendre parti librement, sans « coup de pouce » du réalisateur ?

Selon moi, l'âge passionnant, celui qui offre le plus de possibilités cinématographiques, se situe entre huit et quinze ans, l'âge de l'éveil de la conscience, celui de la pré-adolescence.

Pour les parents, ce qui précède l'adolescence et le

mot *adolescent* lui-même n'ont guère de signification ; pour Papa et Maman, on est un enfant jusqu'au service militaire, d'où l'on revient un homme... paraît-il.

Et pourtant, l'adolescence amène avec elle la découverte de l'injustice, le désir d'indépendance, le sevrage affectif, les premières curiosités sexuelles. C'est donc par excellence l'âge critique, l'âge des premiers conflits entre la morale absolue et la morale relative des adultes, entre la pureté du cœur et l'impureté de la vie, c'est enfin, du point de vue de n'importe quel artiste, l'âge le plus intéressant à mettre en lumière.

Je sais que faire jouer un enfant au cinéma ou au théâtre a en général mauvaise réputation. Personnellement, je ne crois pas du tout que la personnalité des enfants soit massacrée en devenant comédien. Au contraire. Et puis, ils sont maintenant très bien protégés par une réglementation de leur emploi assez sévère. En France, une commission étudie le scénario ; les médecins examinent l'enfant, le direction de l'école a son mot à dire. Le « cas » passe devant une commission préfectorale. Les parents ne touchent plus que vingt pour cent du cachet de l'enfant, le reste étant versé à un livret de Caisse d'épargne ; si le film est réalisé pendant la période scolaire, un instituteur doit s'occuper de son éducation, etc.

Dans un film, les acteurs adolescents amènent une pureté extraordinaire que l'on n'obtient pas toujours d'acteurs professionnels ; si quelque chose dans l'action ou dans le dialogue est ridicule, ils le sentent immédiatement et ne se privent pas d'en faire la remarque. C'est au réalisateur qu'il appartient d'avoir suffisamment de modestie et de souplesse pour utiliser cette franchise et ce sens du réel, afin de modifier tel ou tel détail en conséquence et d'adapter le personnage au jeune acteur plutôt que de contraindre le jeune acteur à devenir artificiellement le personnage. On doit faire un film d'enfants *avec* la collaboration des enfants, car leur sens de la vérité est sans défaillance quand il s'agit des choses naturelles ; dans une scène de classe par exemple, ils savent très bien que le bruit des plumes dans l'encrier est primordial.

Au contraire des acteurs professionnels, les enfants n'ont pas de trucs, ils ne cherchent pas à se placer avantageusement par rapport à l'objectif, ils ne savent pas s'ils ont un profil meilleur que l'autre, ils ne rusent jamais avec un sentiment.

Tout ce que fait un enfant sur l'écran, curieusement il semble le faire pour la première fois. Ce double sens, ce balancement entre le fait singulier et sa valeur de symbole général rend particulièrement précieuse la pellicule qui enregistre de jeunes visages en transformation.

Voilà pourquoi, depuis vingt ans, je ne me lasse pas de tourner avec des enfants, voilà pourquoi je leur consacrerai encore d'autres films au cours des prochaines années.

(*Le Courrier de l'Unesco*,
Numéro spécial Enfants,
6 février 1975)

Renaissance du cinéma américain

Quand on parle des hommes « en général », le racisme n'est pas loin, c'est la même chose avec les films. Eux aussi naissent libres et égaux, eux aussi se singularisent par leurs uniques empreintes digitales. Un critique français mal informé — ceci n'est pas forcément un pléonasme — parlait de *Saturday Night Fever* comme d'une super-production hollywoodienne, alors qu'il s'agit d'un film à petit budget dont les producteurs et les auteurs eux-mêmes ne soupçonnaient pas la formidable force attractive et distractive.

Ce qui rend si vivante l'industrie du cinéma, c'est justement sa faculté de survivre à travers des séries d'aventures financières paradoxales. Des films coûtant plus de vingt millions de dollars ne rembourseront même pas leurs frais de lancement, d'autres réussiront le « gros coup » escompté mais seront éventuellement surpassés par une petite production à laquelle personne ne prêtait attention. Tout peut arriver, tout est possible, rien n'est scientifique dans le cinéma et il ne sert pas d'avoir de l'intelligence, de l'argent, du courage, si l'on n'a pas également de la chance.

Il y a seulement dix ans, le cinéma américain allait très mal et donnait l'impression de décliner irrémédiablement. Universal survivait en organisant la visite du studio pour des touristes assis dans des minibus, conviés à regarder des tournages simulés ; la M.G.M. se reconvertissait dans l'hôtellerie à Las Vegas ; certaines sociétés bradaient par centaines leurs vieux films noir et blanc, tandis que d'autres studios morcelaient et cédaient leurs terrains afin de réaliser des opérations immobilières. La ville de Beverly Hills se dépeuplait de sa colonie cinématographique, il semblait que seuls les travailleurs de télévision pouvaient espérer poursuivre leur carrière à Los Angeles.

Depuis le début des années cinquante, les grandes compagnies agissaient davantage comme des distributeurs de productions indépendantes — le temps des « Moguls » et des contrats de sept ans était révolu — et curieusement, en devenant plus intelligents, plus adultes, les films américains avaient perdu leur universalité. Dans le même temps, on produisait davantage de films nationaux dans chaque pays du monde, ce qui rendait moins indispensable le produit hollywoodien. Afin de diminuer leurs énormes frais généraux, les major-compagnies se jumelèrent un peu partout, et l'on vit, ici en France, Warner s'allier à Columbia, Universal à Paramount, M.G.M. à United Artists. Les films américains, bons ou mauvais, ne constituaient plus des « locomotives ».

Néanmoins, certaines réussites isolées, inespérées et insidieuses car ressenties lentement, à travers l'exploitation en profondeur — par exemple le premier *Airport*, *L'Aventure du Poséidon* — indiquèrent la marche à suivre. Oui, Hollywood pourrait survivre, mais à condition de retourner à ses origines, c'est-à-dire en procurant à un public international des *chocs physiques* obtenus par la reconstitution généreuse des grandes catastrophes naturelles. Louis Lumière, aux débuts du cinéma avait impressionné le public avec des vues documentaires : *L'Arrivée d'un train en gare de La Ciotat*, *Barques sortant du port*, mais les Américains avaient très vite compris qu'il fallait faire *dérailler* le train et *renverser* la barque afin de surpasser la quotidienneté et dès lors ils devinrent les champions incontestés du cinéma de fiction.

On parle souvent de *tendances* ou de *règles* quand on commente l'industrie du cinéma américain, mais ce qui est passionnant, c'est moins la règle que l'exception. Par exemple, Hollywood est la ville du glamour, de la sophistication ; les producteurs et les spectateurs sont censés ne bâtir des stars qu'à partir de personnes au physique idéalisé, et pourtant la seule femme qui puisse rivaliser au box-office avec Robert Redford, Steve Mac Queen ou Marlon Brando s'appelle Barbra Streisand. Cela dit, quiconque a passé une heure avec Barbra Streisand ne peut être étonné par son succès : cette jeune personne extraordinaire n'est pas seulement une chanteuse géniale, mais une grande actrice et aussi une femme intelligente qui a, de son métier ou plutôt de sa vocation, une vision quasiment religieuse. Alors vive Barbra, souhaitons-lui bonne chance puisqu'elle va passer à la mise en scène d'ici peu.

Hollywood, toujours rapide quand il s'agit d'intégrer de nouveaux courants, connaît l'art d'ouvrir au bon moment les portes des studios afin d'y faire pénétrer l'air du temps.

Le féminisme est à la mode ? La Warner Bros signe un contrat de quatre films à la réalisatrice italienne Lina Wertmuller. Dans le même temps, Jay Kanter, à qui je serai éternellement reconnaissant d'avoir produit *Fahrenheit 451*, invite Grace Kelly à joindre le conseil d'administration de la Twentieth Century Fox. Il suffisait d'y penser et j'en connais quelques-uns, du côté d'Universal City, qui se mordent les doigts de ne pas avoir eu cette idée, mais n'ont-ils pas aussitôt recruté Verna Fields, géniale chef monteuse de *Jaws* qu'ils ont alors bombardée vice-présidente de Universal Studio ? C'est peut-être à cette femme remarquable qu'on doit aujourd'hui de voir *Deer Hunter* dans la version longue souhaitée par Michael Cimino et cinq fois récompensée le mois dernier par les Academy Award.

Et la Columbia ? Personne n'accordait un avenir à cette compagnie qui ne cessait de décliner depuis la mort de Harry Cohn le 27 février 1958. Il y a encore cinq ans, lorsque *The Godfather* sauvait la Paramount, on disait : « *Il faudrait à la Columbia quatre* Godfather *pour se tirer d'affaire.* » Or, c'est un audacieux jeune homme à la caméra volante, Steven Spielberg, trente ans, qui a accompli ce miracle avec un seul film : *Close Encounters of the Third Kind.* A présent, infatigable et souriant, Spielberg travaille douze, quinze heures par jour, à sa nouvelle féerie, *1941*, dans lequel il imagine ce qui se serait passé si l'armée japonaise avait attaqué Los Angeles au début de la dernière guerre !

George Lucas ! Si vous rencontrez cet autre jeune homme également modeste et discret jusqu'à l'effacement, vous aurez du mal à l'identifier comme l'auteur de *Star Wars,* le plus grand succès de l'histoire du cinéma, un film qui ne donnera pas naissance à une ou deux « séquelles » comme les autres succès de Hollywood, mais carrément, comme James Bond, à un nouveau genre. En effet, une dizaine de *Star Wars* seront tournés dans les vingt prochaines années, tous distribués par la Twentieth Century Fox que Darryl F. Zanuck avait laissée en triste état après *Tora Tora,* en 1971.

Ce triomphe du cinéma d'effets visuels et sonores signifie-t-il la mort du film de personnages ? Non, car les succès récents de Woody Allen : *Annie Hall, Interiors* et ceux de Neil Simon : *The Good-Bye Girl, California Suite,* prouvent que le public américain peut encore écouter et apprécier de bons dialogues à condition qu'ils soient prononcés par d'excellents acteurs animés par la double vitalité du théâtre et du cinéma. Les nouveaux acteurs du cinéma américain jouent chaque plan comme s'il était le plus important de la scène, chaque scène comme si elle était la plus importante du film, chaque film comme si leur vie en dépendait !

Et pourtant, il y a quelques années, le cinéma

américain traversait également une crise d'acteurs : Cary Grant, Gary Cooper, James Stewart se retiraient, ne laissant pas de successeur. Alors en quelques années sont arrivés Jack Nicholson, Dustin Hoffman, Al Pacino, Richard Dreyfuss, Robert de Niro et, le dernier en date, John Travolta qui, selon moi, a sur ses collègues la supériorité d'être aussi agréable à regarder qu'une belle fille. La bisexualité, apparente, de Travolta fait de lui l'acteur le plus moderne, celui qui sonne le glas de la virilité obligatoire. Travolta, c'est l'anti-John Wayne. Sur le nom et la silhouette de Travolta devraient logiquement se réconcilier les spectatrices qui aimaient Rhett Butler et celles qui préféraient Ashley Wilkes.

Le succès de Travolta fait des jaloux, des envieux, ainsi que Paul Valéry l'avait prédit : « *On ne peut sortir de l'ombre, même un peu, sans exciter la haine de beaucoup.* » Le réalisateur italien Alberto Lattuada n'hésite pas à gémir : « *Devrons-nous demander à John Travolta la permission de continuer à faire des films ?* ». Mais le gracieux Travolta est d'origine italienne et Lattuada ne peut ignorer tout ce que l'Italie a apporté à Hollywood ! C'est une pitié de voir le Sicilien Frank Capra, homme intelligent et alerte, mis à la retraite vingt ans trop tôt, comme du reste l'Arménien Rouben Mamoulian, l'un et l'autre merveilleux hôtes hollywoodiens, se dépensant sans compter pour recevoir avec chaleur et amitié leurs collègues européens de passage.

L'Italien le plus audacieux d'Hollywood préfère vivre et travailler à San Francisco, c'est Francis Ford Coppola, qui a littéralement vendu sa chemise (de soie) pour terminer le plus long tournage de l'histoire du cinéma, *Apocalypse Now,* que nous irons enfin visionner en masse cet été, ne serait-ce que pour voir comment jouait Marlon Brando quand il était jeune.

Pendant ce temps, les deux octogénaires les plus actifs de Hollywood, George Cukor et Alfred Hitchcock, poursuivent leur carrière, le premier à la télévision, le second aux studios Universal, compagnie dont il est de surcroît l'un des plus puissants actionnaires. Dans son prochain film, *The Short Night,* qu'il devrait tourner cet été en Finlande, Hitchcock mêlera, comme dans *Notorious,* amour et espionnage. Recevant au cours d'un dîner de gala, le « Life Achievement Award » décerné par l'American Film Institute, Hitchcock le mois dernier déclarait : « *L'homme ne vit pas seulement de meurtres. Il a également besoin d'affection, de récompenses et parfois d'un bon repas.* » Hitchcock n'est plus le young boy director d'autrefois, et il a été contraint d'annoncer que *The Short Night* serait son *dernier* film. Je ne puis m'empêcher de penser que la vogue des films-catastrophes est arrivée dix ans trop tard car si Hitchcock, par exemple, avait tourné *Superman,* on verrait le héros voler *réellement* au-dessus de New York...

Plusieurs jeunes cinéastes américains ont assimilé la leçon hitchcockienne ; ils savent se servir de leur caméra et ils ne feront pas de « *la photographie de gens qui parlent* », mais on peut se poser la question : ont-ils hérité de la sensibilité de celui qui a filmé pendant cinquante ans tant de scènes de meurtres comme si elles étaient des scènes d'amour ?

Tout change à Hollywood mais rien ne change ; cet endroit reste toujours aussi accueillant aux étrangers, à condition qu'ils s'essuient les pieds en entrant (afin de ne pas apporter leur patrie sous la semelle de leurs souliers). Depuis trois ans, les cameramen d'Hollywood refusaient à Nestor Almendros la permission de travailler en Californie et soudainement, conquis par la beauté de son travail dans *Days of Heaven*, de Terrence Malick, film tourné au Canada, ils lui décernent, avec fair play, l'Oscar de la meilleure photographie.

Il arrive bien souvent que ces généreux Américains me proposent de venir tourner chez eux, je leur fais presque toujours la même réponse : « *Avec mon goût pour les anti-héros et les histoires d'amour douces-amères, je me sens capable de réaliser le premier James Bond déficitaire. Est-ce que cela vous intéresse vraiment ?* » Non, redevenons sérieux, la vérité est qu'un réalisateur européen ne peut espérer réussir à Hollywood que si ses chances de revenir travailler dans sa patrie sont réduites à néant, par exemple à la suite de circonstances politiques... Il faut que ce soit désespéré, il faut que ce soit vital : « Hollywood or bust ». C'est le moment de rendre hommage au cinéaste devenu le plus récemment « américain », Milos Forman, metteur en scène têtu et puissant dont le beau film *Hair* va ouvrir le Festival de Cannes. Parce qu'il est mon ami depuis quinze ans, je peux affirmer qu'avec ce film, Milos réalise un rêve qui remonte douze ans en arrière, à la création de *Hair* sur scène, en Amérique. Quand Forman tournait *Taking off*, *Vol au-dessus d'un nid de coucou*, c'était avec l'espoir au cœur de tourner *Hair* un jour. Alors c'est naturellement en souhaitant bienvenue au Festival de Cannes à Milos Forman que je termine ce panorama, partiel et partial, du cinéma américain en 1979.

(*Le Film français*,
spécial Festival de Cannes, 1979)

Donner du plaisir ou le plaisir du cinéma

Les gens qui, à la fin du dix-neuvième siècle, ont inventé le cinématographe, n'ont pas été immédiatement conscients de bouleverser notre vie quotidienne, et cependant les premières bandes enregistrées ressemblent, par leur aspect strictement *informatif et documentaire*, à ce qu'allait devenir à partir des années cinquante la télévision.

D'abord créé pour reproduire la réalité, le cinéma est devenu grandiose chaque fois qu'il a réussi à surpasser cette réalité en s'appuyant sur elle, chaque fois qu'il a pu donner de la plausibilité à des événements étranges ou des êtres bizarres, établissant ainsi les éléments d'une mythologie en images.

De ce point de vue, les cinquante premières années de l'histoire du cinéma ont été d'une richesse prodigieuse. Il est bien difficile aujourd'hui pour un « monstre » de l'écran de rivaliser avec *Nosferatu*, *Frankenstein* ou *King Kong*, impossible pour un danseur d'être plus gracieux que Fred Astaire, pour une vamp d'être plus énigmatique et dangereuse que Marlene Dietrich, pour un comique d'être plus inventif et drôle que Charlie Chaplin.

Le cinéma parlant, après quelques flottements, a trouvé sa voie en tournant les remakes des films muets et aujourd'hui, on tourne en couleurs les remakes des films noir et blanc !

A chaque étape, à chaque progrès technique, à chaque nouvelle invention, le cinéma perd en poésie ce qu'il gagne en intelligence, il perd en mystère ce qu'il gagne en réalisme. Le son stéréophonique, l'écran géant, les vibrations sonores ressenties directement sur les fauteuils ou encore les essais de relief peuvent aider l'industrie à vivre et survivre, rien de tout cela n'aidera le cinéma à demeurer un art.

L'art cinématographique ne peut exister que par une trahison bien organisée de la réalité. Tous les grands cinéastes disent NON à quelque chose. C'est, par exemple, le refus des extérieurs réels dans les films de Federico Fellini, le refus de la musique d'accompagnement dans les films d'Ingmar Bergman, le refus d'utiliser des comédiens professionnels chez Robert Bresson, le refus des scènes documentaires chez Hitchcock.

Si, quatre-vingt-cinq ans après son invention, le cinéma existe encore, c'est grâce à la seule chose dont vous ne trouverez aucune image dans ce magnifique livre : un bon scénario, une bonne histoire racontée avec précision et invention. Avec *précision*, car il est nécessaire dans un film de clarifier et de classer toutes les informations pour garder l'intérêt du spectateur en éveil, avec *invention*, car il est important de créer de la fantaisie pour donner du plaisir au public. J'espère que la mention du mot PLAISIR ne choquera pas le lecteur. Buster Keaton, Ernst Lubitsch, Howard Hawks ont réfléchi et travaillé plus durement que beaucoup de leurs confrères, toujours dans le but de donner davantage de plaisir.

Aujourd'hui, dans les universités, on enseigne le cinéma au même titre que la littérature ou les sciences. Cela peut être une bonne chose, à condition que les professeurs n'amènent pas leurs élèves à préférer la sécheresse du documentaire à la fantaisie de la fiction, la théorie à l'instinct. N'oublions jamais que les idées sont moins intéressantes que les êtres humains qui les inventent, les modifient, les perfectionnent ou les trahissent.

Certains professeurs, journalistes ou de simples observateurs ont parfois l'ambition de vouloir décider eux-mêmes de ce qui est *culturel* et de ce qui ne l'est pas, et vous pouvez être certain qu'ils placeront *Louisiana Story* dans la première catégorie, *Laurel et Hardy* dans la seconde. Or, je crois fermement qu'il faut refuser toute hiérarchie de genres, et considérer que ce qui est *culturel* c'est simplement tout ce qui nous plaît, nous distrait, nous intéresse, nous aide à vivre. « *Tous les films naissent libres et égaux* », a écrit André Bazin.

Le cinéaste le plus sensuel au monde, Jean Renoir, qui n'aimait guère les machines, ne se lassait pas de citer cette phrase de Pascal : « *Ce qui intéresse l'homme, c'est l'homme.* »

Cet objet splendide qui s'intitule *The Book of the Cinema* vous montre des machines et des hommes. On voit bien en le lisant et en le regardant que le cinéma est à son meilleur chaque fois que l'homme-cinéaste réussit à plier la machine à son désir et, de cette manière, à vous faire entrer dans son rêve.

(Préface à *The Book of the Cinema*
de Mitchell Bealey.
Edition française Pierre Belfond. Mai 1979)

Cinquante ans de cinéma français

Ce beau livre, *The Great French Films*, présente un échantillonnage très intéressant et bien représentatif de la production française depuis cinquante ans. Au cours de ma lecture, à aucun moment je n'ai eu la tentation de discuter les choix de James R. Paris ni d'opposer ma propre liste de films préférés à la sienne, car ce que je trouve remarquable dans l'éventail qu'il déploie sous nos yeux, c'est qu'il mêle des films qui sont familiers au public américain à d'autres qui sont invisibles aux Etats-Unis depuis trop longtemps.

Il ne faudrait jamais perdre de vue que la connaissance que nous avons de la littérature ou de la cinématographie d'un pays est étroitement dépendante de la curiosité et du zèle des éditeurs ou des diffuseurs de films. Par exemple, l'œuvre filmée de Sacha Guitry est presque aussi inconnue aux Etats-Unis que celle de Frank Borzage en France.

Dans le système américain, le véritable père d'un film a été bien longtemps (et peut-être encore aujourd'hui) le *producteur*. Quand une major company produisait un film, elle s'en assurait la propriété physique (les droits du négatif) et artistique pour une durée illimitée. Ceci explique pourquoi le patrimoine cinématographique américain reste si vivace, bien protégé et diffusé non seulement en Amérique, mais aussi à travers le monde.

Dans le système européen, plus respectueux du droit des auteurs, les choses sont différentes. Un producteur français achetait à un éditeur les droits d'adaptation d'un roman pour une durée de quinze ans, par exemple. Le même producteur engageait ensuite deux scénaristes pour adapter ce roman et il achetait leur travail pour, disons, douze ans. Ensuite il recrutait un metteur en scène (considéré par la loi française comme l'un des auteurs) et s'assurait ses « droits » pour, par exemple, vingt ans.

Si l'on voit immédiatement les avantages, pour les artistes, de cette façon de procéder, on en voit également les inconvénients lorsque, vingt ans après la sortie d'un film, un circuit d'art et d'essai veut lui donner une seconde vie. Le producteur initial est toujours propriétaire du film, quinze ou vingt ans après sa sortie, mais il ne détient plus légalement que le film physique, c'est-à-dire le support représenté par les différentes copies existantes et le négatif monté. Pour obtenir à nouveau les droits d'*exploiter* le film, le producteur devra reprendre contact avec l'éditeur du livre, les scénaristes (ou leurs héritiers), le metteur en scène et déterminer un nouveau partage des recettes éventuelles. Voilà pourquoi certains films français sont si difficiles à voir aujourd'hui, même en France, même sur les chaînes de télévision, en particulier ceux de Becker, Bresson, Guitry.

Le cinéma américain est un cinéma de situations, le cinéma français est un cinéma de personnages. A cause de cela, le cinéma muet français (avec l'exception prestigieuse d'Abel Gance) a été moins brillant que l'américain. Jean Renoir, René Clair, Jacques Feyder avaient besoin du son, du dialogue pour s'exprimer et c'est pourquoi ils se sont épanouis dans le cinéma parlant qui leur permettait de présenter des êtres humains dans toute leur complexité. Une autre grande différence entre nos deux cinémas est que nous avons eu en France de très bons *artistes* mais peu de bons *artisans*. Il existe, dans la production d'Hollywood, un très florissant cinéma de « série B », composé de « films de commandes », admirablement exécutés et dont l'importance artistique a été reconnue récemment, je pense ici aux productions de Allan Dwan, Raoul Walsh, William Wellman, Tay Garnett ou Michael Curtiz. Rien de tel en France où les bons films ont été tournés par des metteurs en scène ambitieux et omniprésents, à l'exception peut-être de deux noms bien représentés ici, ceux de Christian-Jaque et Julien Duvivier, deux bons *artisans* français, deux bons exécutants de films de commandes, deux admirateurs du cinéma américain.

L'histoire du cinéma sonore français s'ouvre avec deux grands films d'avant-garde produits par un mécène, le vicomte de Noailles : *L'Age d'or* de Buñuel et Dali et *Le Sang d'un poète* de Jean Cocteau. Puis c'est l'arrivée de Jean Vigo ; les deux films que tournera ce jeune homme génial, avant sa mort prématurée à l'âge de vingt-neuf ans : *Zéro de conduite et L'Atalante* suffisent à faire de lui le plus grand metteur en scène de l'histoire du cinéma français. Je suis heureux, au cours de mes voyages aux Etats-Unis, de constater que l'œuvre de Jean Vigo, brève mais inspirée, est régulièrement diffusée, au moins sur les campus.

La critique française d'avant-guerre, si elle n'a jamais mis en doute les qualités de René Clair, de Jacques Feyder et de Marcel Carné, a été souvent condescendante à l'égard d'Abel Gance ou de Jean Renoir et délibérément méprisante envers Marcel Pagnol et Sacha Guitry, accusés l'un et l'autre de faire, non pas des films, mais du « théâtre filmé ». Après la guerre, les films de Bresson, Cocteau, Ophuls seront à leur tour gravement sous-estimés, tout comme ceux d'Orson Welles le seront aux Etats-Unis.

C'est contre cette attitude antipoétique de la critique officielle que s'élèvera, au début des années cinquante, le groupe des jeunes critiques s'exprimant dans les *Cahiers du cinéma*. Ils affirmeront leur hostilité à toute idée d'école ou toute définition restrictive du cinéma, ils rejetteront (parfois au risque de commettre, à leur tour, des injustices) le *cinéma d'équipe* au profit du *cinéma d'auteur*, ils diront qu'un bon metteur en scène n'est pas forcément un manieur de foule ou un technicien virtuose mais, simplement, une personnalité forte s'exprimant par le cinéma.

En appliquant au cinéma une déclaration de l'écrivain Jean Giraudoux : « *Il n'y a pas de bonnes pièces de théâtre, il n'y a que de bons auteurs* », je proposai à cette époque, avec mes amis des *Cahiers du cinéma*, une théorie de la « politique des auteurs » qui entendait réhabiliter les cinéastes qui s'expriment « à la première personne » : Cocteau, Tati, Becker, Bresson, Renoir, Pagnol, Guitry, Ophuls.

A partir de 1959, ces jeunes critiques vont à leur tour devenir des metteurs en scène, groupés malgré eux sous la dénomination « Nouvelle Vague ». Ils vont s'efforcer de tourner les films personnels et intimes qu'ils appelaient de leurs vœux. Il ne m'appartient pas de porter un jugement sur ce groupe dont j'ai fait partie et auquel me retiennent des liens solides. De toute manière, on juge mieux à distance et je suis convaincu que James R. Paris et les cinéphiles américains sont mieux placés que nous pour apprécier et comparer le cinéma français d'hier et d'aujourd'hui, de même qu'à certaines époques, nous avons pu, en France, déceler avant vous les beautés contenues dans *Singin'in the Rain, Johnny Guitare* ou *Kiss me Deadly*.

Parce qu'il réussit à bien décrire les films français qu'il aime et surtout à les décrire *avant* de les juger, j'approuve le travail de James R. Paris et je me sens, devant son livre, dans un état euphorique de solidarité amicale.

(Préface à *The Great French Films*
de James R. Paris
6 février 1982)

Une mentalité fin de siècle

Il me semble que nous sommes entrés, depuis 1968, dans une mentalité de fin de siècle. On critique souvent l'expression les années folles, appliquée à l'époque 1900, mais on sait bien que le début de ce siècle a été enthousiasmant par tout ce qu'il marquait de nouveau : la voiture, l'aviation, l'électricité, le cinéma... A la fin du XIXe siècle, lorsque l'électricité est arrivée dans les appartements, les jeunes filles dînaient avec une ombrelle pour protéger leur teint.

Quand je parle autour de moi de la débandade morale, spirituelle, intellectuelle qui nous guette à l'approche de l'an 2000, cela fait sourire : nous ne sommes plus au Moyen Age, les gens ne sont plus en proie aux superstitions, etc. Ce scepticisme méconnaît l'importance des chiffres, surtout quand ils sont ronds.

Les publicistes et les politiciens, voilà des gens dont nous devons nous protéger, puisque ce sont eux, principalement, qui s'apprêtent à créer cette ambiance apocalyptique autour de l'an 2000.

Il ne fait aucun doute que, dans les années qui viennent, tous les discours politiques, toutes les campagnes publicitaires feront référence à l'an 2000, soit pour le représenter comme le sommet d'un mât de cocagne, soit comme la fin d'une civilisation, soit un but à atteindre, soit un gouffre ouvert devant nous.

Cette référence sera efficace car elle renvoie chacun de nous à sa propre biographie. Les plus de cinquante ans disent déjà : « *En 2000, je ne serai plus là pour voir ça* ». Les plus jeunes penseront que, d'ici l'an 2000, il est sans doute vain d'entreprendre.

Alors naîtra chez les plus faibles, c'est-à-dire les plus nombreux, un état d'esprit défaitiste et une véritable industrie de la panique, du suicide, une industrie avec ses créateurs, ses consommateurs, ses profiteurs, ses victimes, ses maîtres à penser.

Là, comme toujours, les solutions seront individuelles. Les plus avisés adopteront, même artificiellement, une attitude positive anticipant sur le XXIe siècle ; il leur suffira de refuser la malédiction du chiffre rond et de décider, chacun pour soi, que le nouveau millénaire commence le jour de notre mariage, de la naissance d'un enfant, de la mort d'un parent ou d'un ami.

La crise, ce n'est pas seulement l'abondance des biens inutiles et la pénurie de la nourriture, c'est aussi la dégradation des sentiments et, de ce point de vue, même s'ils n'en sont pas les uniques responsables, les politiques et les publicitaires contribuent à la crise par leur acharnement à corrompre le vocabulaire quotidien.

Le mot *tendresse* utilisé dans les slogans publicitaires est devenu odieux, donc inutilisable dans une conversation sincère. C'est la même chose pour le mot *sensibilité*, utilisé par les politiciens pour justifier leurs coups de Jarnac : « *A l'intérieur de notre formation peuvent coexister des sensibilités différentes.* » Pouah !

A cause de ces gens malfaisants et nuisibles, préparons-nous à vivre sans « tendresse » ni « sensibilité », endurcissons-nous et repoussons d'un geste ferme leur main tendue.

(Réponse à un questionnaire de la *Quinzaine littéraire*, juin 1983. La question était la suivante : « A partir de votre expérience, mais sans vous y cantonner, pourriez-vous nous exposer ce que représente pour vous l'idée que le monde actuel est en crise ? »)

En tournant pour Spielberg

Plusieurs fois pendant le tournage de *Close Encounters*, il m'est arrivé de penser que j'avais fait une folie en acceptant de jouer dans ce film : « *Si j'avais su que ce tournage serait si lent et si long, jamais je n'aurais dit oui.* »

Même les acteurs professionnels traversent de tels moments, envahis de doutes tous azimuts : « *Bon dieu, qu'est-ce que je fais ici ?* ». Le plaisir que l'on prend aux tournages difficiles et d'ordre rétrospectif : « *Ah là là, qu'est-ce qu'on a pu rigoler quand on était à Gillette City dans le Wyoming.* » Ou encore « *Ce que la nature était belle dans les environs de Mobile en Alabama* ! »

J'écris ces lignes cinq ans après et il ne fait aucun doute que je suis très heureux d'avoir fait partie de l'aventure nommée *Close Encounters of the Third Kind* et qu'ayant oublié tous les moments de lassitude, je ne conserve plus que des souvenirs forts et joyeux.

Tout a commencé en février 1976 par un coup de téléphone de Steven Spielberg. Il préparait un film sur les soucoupes volantes et il me destinait le rôle de Claude Lacombe, un savant français. En temps ordinaire, j'aurais refusé la proposition sans l'examiner car, lorsque je ne suis pas en tournage, je suis en train de préparer un nouveau film mais, cette fois, il y avait une sorte de trou dans mon emploi du temps. J'étais en train de faire le montage de *L'Argent de poche* et je savais que je voulais tourner un film intitulé *L'Homme qui aimait les femmes*, mais dont le scénario n'était pas commencé.

Alors j'ai dit oui parce que j'aimais le travail de Spielberg et parce que j'ai eu l'impression que je pouvais jouer Claude Lacombe sans me forcer, en restant moi-même comme je l'avais fait dans *L'Enfant sauvage* ou *La Nuit américaine*. Enfin la perspective me plaisait, d'assister à un tournage de film en restant assis sur une chaise et sans avoir peur de gêner comme peut le faire parfois un visiteur occasionnel sans fonction précise.

Sachant bien que l'attente occupe la plus grande partie du temps de l'acteur, j'avais pris soin d'emporter ma machine à écrire pour avancer le script de *L'Homme qui aimait les femmes* et prendre des notes sur les acteurs pour un livre que j'ai définitivement renoncé à écrire.

Réellement, c'était un plaisir de voir travailler Steven Spielberg tout au long de ce tournage qui aurait terrassé plus d'un autre metteur en scène. En Alabama, en plein été, nous étions deux cent cinquante personnes venant de Los Angeles, travaillant douze heures par jour dans un immense hangar sans air conditionné. Sur les passerelles, il y avait quarante électriciens dirigés par talkies-walkies, tout cela était si lourd et si dur à remuer qu'il n'était guère possible de tourner plus de deux plans par jour. Lorsque les conditions de tournage deviennent si ingrates, il arrive que chacun se désintéresse progressivement du film lui-même, en tant que projet artistique et qu'on se replie sur son égoïsme, ne pensant plus qu'à ses dates de liberté, ses tickets d'avion, etc. Alors le metteur en scène reste seul avec son rêve à réaliser et il lui faut un grand courage moral et physique.

J'ai toujours senti ce courage et cette détermination chez Steven. Je ne l'ai jamais vu céder au découragement, même quand la productrice du film le harcelait, même quand les banquiers de Wall Street arrivaient sur le plateau, en Alabama, pour déterminer si cela valait la peine d'injecter encore trois ou quatre millions de dollars supplémentaires et qu'on leur balançait inutilement des paquets de fumée artificielle dans les yeux pour les épater et leur donner du spectacle ! En septembre 1976, la Columbia décida qu'il fallait fermer le hangar mais Steven, soudainement un peu triste, disait que c'était dommage et qu'il aurait bien aimé, par exemple, essayer de faire voler dans les airs les petits garçons de sept ans qui jouaient les extra-terrestres.

Je rentrai en France à l'automne pour commencer *L'Homme qui aimait les femmes* à Montpellier, mais je ne tardai pas à recevoir des nouvelles de Spielberg. Il avait besoin de moi en Inde, à Bombay, où je ne pus le rejoindre qu'en mars 1977, car il n'était pas question d'interrompre mon propre tournage. Toujours souriant, inchangé, infatigable, Spielberg organisa à toute allure une grande scène d'action avec des figurants et des villageois hindous. Alors il me dit que le film était au montage, que le puzzle s'ajustait bien mais qu'il aimerait encore tourner une scène ou deux, peut-être au Mexique, peut-être à Monument Valley... Dans l'euphorie de ce très agréable tournage indien, je répondis que j'étais d'accord, que j'aimais décidément beaucoup l'idée que ce tournage serait sans fin. « *Je me suis habitué,* dis-je à Steven, *à l'idée qu'il n'y aura JAMAIS un film intitulé* Close Encounters *mais que vous êtes un type qui fait croire qu'il tourne un film et qui réussit à grouper beaucoup de gens autour de sa caméra pour accréditer cette immense blague. Je suis content de faire partie de cette blague et je suis prêt à vous rejoindre de temps à autre n'importe où dans le monde pour "faire semblant" de faire un film avec vous.* »

Deux mois plus tard, tandis que se déroulait sur la Côte d'Azur le Festival de Cannes qui allait voir le triomphe de *Taxi Driver* de Martin Scorsese, je retrouvai Steven et son équipe dans le désert de Palmdale, en Californie. Cette fois, je trouvai la blague plutôt saumâtre. Quatre immenses hélices tournoyaient sans arrêt devant lesquelles on vidait des sacs de sable dont le contenu nous arrivait en pleine figure ! La même chose m'avait semblé très drôle six mois plus tôt, quand il s'agissait d'épater les banquiers de Wall Street, mais, cette fois, devenu la victime, cette symphonie pour ventilateurs ne me faisait plus rire du tout.

Par moments, je ne pouvais même pas distinguer où était la caméra derrière ce rideau de sable tourbillonnant et, de toutes manières, les instructions que Steven nous avait données étaient des plus vagues. Nous savions seulement que nous sautions d'une jeep en plein désert (et en pleine tempête de sable) pour découvrir des épaves d'avions disparus depuis trente ans.

Lorsque j'ai vu le film, j'ai découvert que cette

tempête était devenue la scène d'ouverture du film et qu'elle était superbe. Je ne mens pas en disant que je m'étais senti très misérable en la tournant, car c'est visible dans le film. Quand le gros soldat mexicain a fini de parler et qu'on distingue dans la tempête jaunâtre une silhouette affolée, vacillante, sur le point de perdre l'équilibre : c'est moi !

On m'a souvent demandé si, en tant que metteur en scène, j'avais parfois été tenté de conseiller, juger ou critiquer mon confrère Spielberg. La réponse est non, définitivement. J'ai voulu être pour lui l'acteur idéal, celui qui ne se plaint jamais, celui qui ne réclame rien, pas même une indication. Je faisais ce qu'il me demandait et lorsqu'il prononçait le mot : « *Cut* », comme tous les acteurs du monde, je tournais mon regard vers lui pour voir s'il était content.

Je savais que le film comporterait cinquante minutes d'effets spéciaux, mais je ne m'étais pas vraiment rendu compte de l'effet visuel recherché par Steven jusqu'à ce que Douglas Trumbull m'invite à visiter son atelier. C'est là que j'ai vu que, pour une grande part, le film serait constitué d'images superposées :

a) ce qui se passe au sol,
b) ce qui se passe au-dessus des têtes,
c) ce qui se passe dans le ciel,

et tout cela trouverait sa forme définitive au laboratoire, *après* le tournage, comme dans le cas des *Oiseaux* d'Alfred Hitchock.

Par exemple, je vis Douglas Trumbull filmer les nuages qui s'agitent dans le ciel, de la façon suivante : dans un aquarium rempli d'eau tiède, il lâchait des « paquets » de peinture blanche et filmait les mouvements de cette peinture blanche, à différentes vitesses. Dans le film, surimpressionné au-dessus des maisons, cela donne ces splendides images de nuages agités et bouillonnants dont vous gardez sûrement le souvenir.

Cette visite au département des effets spéciaux me rendit modeste. Je compris que le rôle de l'acteur dans un tel film consistait à donner une image stylisée et qu'il fallait laisser de côté les théories de Stanislawsky pour devenir simplement une silhouette dans la tapisserie.

J'avais admiré Steven Spielberg tout au long de ce tournage, mais lorsque j'ai vu le film terminé, mon respect pour son talent s'est accru. Je comprenais que des choses qui m'avaient semblé naïves sur le plateau étaient en réalité des habiletés. Un exemple ? Les scientifiques qui applaudissent et se congratulent après le contact du deuxième type. « *Voilà*, pensai-je au tournage, *une attitude peu scientifique et peu intéressante dramatiquement*. » J'étais dans l'erreur, car lorsqu'on voit le film, ce moment pendant lequel les scientifiques applaudissent et se congratulent donne l'impression d'une scène finale, le public se sent frustré, il désire *encore* du drame et effectivement, tout de suite après, quelqu'un regarde en l'air vers les nuages qui deviennent étrangement agités et perturbés... et le film repart pour la fameuse troisième rencontre...

Je crois que le succès de *Close Encounters of the Third Kind* vient du don très spécial de Steven pour donner de la plausibilité à l'extraordinaire. Si vous analysez *Close Encounters*, vous verrez que Spielberg a pris soin de tourner toutes les scènes de la vie quotidienne en leur donnant un aspect un peu fantastique tandis que, sur l'autre plateau de la balance, il donnait le plus possible de quotidienneté aux scènes fantastiques.

Comme tous les acteurs qui traversent les tournages sans rien comprendre, je suis tenté de dire aujourd'hui : « *Je l'avais toujours dit, je savais que ce serait très bien et que ce serait un succès.* »

(Préface au livre de Tony Crawley,
L'Aventure Spielberg,
éditions Pygmalion, 1984)

2

HOMMAGES ET PORTRAITS

Woody Allen, le pessimiste gai

Il est curieux de voir que dans les périodes où Hollywood régresse intellectuellement et de façon délibérée afin de reconquérir des spectateurs par millions en leur procurant des chocs purement physiques, ce sont les cinéastes comiques qui sauvent l'honneur en redonnant dans leur travail la priorité aux personnages, aux pensées, aux sentiments.

L'expression « film adulte » qui a été utilisée après 1940 pour célébrer les mérites de *Heaven Can Wait* (*Le Ciel peut attendre*), *Monsieur Verdoux, Sullivan's Travel* (*Les Voyages de Sullivan*), *Adams'Rib* (*Madame porte la culotte*), s'applique aujourd'hui parfaitement à *Annie Hall*, le meilleur film de Woody Allen et, par chance, son plus grand succès public depuis qu'il est devenu auteur-metteur en scène-acteur.

Il s'agit d'une autobiographie filmée ou, si l'on préfère, d'un film de fiction imprégné d'éléments personnels. Le thème ? L'amour, tiens pardi ! Pourquoi les amours finissent-elles, comment ont-elles commencé, n'est-ce pas le meilleur sujet pour un film et aussi pour mille films puisque chaque homme a vécu sa propre histoire et que chaque histoire vaut d'être filmée pourvu que ce soit avec intuition, ruse et sensibilité ?

Woody Allen et Diane Keaton savent donc de quoi ils parlent et ils savent en parler.

L'acteur comique qui choisit d'être son propre auteur et son propre metteur en scène nous donne tout : son apparence physique, ses idées sur la vie et sur son art, il donne souvent au-delà de ce qu'il croyait donner, il s'expose à cent pour cent et à cause de cela il risque de ne se faire accepter que par une seule génération de spectateurs, donc sur une durée courte.

Woody Allen qui admire Bergman et Fellini, s'inspire d'eux, et les cite très adroitement dans son film, a réfléchi à tout cela et il réussit avec *Annie Hall* à se débarrasser de l'étiquette restrictive : « auteur de films comiques ». Entre *Sleeper* (*Woody et les robots*) qui était strictement parodique et *Annie Hall* qui appartient à la comédie dramatique, Allen a tourné, comme acteur, un rôle entièrement sérieux dans *The Front* (*Le Prête-Nom*) comme pour habituer progressivement le public au changement de son image.

On peut supposer que Woody Allen, avant cinq ans, dirigera un film purement dramatique dans lequel éventuellement il ne jouera pas ; en tout cas *Annie Hall* montre qu'il en est capable. Les progrès du metteur en scène, entre *Take the Money an Run* (*Prends l'oseille et tire-toi* 1969) qui était drôle mais informe et *Annie Hall*, très cadré, rigoureux, sont étonnants et aussi, désormais, l'attention portée à ses partenaires. Diane Keaton joue ici un beau personnage fragile, celui de Annie Hall justement, mais l'actrice est sacrément forte et, malgré les exigences du rythme, Woody Allen lui laisse le temps d'exister sous nos yeux au-delà du dialogue, cependant remarquable. Tous les seconds rôles du film sont épatants mais j'ai une préférence pour Paul Simon qui réussit à donner le regard neutre le plus éloquent de Hollywood.

Tout le monde connaît la rivalité qui oppose New York et Los Angeles, les activités frénétiques de la côte Est et les activistes impassibles de la côte Ouest. Cette lutte sourde, Woody Allen l'expose en pleine lumière dans *Annie Hall* et comme il ne dissimule pas qu'il a choisi le camp de ses racines, New York City marque ici un point sérieux.

Annie Hall est dont un film d'amour new-yorkais,

antihollywoodien, influencé par l'Europe, mais un film américain tout de même. *Annie Hall* réussit réussit à présenter sur l'écran de vrais personnages éprouvant de vrais sentiments.

(*Pariscope*, septembre 1977)

Les lumières de Nestor Almendros

Il y a vingt-cinq ans, le seul moyen de voir bouger des images en deux dimensions était d'entrer dans une salle de cinéma. Certains réalisateurs de films s'efforçaient d'interpréter la réalité en la stylisant, d'autres se donnaient pour ambition de l'enregistrer purement et simplement. Dans les deux cas, Hollywood et néo-réalisme, le spectacle était magique *a priori*, les films étaient plus ou moins beaux selon les talents déployés, mais ils étaient rarement laids car la photographie en noir et blanc d'une chose laide est moins laide que cette chose à l'état naturel. Le noir et blanc était une transposition de la réalité, donc, déjà, un effet d'art.

Les scopitones, la télévision, le cinéma amateur et le vidéoscope ont définitivement détruit le mystère. La salle de cinéma n'a plus le monopole des images qui bougent. Les cinéastes peuvent encore nous intriguer mais à condition de ne pas copier la vie, ce dont la télévision use et abuse à longueur de temps et nous abreuve jusqu'à la nausée.

Nestor Almendros est l'un des plus grands chefs opérateurs du monde, l'un de ceux qui luttent pour que la photographie des films d'aujourd'hui ne soit pas indigne de ce qu'elle était au temps de Wilhelm Gottlieb Bitzer, le cameraman de D.W. Griffith. Le livre d'Almendros répond aux questions qu'aucun cinéaste d'aujourd'hui ne peut éviter de se poser : comment empêcher la laideur d'entrer sur l'écran ? Comment nettoyer une image pour accroître sa force émotionnelle ? Comment filmer avec plausibilité des histoires situées avant le vingtième siècle ? Comment marier les éléments naturels et artificiels, datés et intemporels, à l'intérieur d'un même cadre ? Comment donner de l'homogénéité à un matériel disparate ? Comment lutter contre le soleil ou le plier à sa volonté ? Comment interpréter les désirs d'un metteur en scène qui sait bien ce qu'il ne veut pas mais ne sait pas expliquer ce qu'il veut ?

Je m'attendais à trouver ce livre instructif, je ne savais pas qu'il allait aussi m'émouvoir. C'est qu'il n'est pas seulement la description d'un travail, il est aussi l'histoire d'une vocation. Nestor Almendros est conscient d'exercer un art tout en pratiquant un métier. Il aime le cinéma religieusement, il nous fait partager sa foi et nous prouve qu'on peut parler de la lumière avec des mots.

(Préface au livre de Nestor Almendros *Un homme à la caméra*, éditions Hatier, 1980)

André Bazin nous manque

Il y a une quinzaine d'années, un dessin humoristique dans le *New Yorker* montrait l'état-major d'une compagnie hollywoodienne réuni autour d'une table ovale ; le stylo suspendu, une main se grattant le front, chaque administrateur regarde vers un tableau noir sur lequel on peut lire : « *La vie extraordinaire de...?* ».

S'il est vrai que les Américains sont plus doués que nous pour les biographies, il ne faut pas attendre du livre de Dudley Andrew la reconstitution d'une « vie extraordinaire », simplement le portrait scrupuleux d'un homme remarquable par sa bonté, son intelligence et son humour.

Bazin n'aurait évidemment pas imaginé que sa vie et son œuvre feraient l'objet d'un livre, que ce livre serait écrit par un jeune Américain, professeur de cinéma, qui ferait des milliers de kilomètres pour venir interroger ceux qui l'ont connu, pourtant je ne puis m'empêcher de voir dans cette biographie spirituelle une extension de ce qu'a été le projet-Bazin et qu'il définissait déjà en 1943 : « *Nous avons déjà une histoire du 7e art par un professeur en Sorbonne, nous aurons bien un jour une thèse de huit cents pages sur le comique dans le cinéma américain entre 1905 et 1917 ou quelque chose d'approchant. Et qui oserait soutenir que ce n'est pas sérieux ?* »

Si, plutôt que de Bazin critique, je préfère souvent parler de Bazin « écrivain de cinéma », c'est qu'il ne s'agissait pas pour lui d'un job. Même s'il avait pu vivre de ses rentes ou toucher un héritage, Bazin aurait écrit sur le cinéma. C'était un plaisir qu'il éprouvait, un plaisir et une nécessité liés à sa vocation pédagogique. Ses meilleurs articles sont généralement les plus longs et, apportant vingt ou trente feuillets à *Esprit* ou aux *Cahiers du cinéma*, il disait en souriant : « *Je n'ai pas eu le temps de faire court.* »

Bazin n'a évidemment pas été seul à analyser la valeur de l'image, sa nature. Par contre, il me semble seul à s'être réellement interrogé sur la fonction de critique. Lorsque Janine Bazin et moi avons regroupé ses premiers textes de 1943-1944-1945 dans le recueil *Le Cinéma de l'Occupation et de la Résistance*, nous avons été surpris d'en dénombrer cinq ou six consacrés au rôle de la critique. Plus tard, alors que sera accomplie la prédiction de Pierre-Aimé Touchard : « *Dans dix ans Bazin sera le meilleur critique de cinéma* », il continue assez régulièrement à écrire ce genre d'article qui culmine peut-être avec le texte fameux « Du festival considéré comme un Ordre ».

Dès qu'il commence à écrire en 1943, dans *L'Echo des étudiants*, Bazin est choqué de voir que, dans la grande presse, les films ne sont examinés que dans leur anecdote : « *On chercherait en vain dans la plupart de nos chroniques de films une opinion sur le décor ou sur la qualité de la photographie, des jugements sur l'utilisation du son, des précisions sur le découpage, en un mot sur ce qui fait la matière même du cinéma... On dirait que cet art singulier n'a pas de passé, pas d'épaisseur, comme les ombres impondérables de l'écran. Il est grand temps d'inventer une critique cinématographique en relief.* »

C'est Bazin lui-même qui mettra cette *critique en relief*. Ceux qui possèdent la collection des vingt numéros de *La Revue du cinéma* ont remarqué que les choses sérieuses commencent au n° 9, avec la première contribution de Bazin : « Le mythe de M. Verdoux. » Quand un film le déroute ou le passionne, Bazin revient dessus deux fois, trois fois, n'hésitant pas à remettre en question ses propres jugements.

En effet, certains films se laissent aimer dès la première vision parce qu'ils brassent avec bonheur des éléments qui nous étaient connus mais qui se trouvent ici ajustés plus harmonieusement qu'auparavant, de telle sorte que nous sommes émus avant d'être étonnés. Le beau moyen métrage de Renoir, *La Partie de campagne*, répond à cette définition. D'autres films, et ceux-là ne sont ni moins bons ni meilleurs, brassent des éléments nouveaux ou des éléments connus ajustés de façon nouvelle et alors nous sommes surpris avant d'être touchés. A cette définition correspond un autre film de Renoir : *Le Journal d'une femme de chambre*, qui va donner à Bazin l'occasion de mêler critique et autocritique.

Qui, à part Bazin, a eu le courage — pas une fois, mais dix — de revenir sur ses premiers jugements et de les reconsidérer non pas au gré de changements d'humeur mais à la faveur d'une analyse approfondie ? Le 15 juin 1948, consterné par *Le Journal d'une femme de chambre* de Jean Renoir, son metteur en scène favori, Bazin écrit dans *L'Ecran français* : « *Renoir a fait d'énormes et dérisoires efforts pour recréer autour de ses héros le monde français dans lequel ils vivent et meurent. Mais on sent les sunlights sur les rosiers de Burgess Meredith, le film entier baigne dans cette lumière d'aquarium caractéristique des studios hollywoodiens et tout, les acteurs compris, y fait figure de fleurs japonaises dans un bocal.* » Quelques années plus tard, Bazin revoit *Le Journal* et il est ébloui. Il écrit un nouveau texte et cite loyalement son premier article : « *J'ai eu la curiosité un peu malsaine de relire ce que j'avais écrit dans* L'Ecran français. Il continue et commente sa nouvelle vision : « *Puis la projection du* Journal d'une femme de chambre *commença, et ce fut en effet la pénible impression que j'éprouvais pendant les premières minutes, le temps de comprendre enfin mon erreur et combien il était absurde de persister à vouloir voir du réalisme manqué dans le film le plus onirique et le plus délibérément imaginaire de l'œuvre de Renoir... Quant à cette lumière d'aquarium qui me choquait si fort, je l'ai bien sûr retrouvée, mais elle m'est apparue comme celle d'un enfer intérieur, une sorte de phosphorescence tellurique, comme celle imaginée par Jules Verne pour éclairer ses voyageurs au centre de la terre... C'est peut-être la première fois que nous discernons dans l'œuvre de Renoir non plus le théâtre mais la théâtralité à l'état pur.* »

Cette confrontation de deux articles, voulue par Bazin lui-même, ne nous fait pas assister à une révision déchirante mais à un approfondissement enthousiaste et stimulant. Cela ne montre pas seulement l'intégrité de Bazin, mais aussi la qualité de sa perception car, si on laisse de côté l'erreur du premier jugement, la description du film de Renoir dans le compte rendu défavorable est certainement supérieure à celle que les inconditionnels de Renoir, comme nous l'étions, mes amis des *Cahiers* et moi, aurions pu faire. On voit que je ne suis pas loin d'appliquer à Bazin une politique des auteurs-critiques qui se résumerait ainsi : un article négatif par Bazin décrivait mieux le film qu'un article élogieux par l'un d'entre nous.

Cette « *lumière d'aquarium* » est une trouvaille d'importance, elle met l'accent sur le contraste le plus saisissant du cinéma d'après-guerre : les films de Hollywood et le néo-réalisme. C'est bien pour fuir cette « *lumière d'aquarium* » qu'Ingrid Bergman, bouleversée par *Rome, ville ouverte,* va quitter Hitchcock pour rejoindre Rossellini.

Cette découverte par Bazin des vertus d'une certaine théâtralité amplifiant et embellissant l'imagerie d'un film comme le passage dans une chambre d'écho intensifie la voix humaine, stylisation supérieure à un réalisme de surface pour peu que l'homogénéité soit maintenue tout au long de la production, va lui inspirer plusieurs de ses meilleurs textes, par exemple sur Welles (*Macbeth*), sur Cocteau (*Les Parents terribles*), sur Pagnol (*Les Lettres de mon moulin*). Je crois que bien des producteurs et metteurs en scène d'aujourd'hui auraient intérêt à lire ces textes vieux de trente ans. Voici ce que Bazin écrit d'une adaptation cinématographique du *Médecin malgré lui*, ratée par la volonté de « faire cinéma » : « *Le texte de Molière ne prend son sens que dans une forêt de toile peinte, et de même le jeu des acteurs. Les feux de la rampe ne sont pas ceux d'un soleil d'automne. A la limite, la scène des fagots peut se jouer devant un rideau, elle n'existe plus au pied d'un arbre... Il* (le metteur en scène) *essayait de mettre un peu de réalité alentour, il tentait de nous ménager un escalier pour nous faire monter sur la scène. Ses ruses maladroites avaient malheureusement l'effet contraire : accuser définitivement l'irréalité des personnages et du texte.* »

L'exemple de bonne adaptation d'un texte théâtral, Bazin le trouve dans *Les Parents terribles*, dont la version filmée ne comporte pas un seul plan d'extérieur, même quand les personnages se déplacent d'un immeuble (le leur) à un autre (celui de Madeleine) : « *Cocteau cinéaste a compris qu'il ne fallait rien ajouter à son décor, que le cinéma n'était pas là pour le multiplier mais pour l'intensifier... L'essentiel étant ici le fait dramatique de la claustration et de la cohabitation, le moindre rayon de soleil, une autre lumière qu'électrique eussent détruit cette fragile et fatale symbiose... Jeu ou célébration, le théâtre ne peut par essence se confondre avec la nature, sous peine de s'y dissoudre et de cesser d'être.* »

Même si l'industrie du cinéma hausse les épaules devant les analyses critiques qui dépassent le niveau du « Allez-y » ou « N'y allez pas », on peut voir que ces remarques de Bazin sur la théâtralité, bien lues, bien comprises et bien observées, auraient permis à la société Gaumont de tourner *Don Giovanni* de Mozart pour deux milliards de centimes au lieu de trois et peut-être même d'en rapporter un au lieu d'en perdre deux, puisque nous avions ici l'exemple flagrant d'un film qui a échoué, non par sa théâtralité, mais au contraire par la destruction brouillonne, ruineuse et naïve de sa nécessaire convention scénique.

Deux ans plus tôt, loin de chercher à « faire cinéma », Ingmar Bergman filmait *La Flûte enchantée* dans un théâtre ancien, nous offrant ainsi non la mise en scène pseudo-réaliste d'un opéra, mais la mise en scène d'une *représentation* d'un opéra. Initialement destiné à la télévision suédoise, le film fut projeté avec succès dans le monde entier ; nous pouvons qualifier de bazinienne la démarche de Bergman.

L'expression « intellectuel de gauche » prête souvent à rire aujourd'hui et pas seulement parmi les nostalgiques de l'Algérie française ; que penser alors de l'expression « catholique de gauche » ? Eh bien, Bazin était un intellectuel catholique de gauche, et aucun de ceux qui l'ont connu ne contesterait la permanente adéquation qu'il réussissait entre ses pensées et ses actes.

Lorsque, partant en voyage avec Janine, il téléphonait à des amis moins bien logés pour leur prêter sa maison, lorsque au château de Vincennes, il arrêtait sa voiture pour charger trois personnes qui attendaient l'autobus sous la pluie et qu'il les déposait ensuite dans Paris, était-ce le Bazin catholique ou le Bazin de gauche ? Je ne sais pas, c'était Bazin, mais je me dis parfois que deux bonnes raisons de croire à l'égalité des hommes valent mieux qu'une.

Le livre de Dudley Andrew m'a révélé que Bazin, à la fin de son adolescence, avait été assez désemparé et angoissé au point de consulter un psychanalyste. J'ignorais cela et ne pouvais le soupçonner, probablement parce que mes relations avec lui furent assez égoïstes de mon côté, même si je l'aimais profondément, et aussi parce qu'à l'époque où je l'ai connu, il était stabilisé, heureux dans sa vie privée grâce à Janine et rassuré dans sa vie professionnelle, déjà reconnu et respecté internationalement. Bazin était dans son travail de critique cinématographique comme un poisson dans l'eau. Vous ne trouverez jamais, dans son œuvre, un article « féroce », un de ces papiers d'humeur dont l'esprit peut se résumer par « *Chouette c'est mauvais* » mais, au pire, c'est-à-dire au plus sévère : « *Le propos était intéressant, malheureusement c'est raté et voici pourquoi...* »

Quand Bazin est mort, il était critique de cinéma

depuis quinze ans, jamais blasé, jamais sceptique. Social, il l'était et il avait écrit en 1943 : « *L'esthétique du cinéma sera sociale ou le cinéma se passera d'esthétique* », mais on n'aurait trouvé en lui aucune trace de vanité sociale, parce qu'il n'avait pas le désir d'être quelqu'un d'autre ni de faire autre chose. Le très grand naturel qui était le sien le faisait se trouver de plain-pied avec les cinéastes les plus fameux et dans un rapport d'égalité qui s'établissait automatiquement. Ceci explique les relations chaleureuses qu'il noua, non seulement avec Jean Renoir, mais aussi avec Rossellini, Cocteau, Fellini ou Orson Welles.

Mon premier travail aux côtés de Bazin, vers 1947, consistait à l'accompagner dans des usines où, dans la demi-heure qui suivait le déjeuner des ouvriers et précédait leur retour à l'atelier, il présentait deux courts métrages de Chaplin. Là encore, il se trouvait de plain-pied avec son auditoire et, n'ayant plus rien à découvrir dans ces films qu'il connaissait plan par plan, il étudiait les réactions du public et y trouvait la confirmation de ce qu'il avait écrit quatre ans plus tôt : « *Toute esthétique d'élite est radicalement incompatible avec les lois fonctionnelles du cinéma. Le cinéma a besoin d'une élite, mais cette élite n'aura d'influence que dans la mesure où elle comprendra avec réalisme les exigences sociologiques du septième art.* »

Un de ses premiers articles, consacré à un film boudé par le public, mais à la mode dans les milieux de Saint-Germain-des-Prés, *Adieu Léonard*, mis en scène par Pierre Prévert sur un scénario de son frère Jacques, illustre bien l'antisnobisme de Bazin : « *Qu'on ait pu s'extasier sur ce scénario prouve à quel point on a oublié les possibilités du cinéma : car enfin, s'il y avait là-dedans une idée, elle ne pouvait valoir que par le style de son exécution, cette satire fantaisiste et légèrement loufoque ne pouvait vivre que dans un univers où le rythme et la poésie des images nous eussent imposé une vraisemblance supérieure de l'invraisemblance ; or, jamais ici nous ne nous sentons libérés des contingences logiques, jamais nous n'acceptons librement le monde qui nous est imposé.* » Bazin montre, à la fin de son article, qu'il ne nourrit aucune animosité personnelle contre le nom de Prévert : « *Pour l'oublier, nous sommes allés revoir pour la quatrième fois* Le Jour se lève : *Bonjour Prévert !* »

Ici, il n'est pas inutile de rappeler qu'à l'époque de Bazin, les critiques voyaient les films en salle, le premier jour, avec le public. Le critique n'écrivait pas son article à partir d'un « dossier de presse », il devait reconstituer lui-même le résumé du scénario, deviner les intentions des auteurs, évaluer le décalage entre les intentions et le résultat. D'être mêlé au public payant n'empêchait pas Bazin de se sentir solidaire du film, lorsque celui-ci était injustement reçu ou incompris, comme dans le cas des *Dames du bois de Boulogne* par exemple.

Suis-je toujours d'accord avec Bazin ? Sûrement pas. Contrairement à lui, je suis hostile au cinéma documentaire, dont Renoir dit quelque part qu'il est « *le genre le plus faux du cinéma* ». Je n'adhère pas davantage à cette idée qu'il exprime, surtout au début de sa carrière, sur la hiérarchie des genres : « Goupi Mains rouges *est une œuvre quasiment parfaite tandis que* Les Visiteurs du soir *a des défauts, mais le genre auquel appartient le film de Becker est esthétiquement inférieur à celui de M. Carné.* » Suivre Bazin sur ce terrain aboutirait à considérer l'œuvre de King Vidor supérieure à celle de Lubitsch. Maintenant, on pourrait trouver dans des écrits postérieurs de Bazin des remarques qui s'opposent à cette hiérarchie des genres, par exemple lorsqu'il écrit en 1948 : « *Contrairement aux apparences, la comédie était le genre le plus sérieux de Hollywood, en ce sens qu'elle reflétait sur le mode comique les croyances morales et sociales de la vie américaine.* »

Que s'est-il passé depuis que Bazin n'est plus là ? D'abord et avant tout, la télévision a pulvérisé les mythes, détruit les stars et rompu le charme. La généralisation de la couleur a fait régresser la qualité moyenne des images, elle a rendu la « lecture » des films à la fois plus simple et moins envoûtante. Enfin, il y a eu l'inversion du pourcentage de films alimentaires et de films ambitieux et cela, c'est le bouleversement que Bazin appelait de ses vœux.

Malheureusement, la critique d'aujourd'hui, en tout cas dans son exercice quotidien, a presque tout perdu de son influence, principalement à cause de la télévision. A l'époque où le cinéma avait le monopole des images qui bougent, la fonction du critique était d'évoquer ces images avec des mots, mais si un film attirait irrésistiblement le public, aucune unanimité critique défavorable ne l'aurait dissuadé d'aller juger sur pièces, simplement parce que tout film constituait un mystère visuel. Aujourd'hui, il suffit de trois extraits mal choisis, montrés à la télévision dans une de ces émissions dont le ministre de la Communication nous assure qu'elles font la « promotion » du cinéma, pour dissiper le mystère visuel et couler la carrière d'un film. Dans ces conditions, et sans donner l'impression d'en avoir pris conscience, la critique en est arrivée à tenir, dans le jeu cinématographique, le même rôle que le mouvement écologique dans le jeu politique : théorique, inefficace et moralement indispensable.

A l'époque de Bazin, la moyenne des films manquait d'ambition. Le rôle d'un critique était de stimuler les metteurs en scène en attirant leur attention sur des possibilités qui existaient en eux-mêmes et dont ils n'étaient pas conscients. Aujourd'hui, c'est le contraire et l'on voit le plus souvent des films ambitieux, mutilés et cloués au sol par la faiblesse de leur exécution. Ce phénomène n'est pas français, il est mondial, et Bazin, s'il vivait aujourd'hui — après tout il n'aurait que soixante-cinq ans —, serait le plus capable de nous aider à établir une meilleure harmonie entre nos projets, nos attitudes, nos buts et notre style.

Au terme de cette préface, autant l'avouer, je me suis efforcé de parler de Bazin avec distance, comme s'il s'agissait pour moi d'un homme comme un autre, alors qu'André a été l'homme que j'ai le plus aimé. Janine et lui m'ont adopté au moment où je me trouvais en pleine détresse, ils ont mis fin à la période la plus lamentable de ma vie. Je n'ai pas voulu évoquer cela en détail, peut-être parce que je l'ai écrit déjà, ailleurs, mais à travers le livre de Dudley Andrew, le lecteur verra quel homme merveilleux était Bazin, son extraordinaire bonne foi et son amour pour tout ce qui vit. Bazin n'avait pas d'ennemi et ne pouvait pas en avoir, puisque son tour d'esprit l'amenait à reformuler, avec plus de profondeur, le point de vue de son adversaire, avant de lui proposer sa propre argumentation. Au contact de Bazin, chacun s'améliorait. Si nous avions des divergences, nous les constations avec tendresse.

André est mort il y a vingt-cinq ans, on pourrait penser que le passage du temps a adouci le sentiment de son absence, ce n'est pas le cas.

Bazin nous manque.

(Préface au livre de Dudley Andrew,
André Bazin,
Editions de l'Etoile — Février 1983)

Pour Bresson : haute fidélité sur longue durée

Il est plus facile d'énumérer les raisons qui dictent nos haines que celles qui inspirent nos amours, mais le plus souvent l'explication tombe à côté, simplement parce que les passions ne sont pas rationnelles.

Le critique professionnel se servira du *Taxi mauve* pour démolir *Le Camion* ou inversement, mais un cinéaste parlant du travail d'un autre cinéaste qu'il admire doit s'interdire cette commodité. Il ne s'agira donc ici que de Bresson et de son douzième film, *Le Diable probablement*... qui a réveillé en moi de bien vieux souvenirs liés à l'accueil-douche écossaise fait aux *Dames du bois de Boulogne* à la Libération.

Déjà, on reprochait aux *Dames* de ne pas ressembler à ce qui se faisait, déjà, on reprochait à Bresson de ne pas filmer les *mêmes* moments d'une histoire, de ne pas les filmer de la *même* façon. Pas grave, rien de tout cela n'est grave, rien de tout cela n'a empêché Bresson de poursuivre son drôle de chemin. *Les Anges du péché* était évidemment le meilleur film de l'Occupation, *Un condamné à mort* fut le meilleur de la décade suivante ; *Pickpocket*, *Jeanne d'Arc*, *Au hasard Balthazar* sont les titres-charnières d'une œuvre qui, du *Journal d'un curé de campagne* à *Lancelot du Lac*, m'a toujours ému par sa musicalité.

Deux belles filles et deux beaux garçons animent *Le Diable probablement...*, j'insiste sur leur beauté, car elle est en partie le sujet du film : la beauté gâchée, la jeunesse gâchée. Ces quatre beaux visages, Bresson joue avec et les distribue comme les figures d'un jeu de cartes, en organisant des variations. Bien sûr, effectivement, Bresson commence souvent les scènes en filmant des boutons de portes et des ceintures, décapitant les personnes, mais n'est-ce pas pour économiser, pour retarder, pour faire attendre, pour préserver, pour faire désirer et finalement pour montrer le visage au moment où il devient important, au moment où ce beau visage, j'insiste encore sur la beauté, où ce beau visage intelligent parle avec douceur, gravité, comme si la personne se parlait à elle-même ?

Très clairement, il s'agit pour Bresson, comme pour Monsieur Teste, de tuer la marionnette et de montrer la personne à son meilleur, à son plus vrai moment d'émotion et d'expression contenues.

J'ai parlé des visages et des voix. La fille appelée Alberte m'a fait penser à la Casarès des *Dames*. On pourrait, toujours en référence à un cinéma musical, décrire la façon de marcher des quatre beaux adolescents du film. Chaussés de caoutchouc, à l'aise dans leurs baskets, ils glissent dans les rues et les escaliers comme des chats d'appartement. Leurs gestes sont sans brusquerie, d'une douceur qui imite le ralenti et semble synchrone avec le balayage des images dont j'ai dit qu'elles sont battues comme un jeu de cartes et distribuées avec parcimonie.

Dans un film de Bresson, il s'agit moins de montrer que de cacher. L'écologie, l'église moderne, la drogue, la psychiatrie, le suicide ? Non, le sujet du *Diable probablement...* n'est pas là. Le vrai sujet c'est l'intelligence, la gravité et la beauté des adolescents d'aujourd'hui, et spécialement de quatre d'entre eux dont on pourrait dire après Cocteau que « *l'air qu'ils respirent est plus léger que l'air* ».

Vous ne trouverez pas cette noblesse dans tellement de films. Le cinéma est un art, mais tous les cinéastes ne sont pas des artistes, Bresson oui, et son nouveau chef-d'œuvre *Le Diable probablement*... est un film voluptueux.

(*Pariscope*, 21 juin 1977)

Un ami, deux Broca !

A la veille d'aller voir *L'Africain,* je voudrais évoquer quelques souvenirs illustrant ma longue amitié pour Philippe de Broca.

En 1958, il n'était pas facile de s'improviser metteur en scène ! Pour avoir, syndicalement, le droit de réaliser un film, on devait avoir suivi trois stages, été trois fois second assistant et trois fois premier. Ayant seulement réalisé trois courts métrages, dont l'un en 16 mm, il me fallut comparaître, avant d'entreprendre *Les Quatre Cents Coups,* devant une commission syndicale réunie au Centre national du cinéma.

« *Qui avez-vous choisi comme superviseur technique ?*

— *Personne*...

— *Alors, nous ne pourrons pas vous donner l'autorisation de tournage.*

— *Oh !*

— *Qui aviez-vous pressenti comme assistant ?*

— *Philippe de Broca.*

— *Ah, c'est différent. Si vous avez le concours de Philippe de Broca, effectivement vous n'avez pas besoin de superviseur.* »

Dès le premier jour de tournage, les événements allaient donner raison aux juges de la commission syndicale. Alors que je me prenais les pieds dans les câbles électriques, que je me collais le viseur dans le mauvais œil et par le mauvais bout, Philippe de Broca, avec une compétence pleine d'entrain, m'aidait à concrétiser mes abstractions, me faisait soupeser les avantages et les inconvénients de chaque décision et m'amenait en douceur, sans jamais faire étalage de sa science, à tourner des plans susceptibles ultérieurement de se succéder correctement sur l'écran.

Une scène du scénario des *Quatre Cents Coups* prévoyait de montrer Antoine et René, les deux copains, confectionnant du caramel en faisant fondre du sucre qu'ils laissaient se répandre, liquide, sur une cheminée de marbre. Ensuite, pour détacher les flaques de caramel solidifié, les deux enfants attaqueraient le marbre à l'aide d'un bronze d'art représentant un cheval. Un jour, pendant la préparation du film, Philippe vient me trouver et me dit : « *A propos du cheval, j'ai trouvé quelque chose, pas exactement ce qui était prévu, mais tout de même, j'aimerais te montrer.* » Il m'amène devant un magasin d'antiquités, sur les quais de la Seine et me désigne, à travers la vitrine, un cheval, grandeur nature, empaillé. Philippe semblait tellement ravi de sa trouvaille — et j'étais moi-même si épaté — que nous avons transformé la scène prévue et que nous avons loué le cheval-grandeur nature, pour deux semaines, en l'intégrant tant bien que mal au scénario.

Ayant sacrifié au vice bien agréable qui consiste à parler de soi lorsqu'on est censé faire l'éloge d'un confrère, je vais à présent énumérer les films de Philippe que je préfère : *Les Jeux de l'amour, L'Amant de cinq jours, L'Homme de Rio, Le Roi de cœur, Le Diable par la queue, La Poudre d'escampette, Tendre poulet, La Cuisse de Jupiter*, mais je dois avouer ici que je n'ai pas vu l'œuvre complète de mon ami, gardant en réserve quelques belles soirées où se mêleront surprise et nostalgie. Lorsque je rencontre mon vieux complice et que je lui dis : « *Je suis désolé d'avoir manqué ton dernier film* », il me répond, malicieux et modeste : « *Moi aussi je suis désolé de l'avoir manqué !* »

Artiste, pudique au point de ne jamais prononcer le mot « art », Philippe est un poète de la dérision, un poète réticent, celui dont on dit dans la cour de récréation de l'école communale :

« *Il fait des vers*
Sans en avoir l'air

Et de la poésie
Sans en avoir envie. »

C'est l'humour, toujours prioritaire chez Philippe, qui, il y a vingt ans, lui a fait baptiser sa maison de production Fildebroc. De Broca ne prise guère l'exégèse cinéphilique et il ne supporte pas les discussions laborieuses. Un critique, dont le nom évoque un empereur romain, s'approche un jour de Philippe et entreprend de lui expliquer doctement pourquoi il a été déçu par son dernier film. Quand ce critique, qui est un vieil ami, même s'il pousse le manque d'humour jusqu'à l'infirmité, a terminé son topo, Philippe le regarde et lui dit, en désignant ses chaussures : « *Ouais, ouais, mais tout de même, j'ai de belles pompes, vous ne trouvez pas ?* »

Philippe ne s'attendrit pas facilement sur les enfants mais reconnaissons-lui le mérite d'avoir toujours su refréner ses instincts de meurtre quand la nécessité du scénario l'oblige à flanquer un gamin devant sa caméra. Par contre, les petits vieux marrants le mettent dans un état d'euphorie incroyable et c'est sûrement dans ses films qu'on a pu voir « pour la dernière fois à l'écran » des génies comme Pierre Palau ou Lucien Raimbourg, le créateur de *En attendant Godot*. Philippe les bichonne, ses vieillards pittoresques et croulants, il les entoure de mille soins et leur réserve les plus beaux gros plans comme si, à travers eux, il se cherchait non un père comme tout un chacun, mais carrément un grand-père.

J'écris ces lignes au moment où, comme s'ils s'étaient donné le mot, les journalistes attaquent volontiers les metteurs en scène qui se racontent dans leurs films, l'insulte le plus souvent utilisée pour les fustiger étant « *nombrilisme* ». Dieu sait si Philippe de Broca n'encourt pas le reproche de verser dans l'autobiographie et pourtant on pourrait tracer un portrait de lui, simplement en alignant les titres de ses films : *Le Farceur*, *Le Veinard*, *Un monsieur de* (bonne) *compagnie*, *Le Roi de cœur*, *L'Incorrigible*, *Le Magnifique*. Je n'ose me prononcer en ce qui concerne *Le Cavaleur* car, sur le mur de sa vie privée, Broca n'a pas manqué d'apposer l'écriteau de Xanadu : « *No trepassing* ».

Dans *Le Roi de cœur*, Philippe nous raconte l'histoire d'une petite ville française qui, pendant la guerre de 1914-1918, se vide de tous ses habitants. Les pensionnaires d'un asile d'aliénés font le mur et investissent la cité, prenant la place du coiffeur, du bistrot, de l'épicier, du curé, du facteur, etc. Allez savoir pourquoi ce film, lors de sa sortie en France, en décembre 1967, fut un échec total. Pour tenter d'améliorer le box-office désastreux, une journée d'exclusivité, au lendemain de Noël, fut organisée avec entrée libre dans toutes les salles, gratuité annoncée par une pleine page de publicité dans les quotidiens. Bernique ! Même à l'œil, pas un chat ! Or ce même film, *Le Roi de cœur*, est l'un des plus grands succès français en Amérique depuis douze ans et vient de commencer une quatrième ou cinquième exclusivité à New York. Allez comprendre ! L'essentiel est qu'à l'heure de Greenwich Village, le lansquenet frappe toujours à minuit.

En Amérique toujours, la télévision, protectionniste comme il ne devrait pas l'être permis, cantonne les films européens sur les chaînes culturelles, les programmant en version sous-titrée, de préférence au beau milieu de la nuit. Sur les trois grandes chaînes, aux bonnes heures d'écoute, un seul film français a réussi à s'immiscer, c'est *L'Homme de Rio,* où Belmondo se démène, doublé en anglais avec un accent italien qui surprend pendant la première bobine mais finalement convient parfaitement aux jeux de main de notre as des as superdoué.

C'est donc en Amérique qu'il faut voir les films de Philippe pour en apprécier l'impact. Les étudiants aiment tellement ses films que les cinéastes des campus les affichent le plus souvent en double programme comme s'ils avaient décidé de remplacer la particule de son nom par le chiffre qu'elle suggère phonétiquement : *Philippe deux Broca* !

Il y a quelques années, alors qu'elle venait de terminer *Le Magnifique* avec Belmondo, Jacqueline Bisset m'entraîna dans une salle de Los Angeles, sur

Santa Monica Boulevard, où l'on passait, toujours en double programme, *Les Caprices de Marie* et *Le Roi de cœur*. La salle était bourrée, chaque spectateur avait sur les genoux son gobelet de popcorn big size qui se mange sans bruit grâce au beurre fondu qui l'amollit. Chaque image portait, chaque ligne de sous-titre fonctionnait, chaque gag faisait mouche, c'était l'ambiance rêvée. A la sortie, Jacqueline Bisset fit le meilleur complıment, et je le répète ici, car Philippe eût été heureux de l'entendre : « *Si j'avais vu*, dit-elle, *les films de Philippe avant de tourner avec lui, eh bien, au lieu de lui casser les pieds en lui demandant les motivations de mon personnage, je lui aurais foutu la paix et j'aurais joué comme une petite silhouette de dessin animé.* »

Jacqueline Bisset avait raison car c'est bien du côté de Tex Avery qu'il faut chercher la filiation de Philippe de Broca. Comme Tom et Jerry, Philippe sait que la vie est une blague, que les bureaux sont occupés par de faux adultes qui se prennent pour des ministres, des avocats, des critiques d'art, des anarchistes, des experts-comptables. Il a donc bien raison de ne jamais les filmer assis ou couchés mais cavalcadant à 18 images/seconde, toujours en poursuite, toujours en fuite pour échapper à la pesanteur du monde moderne.

C'est pour tout cela que j'aime Philippe et puis je l'aime aussi parce qu'il est heureux. La preuve ? Je ne l'ai jamais entendu dire du mal de personne.

(*Le Matin*, 28 février 1983)

Charlie Chaplin

Charles Chaplin est le cinéaste le plus célèbre du monde, mais son œuvre a failli devenir la plus mystérieuse de l'histoire du cinéma. Au fur et à mesure qu'expiraient les droits d'exploitation de ses films, Chaplin en interdisait la diffusion, échaudé, il faut le préciser, par d'innombrables rééditions-pirates, et cela depuis le début de sa carrière ; les nouvelles générations de spectateurs arrivaient, qui ne connaissaient *Le Kid, Le Cirque, Les Lumières de la ville, Le Dic-*

tateur, *Monsieur Verdoux*, *Limelight*, que de réputation.

En 1970, Chaplin a décidé de remettre en circulation la quasi-totalité de son œuvre, et il paraît donc opportun de publier les textes d'André Bazin sur Chaplin ; ce groupement permettra de suivre, exactement comme on marche sur les traverses d'une voie ferrée, le cheminement de deux pensées, celle du cinéaste et celle de l'écrivain. L'œuvre de Chaplin, Bazin la connaissait comme sa poche, on s'en rendra compte en lisant ce livre, mais je puis y ajouter le merveilleux souvenir d'innombrables séances de ciné-clubs où j'ai vu Bazin présenter à des ouvriers, des séminaristes ou des étudiants *Le Pèlerin*, *Le Vagabond* ou d'autres « bobines » qu'il connaissait par cœur et qu'il décrivait par avance sans que l'effet de surprise en fût altéré ; Bazin parlait de Chaplin mieux que personne, et sa dialectique vertigineuse ajoutait au plaisir.

Contrairement à Eric Rohmer — dont j'admire sans réserve l'admirable texte qu'il a accepté d'écrire sur *La Comtesse de Hong Kong* afin d'actualiser ce livre — je ne m'élève jamais contre le statut particulier consenti à Charles Chaplin dans l'histoire du cinéma, pas seulement celle qui s'écrit mais aussi celle qui se parle et qui établit les réputations.

Pendant les années qui ont précédé l'invention du parlant, des gens dans le monde entier, principalement des écrivains, des intellectuels, ont boudé et méprisé le cinéma, dans lequel ils ne voyaient qu'une attraction foraine ou un art mineur. Ils ne toléraient qu'une exception, Charlie Chaplin — et je comprends que cela ait paru odieux à tous ceux qui avaient bien regardé les films de Griffith, de Stroheim, de Keaton. Ce fut la querelle autour du thème : le cinéma est-il un art ? Mais ce débat entre deux groupes d'intellectuels ne concernait pas le public, qui d'ailleurs ne se posait même pas la question. Par son enthousiasme, dont les proportions sont difficiles à imaginer aujourd'hui — il faudrait transposer et étendre au monde entier le culte dont Eva Peron a été l'objet en Argentine —, le public faisait de Chaplin, au moment où se terminait la Première

Guerre mondiale, l'homme le plus populaire au monde.

Si je m'émerveille de cela, cinquante-huit ans après la première apparition de Charlot sur un écran, c'est que j'y vois une grande logique, et dans cette logique une grande beauté. Dès ses débuts, le cinéma a été pratiqué par des gens privilégiés, même s'il ne s'agissait guère jusqu'en 1920 de pratiquer un art. Sans entonner le couplet, fameux depuis mai 1968, à propos du « cinéma bourgeois », je voudrais faire remarquer qu'il y a toujours eu une grande différence, non seulement culturelle mais biographique, entre les gens qui font les films et ceux qui les regardent.

Si *Citizen Kane* nous paraît tellement unique en tant que premier film, c'est entre autres particularités qu'il est le seul premier film tourné par un homme déjà célèbre (je veux parler de l'immense renommée d'Orson Welles après son émission de radio adaptée de *La Guerre des mondes* qui provoqua à travers toute l'Amérique une panique souvent racontée et qui amena justement Welles jusqu'aux portes des studios R.K.O. à Hollywood). Il est évident que c'est cette célébrité acquise qui a permis à Orson Welles de tourner l'histoire d'un homme célèbre (Hearst), si l'on y ajoute un élément biologique, la précocité, qui lui a permis, à vingt-cinq ans, de retracer de façon plausible une vie entière, la mort incluse.

A l'opposé de *Citizen Kane*, je situe un autre génial et unique premier film, *A bout de souffle*, qui est tout le contraire, et plein celui-là du désespoir et de l'énergie de celui qui n'a rien à perdre ; en le tournant, Godard n'avait pas en poche de quoi s'offrir un ticket de métro, il était aussi démuni — à vrai dire davantage — que le personnage qu'il filmait, et si la vie de Michel Poiccard était en jeu, je crois que l'identité de Jean-Luc Godard l'était aussi.

Je reviens à Charlot, dont je ne m'étais pas tellement éloigné, car les grands hommes comme les belles choses ont des points communs. Charlie Chaplin, abandonné par son père alcoolique, a vécu ses premières années dans l'angoisse de voir sa mère emmenée à l'asile, puis lorsqu'on l'y emmenait effectivement, dans celle de se faire rafler par la police ; c'est un petit clochard de neuf ans qui rasait les murs de Kensington Road, vivant ainsi qu'il l'écrit dans ses Mémoires : « *dans les couches inférieures de la société* ». Si je reviens sur cette enfance qui a été si souvent décrite et commentée, à tel point peut-être qu'on en a perdu de vue la crudité, c'est que l'on doit voir ce qu'il y a d'explosif dans la misère lorsqu'elle est totale. Quand Chaplin va entrer à la Keystone pour y tourner des films de poursuite, il courra plus vite et plus loin que ses collègues du music-hall, car s'il n'est pas le seul cinéaste à avoir décrit la faim, il est le seul à l'avoir connue, et c'est ce que ressentiront les spectateurs du monde entier lorsque des bobines vont commencer à circuler à partir de 1914.

Je ne suis pas éloignée de penser que Chaplin, dont la mère est morte folle, a frôlé lui-même l'aliénation, et qu'il ne s'est tiré d'affaire que grâce à ses dons de mime (qu'il tenait justement de sa mère). Depuis quelques année, on étudie plus sérieusement le cas des enfants qui ont grandi dans l'isolement, dans la détresse morale, physique ou matérielle, et les spécialistes décrivent l'autisme comme un mécanisme de défense. Or, on le verra clairement à travers les exemples puisés par Bazin dans l'œuvre de Chaplin, tout est mécanisme de défense dans les faits et gestes de Charlot. Lorsque Bazin explique que Charlot n'est pas antisocial mais asocial et qu'il aspire à entrer dans la société, il définit, presque dans les mêmes termes que Kanner, la différence entre le schizophrène et l'enfant autistique : « *Alors que le schizophrène essaie de résoudre son problème en quittant un monde dont il faisait partie, nos enfants arrivent progressivement au compromis qui consiste à tâter prudemment un monde auquel ils ont été étrangers dès le début.* »

Pour m'en tenir à un seul exemple de décalage (le mot décalage revient constamment sous la plume de Bazin comme sous celle de Bruno Bettelheim lorsqu'il parle des enfants autistiques dans *La Forteresse vide*), je rapprocherai deux citations à propos du rôle de l'objet :

« *L'enfant autistique a moins peur des choses et agira peut-être sur elles puisque ce sont les personnages et non les choses qui semblent menacer son existence. Cependant l'utilisation qu'il fait des choses n'est pas celle pour laquelle elles furent conçues* » (Bettelheim).

« *Il semble que les objets n'acceptent d'aider Charlot qu'en marge du sens que la société leur avait assigné. Le plus bel exemple de ces décalages est la fameuse danse des petits pains où la complicité de l'objet éclate dans une chorégraphie gratuite* » (André Bazin).

Dans le vocabulaire d'aujourd'hui, on dirait de Charlot qu'il est un « *marginal* » et, dans son genre, le plus marginal des marginaux. Devenu l'artiste le plus célèbre et le plus riche du monde, il se sent contraint par l'âge ou par la pudeur, en tout cas par la logique, d'abandonner le personnage vagabond, mais il comprend que les rôles d'hommes « installés » lui sont interdits ; il doit changer de mythe mais rester mythique. Alors il prépare un Napoléon, une vie du Christ, renonce à ces deux projets et tourne *Le Dictateur*, puis *Monsieur Verdoux* et *Un roi à New York*, via le Calvero de *Limelight*, clown tellement déchu qu'il propose à un certain moment à son imprésario : « *Et si je continuais ma carrière sous un faux nom* ? »

De quoi est fait Charlot, pourquoi et comment a-t-il dominé et influencé cinquante ans de cinéma — au point qu'on le distingue nettement en surimpression derrière le Julien Carette de La *Règle du jeu*, comme on distingue Henri Verdoux derrière *Archibald de la Cruz*, et comme le petit barbier juif qui regarde brûler sa maison dans *Le Dictateur* revit vingt-six ans plus tard dans le vieux Polonais de *Au feu les pompiers* de Milos Forman ? Voilà ce qu'André Bazin a su voir et faire voir.

(Préface au livre de André Bazin et Eric Rohmer *Charlie Chaplin*, éditions du Cerf. 1972.)

Charlie Chaplin un homme comme les autres

Pour la dernière fois dans le monde entier et dans le même temps, on va parler de Charlie Chaplin et, par la force des choses en des termes glorieux. Effectivement, Chaplin était le plus ceci, le plus cela, le seul qui... Le recours à ce vocabulaire extrême suscitera une réaction d'agacement et l'on peut s'attendre à lire bientôt des appels à la modération, au sens des proportions, etc. Après tout, qu'est-ce qu'un critique, sinon une sorte d'écrivain qui a tout intérêt à démontrer que Victor Hugo n'était qu'un homme comme les autres ?

La meilleure façon de saluer cet homme comme les autres qu'a été Charlie Chaplin, au moment où son pauvre corps n'a plus trouvé en lui que la force de pousser la porte marquée « sortie des artistes », ce serait de poser un projecteur sur la table de la salle à manger et d'envoyer sur le mur les images de *Une nuit au music-hall*, de *L'Emigrant* ou du *Pèlerin*. Mais là-dessus, tout le monde s'accorde, c'est-à-dire sur Charlie Chaplin considéré comme le plus grand mime. Les chipotages commencent *après* et concernent son adaptation au long métrage, au cinéma parlant, l'opportunité de son activité politique, sa vie privée, sa fortune (ce qu'on appellerait aujourd'hui sont « rapport à l'argent »), la qualité, enfin, de son autobiographie : *Histoire de ma vie*.

Ce n'est pas seulement, l'esprit de contradiction qui me pousse à exprimer mon admiration pour ce qu'on a le plus critiqué dans l'œuvre et la vie de Chaplin : son activisme politique durant la Seconde Guerre en faveur de l'ouverture d'un deuxième front contre Hitler, ses derniers films *Un roi à New York*, *La Comtesse de Hong Kong*, son livre *Histoire de ma vie*.

Ceux qui ont critiqué son autobiographie, s'ils l'ont lue, l'ont mal lue, car un admirateur de Chaplin, ou simplement un observateur du cinéma, peut y trouver les réponses à toutes les questions qu'on peut se poser sur la naissance d'un art, la croissance de Hollywood, la révolution du parlant, les répercussions de la guerre froide dans la vie américaine pendant les années cinquante, la relativité de la gloire et de la fortune, l'importance de la première enfance dans le développement de la personnalité, la distinction entre les résultats obtenus par les dons ou par le travail, bref, s'il fallait ne lire qu'un livre pour comprendre notre siècle de cinéma, je recommanderais *Histoire de ma vie*.

« *Je n'ai pourtant pas eu besoin de lire des livres*, écrit-il, *pour savoir que le grand thème de la vie, c'est la lutte et aussi la souffrance. Instinctivement, toutes mes clowneries s'appuyaient là-dessus. Ma méthode pour organiser l'intrigue d'une comédie était simple : cela consistait à plonger des personnages dans les ennuis et à les en faire sortir.* »

Voilà la théorie de son art, mais on ne m'empêchera pas de penser que toute l'œuvre de Chaplin est autobiographique. D'autres cinéastes avant et après lui ont décrit la faim, par exemple, mais s'il la fait mieux qu'eux, c'est peut-être qu'il connaissait mieux le sujet ! Engagé par la Keystone pour tourner des films de poursuite, Chaplin allait courir plus vite et plus loin que ses collègues, tout simplement parce que sa vie en dépendait.

Il avait grandi, comme il le dit dans ses mémoires, « *dans les couches inférieures de la société* » (seul un Anglais peut employer cette expression, d'où l'importance de devenir sir Charles), et cela lui avait permis de composer ce personnage de *Tramp*, qu'on appellerait aujourd'hui un « marginal ». Oui, Chaplin a été le plus marginal des marginaux, et ce comble a fait de lui le plus célèbre des hommes célèbres. On a du mal aujourd'hui, probablement à cause de la banalisation des personnalités par la télévision, à se représenter ce que fut la célébrité de Chaplin. Une photo de *L'Illustration*, dans les années vingt, le montre de dos saluant d'un balcon de l'hôtel Crillon la foule massée sur la place de la Concorde pour l'acclamer, oui, mais aussi pour le remercier d'exister : « *J'avais l'impression que tout le monde me connaissait, mais je ne connaissais personne.* »

Tout est lucidité dans l'introspection à laquelle il se

livre dans *Histoire de ma vie* : « *J'avais beau n'être qu'un parvenu, on prenait au sérieux mes opinions.* » Commentant l'art de l'acteur, il place en priorité ce qu'il appelle « *le sens de l'orientation : savoir où l'on est et ce que l'on fait à tout moment.* »

Contrairement à ce que l'on a dit parfois, Chaplin, à travers ses fables tragi-comiques, n'a pas prêché la résignation. Dans un premier temps, il a délivré un message exaltant la lutte individuelle : Charlot homme démuni parmi les démunis, se sortait de la misère par la ruse. Ensuite, c'est évidemment sa célébrité qui l'a amené à étudier d'autres systèmes de luttes et à s'interroger sur le juste et l'injuste. Le lui aura-t-on assez reproché ! Là encore, *Histoire de ma vie* montre une grande lucidité : « *J'avais le sentiment maintenant d'être pris dans une avalanche politique. Je commençais à mettre en doute mes mobiles : dans quelle mesure n'était-ce pas en moi l'acteur qui me stimulait, et aussi la réaction d'un public présent ? Me serais-je lancé dans cette aventure donquichottesque si je n'avais pas tourné un film antinazi ? Etait-ce une sublimation de tous mes agacements et de toute mon hostilité contre les films parlants ? Je pense qu'il y a eu un peu de tout cela, mais l'élément le plus fort était ma haine et mon mépris pour le système nazi.* »

Dans un article fameux, André Bazin avait superbement éclairci le secret de ce duel Chaplin-Hitler : « *Pour lui avoir volé sa moustache, Hitler s'était livré pieds et poings liés à Charlot.* » Qui douterait, aujourd'hui, que Chaplin avait le droit d'engager sa popularité universelle dans ce combat et qu'il est bien qu'il s'en soit fait un devoir alors que tout Hollywood s'efforçait de l'en dissuader ?

Quand il s'agit de Charlie Chaplin, ou de n'importe qui ayant fait autant de bien aux autres, il ne faut rien minimiser. Oui, Chaplin était le plus grand mime de son temps, oui il avait le don de faire rire et de faire pleurer, mais il a eu aussi la force et le courage de devenir son propre scénariste, son propre metteur en scène, son propre producteur. S'il a mis davantage de temps que d'autres cinéastes à s'adapter au parlant, c'est qu'il avait la responsabilité supplémentaire de s'exposer lui-même sur l'écran et que le pas à franchir était immense, son expression artistique ayant trouvé dans le muet sa forme parfaite. Alors, nous voyons que *Monsieur Verdoux* dans lequel, pour la première fois, il abandonne Charlot, est une réussite prodigieuse : la construction du scénario, le dialogue, le rythme, le jeu de tous ses partenaires, tout est génial dans ce film et d'un génie nouveau.

Ecrivant sur Charlie Chaplin, il était fatal que le mot de génie en vînt à se former sur le clavier de ma machine à écrire. Voyons ce que dit Littré : « *Aptitude spéciale dépassant la mesure commune.* »

Charlie Chaplin est mort. Il a fait de beaux films et de beaux enfants. Alors, longue et heureuse vie à Géraldine, Joséphine, Victoria, Jane et les autres, et aussi toute notre reconnaissance et notre affection à Oona qui a donné à Charles Chaplin une vieillesse heureuse.

(*Le Monde*, 27 décembre 1977)

Jean Cocteau, « Les Enfants terribles » en 1974

Lorsqu'il est apparu, en 1950, le film de Cocteau-Melville ne ressemblait à rien de ce qui se faisait dans le cinéma français, mais *Les Enfants terribles* restituait sur l'écran le charme profond, puisant et envoûtant du roman dont il était l'illustration fidèle et dans lequel toute la jeunesse de 1930 s'était reconnue.

C'est une très bonne idée d'exhumer *Les Enfants terribles*, aujourd'hui que le jeune public est en complicité d'esprit avec le cinéma poétique des enfants de ces Enfants, Jean-Luc Godard, Philippe Garrel, Carmelo Bene et quelques autres.

A travers les années, je reste un admirateur de Nicole Stéphane qui, d'une bouche incroyablement gourmande, profère le rôle d'Elisabeth plus qu'elle ne le parle, j'aime aussi, dans le rôle de son frère Paul, la gravité blafarde d'Edouard Dhermit dont le jeu, aussi âprement controversé à l'époque que celui de Nora Grégor dans *La Règle du jeu*, m'émeut tout autant.

« *Aimer et être aimé, voilà l'idéal. Pourvu, par exemple, qu'il s'agisse de la même personne. Le contraire arrive souvent.* » C'est par ces mots que, dans *Le Grand Ecart*, Jean Cocteau annonçait six ans à l'avance le sujet profond des *Enfants terribles*.

Il n'est pas indispensable de partir à la recherche minutieuse de ce qui revient respectivement à Melville et à Cocteau dans ce concerto à quatre mains où la rigueur tranquille de l'un a si bien servi l'écriture nerveuse de l'autre. Ces deux artistes que nous aimons ont collaboré comme cul et chemise ou, si l'on préfère, comme Bach et Vivaldi et c'est ainsi que le meilleur roman de Jean Cocteau est devenu le meilleur film de Jean-Pierre Melville.

Le drame des *Enfants terribles*, l'un des rares films vraiment olfactifs de l'histoire du cinéma — son odeur est celle des chambres d'enfants malades — progresse et s'élève par halètements, comme le tracé inquiétant d'une ligne brisée sur une feuille de température. Cette poésie d'hôpital ne se démodera jamais, en tout cas, pas tant que, jeunes ou vieux, nous resterons capables d'attraper les maladies de l'amour.

(1974)

Mon ami Georges Delerue

Les metteurs en scène font bien souvent appel à Georges Delerue, ils ont senti que cet ancien élève de Darius Milhaud est, de tous les musiciens, le plus amoureux du théâtre et du cinéma. A son Grand Prix de Rome sont donc venus très logiquement s'ajouter l'Oscar hollywoodien et le César français.

Il est difficile de décrire une musique avec des mots mais quand j'aurai dit que Georges Delerue est un blond-roux aux yeux clairs, qu'il est direct, chaleureux et fraternel, il me suffit d'ajouter, pour votre information complète, que sa musique lui ressemble et qu'il ressemble à sa musique.

(1981)

Tay Garnett, le vieux marin rieur

Dans le film de Fellini, *Huit et demi,* le metteur en scène, Guido, demande à un vieux machiniste, ancien marin, d'exécuter quelques pas de claquettes sous ses yeux. Plutôt qu'à Guido lui-même c'est au gracieux matelot que ressemblait Tay Garnett. Il était mince, buriné, rieur. Comme Hitchcock, il avait débuté dans le cinéma en écrivant des intertitres pour les films silencieux. Comme presque tous ses confrères du muet, il était sportif, aviateur, aventurier, comme eux il était intellectuel sans le vouloir.

Sa modestie lui faisait employer l'expression « masters » à propos des metteurs en scène questionnés ici et pourtant, si tant de cinéastes du monde entier lui ont répondu sans chipoter, c'est qu'ils étaient émus et fiers de voir que leur existence était connue de celui qui avait tourné *Son homme, Voyage sans retour, La Maison des sept péchés, Le Facteur sonne toujours deux fois, Fireball.*

A Hollywood où tout le monde est riche, Tay Garnett était le seul cinéaste pauvre, il avait dépensé son argent avec les copains et avec les femmes. Quand Henri Langlois, en 1977, lui fit envoyer un billet d'avion pour siéger au Festival de Tours, Tay Garnett accepta sans se douter qu'il apprendrait la mort de Langlois en débarquant à Roissy.

Il voyait aussi dans ce séjour en France l'occasion d'enrichir ce livre qu'il ne finissait pas de compléter comme s'il ne pouvait se résoudre à s'en séparer. C'est un livre très normalement posthume que vous tenez entre vos mains. L'idée lui en étant venue le jour de la mort de John Ford, cet ouvrage pieux ne pouvait logiquement s'achever qu'avec la mort de son auteur, la mort de Tay Garnett, un de vos maîtres.

(Préface au livre de Taylor Garnett,
Un siècle de cinéma,
éditions Hatier, 1981)

Le génie de Sacha Guitry

D'un homme désagréable et qui montre de la mauvaise humeur, on dit qu'il s'est levé du pied gauche. A lire le théâtre de Sacha Guitry, il est bien évident que cet homme-là s'est levé du pied droit tous les matins de sa vie.

Contrairement à bien des vaudevillistes célèbres, contrairement à la légende du clown triste sous son maquillage, Sacha Guitry n'est pas un mélancolique qui veut nous rendre joyeux, il est lui-même joyeux, et dès les premières répliques de chacune de ses pièces, il nous communique sa gaieté.

Ses pièces ne sont pas construites « en dur » et pourtant elles tiennent le coup, extraordinairement bien, à travers les années.

Ses personnages ne sont pas peints mais dessinés, d'un crayon rapide et sûr, pas comme des caricatures, mais comme de bonne esquisses affectueuses et moqueuses à la fois.

Le génie de Sacha Guitry s'épanouit dans son dialogue : le spectateur a l'impression d'entendre une improvisation, quelque chose qui n'a pas été écrit mais sténographié et qui ne sera peut-être pas semblable à la prochaine représentation.

Les héroïnes de Sacha Guitry mentent comme elles respirent, mais elles respirent l'amour. Les hommes qui les courtisent aspirent constamment à l'amour définitif avant de s'installer gaiement dans le provisoire.

A l'inverse de tous les écrivains qui ont consacré leurs œuvres majeures à leur mère, Sacha Guitry est à son meilleur chaque fois qu'il évoque la paternité, d'où la force joyeuse, cruelle et sensible de *Mon père avait raison*.

J'envie les spectateurs qui vont assister à cette représentation, mais plus encore les ouvreuses du

Théâtre Hébertot qui vont avoir la chance d'écouter chaque soit cette improvisation définitive.

(Pour *Mon père avait raison*
au Théâtre Hébertot, mai 1978)

A propos de « Sacha Guitry » par Henri Jadoux

Seul survivant des trois exécuteurs testamentaires désignés par Sacha Guitry, Henri Jadoux est trop pudique pour nommer les sentiments qu'il porte au grand homme, et c'est pourtant la plus profonde affection qu'il s'exprime à travers les trois cents pages de ce beau livre : *Sacha Guitry* par Henri Jadoux.

Parmi tous les ouvrages qui ont été consacrés à Sacha Guitry depuis sa mort, celui-ci me paraît le plus intéressant parce qu'il décrit minutieusement les quinze dernières années, celles que les biographes ont tendance à survoler sans doute parce qu'il est plus difficile de retracer la fin d'une existence glorieuse, même si la courbe fatale, comme c'est ici le cas, fut contrariée par deux ou trois succès incontestables.

Sacha, lui-même trop meurtri par l'injustice dont il fut la victime au moment de l'épuration, nous offrit deux livres : *Quatre ans d'Occupation* et *Soixante jours de prison,* dont la lecture m'a toujours laissé un malaise. On y entend la grinçante plaidoirie d'un avocat défendant maladroitement sa propre cause et l'on songe au mot de Me Floriot, découragé par les erreurs de Me Jaccoud : « *C'est la dernière fois que je défends un avocat.* » Si l'humour n'est pas absent des deux livres justificatifs de Guitry, le rire s'étrangle, l'amertume domine, la verve de *Si j'ai bonne mémoire* n'est pas au rendez-vous.

Henri Jadoux ne se fait pas l'avocat de Guitry puisque aussi bien il n'y a plus de « Procès Guitry », enfin je l'espère. Henri Jadoux est un témoin, le meilleur des témoins, le seul qui puisse écrire : « *A partir de juin 1942, je le vis deux fois par jour.* »

Comme le capitaine Dreyfus, auquel, nous confie Henri Jadoux, Sacha en vient parfois à se comparer, le prisonnier défend mal son « affaire » et aucun Zola ne pointe à l'horizon. La comparaison semblera abusive, et elle l'est en effet — Drancy en fin 1944 n'est pas l'île du Diable —, mais cependant, que penser d'une incarcération — celle de Sacha — tellement arbitraire et soumise aux caprices de l'Histoire que la justice, désarmée devant un dossier vide, en arrive à réclamer par voie de presse : « *Monsieur le Juge d'instruction Angeras attend que des dénonciations lui soient adressées concernant Monsieur Sacha Guitry* » ? Malgré cette invite à la délation, le dossier Guitry reste désespérément vide, et pour cause ! Cependant, si aucune voix ne s'élève contre Sacha, aucune ne se manifeste en sa faveur et à cet esprit de démission, M. Jadoux donne une explication remarquable : « *On avait désappris à vivre démocratiquement.* »

Avant d'en arriver à cette conclusion, M. Jadoux s'est étonné : « *Le silence de quelques personnes que j'avais vues pourchassées et qu'il (Sacha) avait ouvertement aidées me surprend encore : qu'avaient à craindre ceux-là ? Rien, sinon de ne pas s'aligner sur l'opinion apparente du moment.* »

Le Guitry d'après-guerre ne sera plus jamais le même et cela aussi peut s'expliquer. Comme tous les comédiens, Sacha ne pouvait fonctionner que s'il se sentait aimé, et j'ajoute : s'il se sentait aimant. Il était tout le contraire des politiciens que la compétition, la concurrence, la haine aiguillonnent et stimulent à la manière du dopage des sportifs.

Les épurateurs avaient osé suspecter le patriotisme d'un homme qui avait toujours parlé de la France comme Albert Cohen a parlé de sa mère.

J'ignore si, parmi les innombrables volumes sur l'Occupation allemande à Paris, il existe des pages condamnant Guitry, mais j'ai la conviction qu'après le livre d'Henri Jadoux, tant il est précis et argumenté, plus personne n'osera parler de Sacha comme d'un collaborateur, fût-ce pour l'en excuser, par exemple, au nom de son amour pour le théâtre. C'est *définitivement* que M. Jadoux établit que Guitry, à maintes reprises, avant et pendant la guerre, a refusé d'aller en

Allemagne, qu'il a refusé de travailler pour la « Continental » ou de cautionner n'importe quelle entreprise collaborationniste.

Il a utilisé son prestige considérable pour faire revenir des prisonniers, libérer des détenus, éviter la déportation à des juifs connus ou inconnus. Sa célébrité le rendait intouchable et le maintenait au-devant de la scène publique, mais il n'a jamais rien fait pour tirer un avantage personnel, moral ou matériel, de l'admiration qu'il suscitait.

Henri Jadoux fait-il le portrait d'un homme irréprochable ? Certainement pas, mais le biographe aime son modèle, déteste l'idée d'un Guitry modifié, retouché, et déplore l'attitude des amis qui s'éloignèrent dans les mauvais jours et souhaitaient un Guitry qui eut été « plus ceci et moins cela ». La seule réserve qui revient comme un leitmotiv, une insistance nécessaire à la bonne compréhension du personnage, est de nous montrer à quel point Guitry, qui ne quittait l'hôtel particulier de l'avenue Elysée-Reclus que pour se rendre sur scène, était coupé de la réalité environnante. Pour Sacha, l'homme est une créature qui se rend tous les soirs au théâtre comme les premiers hommes se rendaient à la pêche ou à la chasse.

En jouant tous les soirs pendant quarante ans, Guitry s'est organisé une double vie qui est devenue *sa vie,* et on peut comparer ce mode d'existence à celui de l'homme, écrivain ou non, qui s'impose de tenir quotidiennement son journal intime. Dans l'un et l'autre de ces exemples, nous avons affaire à un besoin vital. C'est précisément le cas d'Henri Jadoux qui, discrètement, nous fait deviner que l'extraordinaire précision de ses souvenirs vient de ce qu'ils sont reconstitués à partir de carnets tenus jour après jour, tout au long de son cheminement aux côtés de l'homme que les hasards de l'édition lui ont fait connaître en 1942. L'amour des beaux livres sera le premier maillon de la solide et affectueuse chaîne qui les unira jusqu'à la fin et au-delà de la fin.

Témoignage de première main, à la fois sobre et émouvant — et souvent émouvant par sa sobriété même —, le livre de M. Jadoux est d'une belle écriture. Il exerce sur le lecteur une sorte de fascination qui naît sans doute de sa soumission naturelle à la plus française des règles dramatiques, celle des trois unités. Une durée : les quinze dernières années d'un artiste ; un lieu : la maison de l'Elysée-Reclus ; une action : les efforts d'un homme, Sacha Guitry, pour rester fidèle à sa vocation, fidèle à ses amitiés.

(Bulletin des amis de Sacha Guitry)

Alfred Hitchcock en 1980

La carrière d'Alfred Hitchcock prouve qu'un metteur en scène de cinéma peut connaître le succès et rester fidèle à soi-même, choisir ses propres sujets, les traiter à sa manière, réaliser son rêve et se faire comprendre de tous.

Une femme disparaît, Les Enchaînés, Fenêtre sur cour auraient suffi à assurer la gloire de n'importe quel metteur en scène, mais si vous adjoignez *Les Trente-Neuf marches, Rebecca, Soupçons, L'Ombre d'un doute, L'Inconnu du Nord-Express, L'Homme qui en savait trop, Sueurs froides, La Mort aux trousses, Psychose, Les Oiseaux, Pas de printemps pour Marnie* vous n'aurez énuméré que le quart d'une filmographie éblouissante, la plus riche et la plus complète parmi celles des metteurs en scène qui ont débuté dans les années vingt, c'est-à-dire avec le cinéma muet.

A la différence d'autres grands metteurs en scène incontestés, Chaplin, Lubitsch, John Ford, il faut bien voir que Hitchcock ne délivre pas un message humaniste, il ne nous donne pas à *aimer* des personnages *sympathiques* plongés dans des situations qui les valorisent.

Les notions de sympathie et de valorisation ne peuvent être familières qu'à quelqu'un qui s'aime et qui s'accepte tel qu'il est, et cela, à mon avis, n'est pas le cas avec Hitchcock pour qui le cinéma a été un refuge. Ce qu'il cherche à nous faire éprouver, c'est plutôt l'insécurité, la peur, le soulagement, parfois la compassion. Un homme a tué, comment va-t-il se faire prendre, vous avez reconnu *L'Ombre d'un doute*, *Le Grand Alibi*, *Le Crime était presque parfait*, *Psychose*, *Frenzy*.

Un homme est innocent du crime dont on l'accuse, comment réussira-t-il à se disculper, vous avez reconnu *Les Trente-Neuf marches*, *La Loi du silence*, *Le Faux Coupable*, *La Mort aux trousses*... Toutes ces intrigues, nouées et dénouées sans que rien de ce qui fait la vérité sociale et politique de notre temps entre en jeu, ne laisseraient pas une trace si profonde dans l'histoire du cinéma si elles n'étaient pas fixées par une mise en scène décisive et géniale qui ne se contente pas d'en renforcer l'efficacité mais leur donne, à force de stylisation, une signification symbolique : celle d'un combat entre l'aspect sacré de la vie qui nous est donnée et l'usage impur que nous en faisons.

S'il me faut faire la description de cette *mise en scène* qui rend Hitchcock tellement supérieur à la majorité des cinéastes en exercice, disons que, davantage que d'un style, il s'agit d'une *écriture*. Les réalisateurs d'Hollywood, presque tous, règlent une séquence comme si le plateau de tournage était une scène de théâtre. Les acteurs occupent le décor, ils bougent, ils parlent et la caméra les filme en pied (c'est le plan général), puis le metteur en scène décide de tourner différents plans rapprochés et enfin de gros plans des différents acteurs, chaque phrase de dialogue étant « couverte » c'est-à-dire filmée et refilmée jusqu'à seize ou vingt fois, sous des angles différents. Ensuite, dans la salle de montage, le chef monteur, pendant trois ou quatre mois, assemblera tout ce matériel en s'efforçant de lui donner du rythme, mais sans réussir généralement à ôter le côté théâtral de la réalisation. C'est cette forme de cinéma enregistrement que Hitchcock appelle, avec un mépris justifié, « *de la photographie de gens qui parlent* » et c'est à cela qu'il s'est toujours opposé depuis 1924, depuis son premier film.

Dans l'écriture hitchcockienne le *suspense* joue évidemment un rôle important. Le *suspense* n'est pas, comme on le croit trop souvent, la manipulation d'un matériel violent, mais plus exactement la dilatation de la durée, l'amplification d'une attente, la mise en valeur de tout ce qui nous fait battre le cœur un peu plus fort, un peu plus vite. Le *suspense* n'est pas exclusivement fait d'éléments visuels et des films comme *Le crime était presque parfait* ou *Mais qui a tué Harry ?* nous donnent de bons exemples de « suspense de dialogue ».

Ce qui distingue le style d'Alfred Hitchcock de celui d'autres grands cinéastes de l'action violente comme Fritz Lang ou Howard Hawks, c'est l'emploi très personnel qu'il fait de la lenteur et de la rapidité, de la préparation et de la fulgurance, de l'attente et de l'ellipse. On s'en rend compte à travers le travail d'Hitchcock : le style d'un cinéaste peut se reconnaître à l'insistance avec laquelle il s'attarde sur tel élément du récit plutôt que sur tel autre. On pourrait décrire ce phénomène par ce slogan : « *Montre-moi ce que tu filmes un peu trop longuement et je te dirai qui tu es.* »

La mise en scène d'Hitchcock refuse *l'enregistrement* simpliste de l'action et adopte une *écriture* qui consiste à privilégier un personnage par les yeux de qui les choses seront vues (et ressenties par nous, le public). Ce personnage sera filmé constamment de face, et en plan rapproché, en sorte que nous nous identifierons à lui. La caméra le précédera dans chacun de ses déplacements en le gardant en grosseur constante dans l'image et, lorsqu'il découvrira quelque chose de troublant, la caméra s'attardera quelques secondes de *trop* sur son visage afin d'augmenter *notre* curiosité. Lorsqu'il aura peur, nous partagerons sa peur et lorsqu'il sera soulagé *nous* le serons également, mais... pas avant la fin du film ! Dans une scène compliquée et subtile, *le point de vue* pourra changer, et dans ce cas, nous déplacerons notre participation affective d'un personnage à un autre, l'essentiel étant, pour Hitchcock, de nous inclure, nous public, dans sa narration, et de ne jamais laisser l'action s'enliser dans le marais de l'objectivité documentaire ni dans les sables du reportage désordonné, documentaire et reportage étant considérés par Hitchcock comme les deux ennemis héréditaires du cinéma de fiction.

Hitchcock, dès le début de sa carrière, a compris que si on lit son journal avec ses yeux et sa tête, on lit un roman avec ses yeux et son cœur battant et qu'un film doit se regarder comme se lit un roman. Cette technique de l'histoire racontée selon un « point de vue » est familière aux romanciers depuis Henry James et Marcel Proust, mais elle a été extraordinairement négligée par les cinéastes, même par ceux qui collectionnaient les Oscars pendant que *Les Enchaînés*, *Fenêtre sur cour* ou *Psychose* enthousiasmaient les publics du monde entier, mais ne recevaient pas la moindre considération de la part de la critique ni d'aucun jury de Festival. Heureusement qu'imperturbable et assuré de contrôler l'instrument de son art, Hitchcock continuait à nous offrir un quasi-chef-d'œuvre par an. Ancien critique moi-même il m'est arrivé parfois de tomber dans le travers de cette profession qui consiste à comparer la littérature au cinéma alors que le déroulement d'un film, justement comparé par Orson Welles à un « *ruban de rêves* », nous invite plutôt à parler du film en termes musicaux. Je crois que Frederico Fellini serait, lui aussi, d'accord avec cette définition.

Il ne s'agit donc pas pour Hitchcock de nous apprendre quelque chose, de nous instruire et de nous réformer, mais de nous intriguer, nous empoigner, nous captiver, nous faire perdre le souffle et surtout nous faire participer émotionnellement au récit qu'il a choisi de conduire. Il travaille exactement comme un chef d'orchestre qui dirige ses instrumentistes et fait *avancer* la symphonie, dont chaque note, chaque accord, chaque soupir, chaque silence est prévu sur la partition.

Les jeunes metteurs en scène qui sont arrivés depuis cinq ou six ans, beaucoup plus doués que leurs prédécesseurs recrutés au début du parlant, dans les années trente, ont compris cette forme d'écriture et ont plus ou moins bien réussi à l'adopter ; les nouveaux cinéastes américains sont presque tous des enfants d'Hitchcock mais, derrière leur goût pour un usage dramatique de la caméra, nous nous apercevons qu'il leur manque quelque chose qui est essentiel dans le cinéma hitchcockien : la sensibilité, la peur ressentie, l'émotivité, la perception intime et profonde des émotions que l'on filme. Les jeunes hitchcockiens peuvent éventuellement égaler l'épisode de l'avion de *La Mort aux trousses* piquant sur Cary Grant qui court se réfugier dans le champ de maïs, mais ils ne peuvent pas filmer le trouble de Claude Rains lorsque, dans *Les Enchaînés*, il va chercher en pleine nuit secours auprès de sa mère : « *Maman, j'ai épousé une espionne américaine* ! » Ils peuvent copier la scène du concert à l'Albert Hall de *L'Homme qui en savait trop*, mais pas inventer les mouvements d'épaules de Joan Fontaine, dans *Rebecca*, reculant à chaque entrée de Madame Danvers. Ils ne peuvent pas montrer l'humilité du sacristain de *La Loi du silence* suppliant sa femme, Alma, de ne pas dénoncer son crime, ni la violence de Joseph Cotten dans *L'Ombre d'un doute* ne pouvant se retenir en plein dîner familial de décrire le monde comme une porcherie, ni la maniaquerie de Sean Connery cherchant à entrer dans la vie privée de *Marnie*, non plus que les efforts douloureux de James Stewart dans *Sueurs froides* pour amener Kim Novak à ressembler à Grace Kelly !

Tout s'apprend, mais tout ne s'acquiert pas et si les disciples peuvent prétendre, un jour ou l'autre, égaler la virtuosité du maestro, il leur manquera sans doute l'émotivité de l'artiste. Alfred Hitchcock reste, encore aujourd'hui, en 1980, même si son état de santé ne lui permet pas de tourner son cinquante-quatrième film, non seulement l'homme qui en sait le plus, mais aussi le cinéaste qui nous émeut le plus.

(Rétrospective Alfred Hitchcock, Rome, janvier 1980)

Pierre Kast, simple comme au revoir : « Le Soleil en face »

Du *Bel âge* aux *Vacances portugaises,* de *La Morte saison des amours* au *Soleil en face,* on peut dire qu'ils se sont enrichis les producteurs des films de Pierre Kast, enrichis le cœur et l'esprit, car il n'est question que d'amour dans ses films. Ses personnages ne mettent pas tout leurs œufs dans le même panier, ils se sentent capables d'aimer simultanément plusieurs personnes et, puisqu'ils ont tous en commun d'être extrêmement civilisés (le monde de Kast c'est l'anti-*Qui a peur de Virginia Woolf ?*), ils passent la première moitié de leur temps à tomber amoureux et la seconde à chercher des solutions pour ne pas souffrir ni faire souffrir.

Le Soleil en face suit le chemin de la souffrance contournée, mais en allant jusqu'au bout. « *Qu'y a-t-il derrière la palissade ?* » interrogeait un personnage du *Salaire de la peur* avant de découvrir, en fin de parcours : « *Il n'y a rien derrière la palissade.* » Je crois me souvenir que Pierre Kast aimait ce film et en avait cité ces répliques dans un article. En tout cas, dans *Le Soleil en face,* il nous donne une bonne description de la palissade.

Au début des années cinquante, on citait volontiers cette phrase d'André Gide : « *Que chacun suive sa pente pourvu que ce soit en montant.* » *Le Soleil en face,* par son mélange de tolérance et de rigueur, m'a remis cette devise en tête et d'ailleurs, par la manière dont il est raconté, le film entier me fait penser aux récits de Gide, à ceux qui hésitent entre la nouvelle et le roman, les meilleurs.

Toute vie porte en elle sa somme d'injustices et sans doute est-il plus courageux de lutter contre elles que de s'en accommoder, mais il en est une contre laquelle on ne peut rien, l'injustice de base, je veux parler de la non-chronologie de la mort qui fait disparaître des enfants avant leurs parents. Parce que Pierre Kast vit sa vie sous le signe de l'amitié et qu'il a été heurté par la disparition prématurée de Jean Grémillon, Boris Vian,

Roger Vailland, il a eu l'idée, avec Alain Apteckman, de ce *Soleil en face,* où l'on assiste aux dernières semaines d'un homme qui aimait mieux la vie qu'il ne s'aimait lui-même.

Dans cette histoire où la religion n'a pas de part, il va s'agir presque uniquement de rituel. Le héros du film, Marat, joué par Jean-Pierre Cassel, s'était inventé un rituel de vie. Il n'aura qu'à lui donner une extension fine et discrète pour en faire un rituel de mort, ce cérémonial baignant dans une vraie douceur, pas une douceur terrible non, une vraie douceur, simplement.

Qui dit rituel dit mise en scène et dans les films assez rares de ce type — je parle des films où l'organisation des gestes, déplacements, silences, est commandée par la nature même du sujet choisi —, nous avons un deuxième film qui se superpose au premier comme un calque sur une lithographie. Ce deuxième thème, c'est justement la mise en scène, la mise en scène de sa vie, la mise en scène de sa mort, la tentation absurde que nous avons de contrôler des événements qui, en réalité, nous dépassent.

Pierre Kast a l'esprit clair et logique. Si on lui a reproché parfois de nous présenter des personnages d'intellectuels, c'était une mauvaise querelle d'étoile jaune qu'on lui cherchait car personne n'est jamais sorti d'un film de Pierre Kast en disant : « *Je n'ai rien compris.* » Ses films ne sont pas rares parce qu'ils sont intelligents, ils sont rares parce qu'ils sont intelligibles. Ce cinéaste, qui est aussi un écrivain, ne nous a jamais fait le coup de l'ineffable ou de l'incommunicabilité. Se présentant de façon modeste, ni comme des vaudevilles à caleçons ni comme de sombres drames métaphysiques, ses films de sentiments trouvent tout naturellement leur place dans la rubrique : « Comédies dramatiques ».

Le Soleil en face est donc une comédie dramatique dans laquelle Jean-Pierre Cassel rencontre son meilleur rôle depuis ses débuts avec De Broca, idem pour Stéphane Audran depuis ses débuts avec Chabrol. Parmi les nouveaux visages, on remarque celui d'une jeune actrice qui arrive bien et pour longtemps je crois, Béatrice Bruno.

Très certainement, la réputation du *Soleil en face* sera excellente, mais les critiques en parleront peut-être comme d'un film inhabituel, hors de la mode et je me demande si cette façon de voir est la seule possible. La mode est aux films d'aventures, or nous avons ici les aventures terminales d'un homme qui n'a pas économisé les battements de son cœur. La mode est aussi aux films interplanétaires, or Marat pourrait bien à son tour murmurer, en partant : « *Ah, je m'en souviendrai longtemps de cette planète !* »

Le Soleil en face est un film à voir, c'est même un film à regarder fixement.

(*Le Matin*, 16 janvier 1980)

Ainsi vivait Henri Langlois

Comme la pièce d'Alexandre Dumas consacrée au grand acteur anglais Kean, le livre de Richard Roud pourrait s'intituler : « Henri Langlois, désordre et génie ».

Quelques mois après la mort du fondateur de la Cinémathèque française, un cinéphile de San Francisco me disait : « *Vraiment, les Français n'ont pas le don de la biographie ; si Henri Langlois avait été américain, il y aurait déjà trois livres sur lui à la devanture des bookstores.* »

Cette remarque vaut pour la littérature autant que pour le cinéma. Si l'on veut connaître la vie de Marcel Proust, il faut lire sa biographie par l'Anglais George D. Painter ; pour savoir qui était Cocteau, il faut se reporter à l'ouvrage de l'Américain Francis Steegmuller.

Les écrivains français qui viennent trop souvent de l'enseignement et rarement du journalisme préfèrent publier des thèses qui leur vaudront un promotion dans la hiérarchie universitaire plutôt que de se livrer à des recherches factuelles en vue de reconstituer une vie. Pourtant rien ne vieillit plus vite que les travaux théoriques sur l'art, probablement parce qu'ils sont menés selon des méthodes élaborées à partir d'idéologies qui se succèdent, se contredisent et se chassent elles-mêmes à la façon dont on dit qu'un clou chasse l'autre. A cause de cela, leur intérêt est éphémère, presque aussi saisonnier que la mode de haute couture qui fait succéder les robes longues aux robes courtes.

C'est pourquoi tous ceux qui ont approché Henri Langlois, qui l'ont aimé ou contesté seront reconnaissants à Richard Roud d'avoir joué l'enquêteur plutôt que le professeur et d'avoir chaussé les escarpins de Sam Spade (ou de Philip Marlowe) plutôt que les godillots d'Albert Thibaudet pour faire revivre un homme aussi pittoresque et contradictoire qu'un caractère de Dickens, un homme qui accordait difficilement son amitié et qui pouvait la retirer sur un caprice, un soupçon ou une « intuition ».

Dans *Confidential Report*, le personnage joué par Orson Welles, celui de Gregory Arkadin, raconte un rêve qu'il a fait : déambulant dans un cimetière, il remarque que les pierres tombales indiquent des dates très rapprochées : 1919-1925 ou bien 1907-1913. Il interroge le gardien du cimetière : « *Les gens meurent-ils donc si jeunes dans ce pays ? — Non*, répond le gardien, *ces dates gravées indiquent seulement le temps qu'a duré une amitié.* »

En effet, même lorsqu'une amitié a été durable et non trahie, nous n'escortons ceux que nous aimons que pendant un moment de leur vie, que sur une partie du chemin. Les biographies nous éclairent parfois autant sur nous-mêmes que sur la personne qui en est l'objet ; leur lecture nous passionne donc de plus en plus au fur et à mesure qu'on avance en âge. Ayant, sinon vécu, en tout cas cheminé dix années auprès d'André Bazin mort à quarante ans, il m'a fallu attendre la biographie que lui a consacrée Dudley Andrew pour apprendre ce qu'avaient été les trente premières années de sa vie.

Grâce à Richard Roud, qui représente pour beaucoup de cinéastes européens comme pour moi *l'ami américain*, même si son ami Langlois s'obstinait à feindre de le croire britannique, un voile, que dis-je un voile, un épais rideau de mystère bien entretenu se lève pour nous révéler le fondateur de la Cinémathèque française, un homme à la fois naturel et extravagant, un homme fabuleux, un homme obsédé, un homme animé par une idée fixe, un homme hanté.

Comme tous les hommes « hantés », Henri Langlois divisait le monde, les gens, les événements en deux blocs : 1. Ce qui est bon pour la Cinémathèque — 2. Ce qui n'est pas bon pour la Cinémathèque. Même si vous le fréquentiez depuis dix ans, il ne perdait pas de temps à vous demander des nouvelles de votre santé ou de votre famille car les notions mêmes de santé et de famille ne pouvaient se rapporter qu'à la santé de la Cinémathèque, la famille de la Cinémathèque. Cela ne l'empêchait pas d'être chaleureux pourvu qu'on accepte de monter en marche dans le train de sa conversation qui était plus exactement un monologue tournant autour d'un complot dont il ne se souciait pas qu'on en ignorât les données. Par exemple : « *Bonjour, Henri, ça va ? — Ça va très mal. La Rue de Valois veut annuler l'assemblée du 17 mars à cause des procurations mais j'ai répondu au contrôleur Pasquet que, si le ministère tenait pour rien les résolutions du 23 juillet, je fermerais la rue de Courcelles, je convoquerais les membres de la sous-commission pour leur lire le rapport Novak de la FIAF consécutif à la résolution 35 bis du Manifeste de Locarno, et puis j'ai chargé Viktor de dire à Bascafe qu'on ne me fera pas le 11 mars le coup du 29 avril.* »

On s'était habitué à écouter sans rien comprendre, à ne pas questionner comme, ignorant du solfège, on regarde une partition musicale, et l'on s'était pris de sympathie pour cette volubilité paranoïaque, ces mines de conspirateur, on en blaguait entre nous jusqu'au moment où, en février 1968, il apparut que tout cela était fondé.

1968. Depuis dix ans, la France était gouvernée par un vieillard autoritaire et anachronique. Cet état de choses, qui semblait naturel à ceux qui avaient accepté ou subi le régime du maréchal Pétain, était insupportable aux jeunes Français nés après la guerre. Dans la France du général de Gaulle, il fallait attendre d'avoir vingt et un ans pour devenir électeur alors que le pays s'américanisait et qu'un jeune chanteur de dix-neuf ans, Johnny Hallyday, était une gloire nationale avant d'accomplir son service militaire.

Il a fallu que le gouvernement de De Gaulle s'en prenne à Henri Langlois et tente de l'éliminer de la Cinémathèque qu'il avait créée pour que se lève le vent de la désobéissance et que les rues de Paris s'emplissent de contestataires. Avec le recul du temps, il paraît évident que les manifestations en faveur de Langlois ont été aux événements de Mai 68 ce que le trailer est au grand film annoncé comme prochain programme.

Cela est si vrai qu'après la première manifestation du 15 février 1968 qui rassemblait exclusivement les « enfants de la Cinémathèque » on vit, au cours des démonstrations suivantes, les troupes contestataires s'augmenter de visages inconnus, ceux des étudiants maoïstes ou anarchistes dont certains allaient devenir fameux. Leurs leaders se mêlaient à nous, observaient et éventuellement critiquaient notre amateurisme politique. Je revois Daniel Cohn-Bendit juché sur un réverbère rue de Courcelles, nous reprochant de disperser prématurément un sit-in alors qu'un de nos « camarades », qui avait craché au visage d'un CRS, se trouvait retenu dans un fourgon de police.

Effectivement, l'affaire de la Cinémathèque faisait de nous des militants mais pas forcément des politiques. Les protestations contre l'éviction de Langlois arrivant de tous les coins du monde, je ne fus pas étonné un matin de recevoir un coup de téléphone de Londres. A l'autre bout du fil j'entendais Vanessa Redgrave m'inviter pour le dimanche suivant à une manifestation de masse qui traverserait Londres. Je donnai immédiatement mon accord. La belle actrice précisait : « *Le cortège se mettra en route à onze heures à Hyde Park. Nous avons décidé que chacun de nous portera un mouchoir autour du front.* » Je l'interrompis : « *C'est une idée curieuse, je me demande ce qu'en pensera Langlois — Qui vous parle de Langlois ? Je suis en train de vous inviter à une manifestation contre la guerre du Viêt-nam.* » On l'aura deviné : cette cause ne me semblait pas mériter un aller-retour Paris-Londres dans la même journée, je déclinai l'invitation et me replongeai dans les activités du « Comité de défense de la Cinémathèque ».

Politique, Langlois ne l'était pas davantage que nous et, pendant que les « enfants de la Cinémathèque » se faisaient taper dessus par les CRS dans les rues de Paris, Henri, dans son appartement de la rue Gazan, passait son temps à ventiler un jeu de cartes pour faire des réussites, ou se faisait conduire chez les voyantes, seules capables selon lui de prédire ce que serait le destin de la Cinémathèque.

Toutefois, ce serait une erreur de croire que Langlois subissait passivement la situation. Si quelqu'un était encore plus décidé que lui à ne pas céder, c'était bien Mary Meerson, qui l'encourageait dans son intransigeance. Elle avait depuis longtemps prévu l'approche de la tempête : c'est elle qui avait deviné les manœuvres de ceux qui enviaient Langlois et convoitaient la Cinémathèque, et ses prophéties s'étaient plus que réalisées. Si Langlois eut l'adresse diabolique de garder le silence absolu pendant toute la durée de l'Affaire, évitant toute déclaration à la presse et toute démarche officielle, en revanche il savait parfaitement manœuvrer et inspirer la troupe de fidèles qui s'était mise spontanément à sa disposition à travers l'association que nous avions immédiatement créée sous le nom de « Comité de défense de la Cinémathèque française ». Par ailleurs, son machiavélisme lui faisait parfois construire des échafaudages fragiles. Par exemple, ses principaux ennuis venant de la rigueur pointilleuse du ministère des Finances, Langlois avait cru très habile de faire entrer, au conseil d'administration de la Cinémathèque, une dame assez charmante, excentrique, traductrice de Goldoni et belle-sœur du ministre des Finances, Michel Debré. Or, Henri Langlois avait négligé de vérifier les sentiments que se portaient le ministre et sa belle-sœur, si bien qu'au cours des délibérations du conseil, lorsque quelqu'un disait : « *Tous nos ennuis viennent de Michel Debré* », les regards se tournaient vers Denise Le Maresquier qui, invariablement, déclarait : « *De toute manière, mon beau-frère n'a jamais rien compris aux finances.* »

La lutte se menait sur tous les fronts, dans la rue, dans les bureaux, au téléphone. Nous inondions les journaux — d'abord favorables à notre cause puis de plus en plus intimidés par le gouvernement — de nos articles et de nos communiqués. Plusieurs centaines de réalisateurs, de Chaplin à Kurosawa, de Satyajit Ray à Rosselini, envoyèrent aux *Cahiers du cinéma*, très actifs dans cette lutte, des télégrammes menaçant de retirer leurs films d'une Cinémathèque privée de Langlois. Finalement, ainsi que l'explique très bien Richard Roud, le gouvernement dut céder, pas seulement sous la pression des cinéphiles, mais grâce aussi à l'action souterraine et efficace d'hommes puissants, en tête desquels il faut citer Jean Riboud, président de la société internationale Schlumberger et ami des arts. Une fois Langlois réintégré, chacun de nous put enfin retrouver le sommeil et retourner à ses occupations.

Nous gardons tous un souvenir ému de cette période de dévouement à une cause, de sacrifices personnels, et de l'absence de doutes qui caractérise l'engagement quand il est passionnel. Pour être tout à fait franc, je dirais que nous avons dû parfois nous montrer péremptoires, odieux et légèrement terroristes, car le militantisme, consciemment ou non, comporte souvent une bonne dose de mauvaise foi. Je n'ai donc compris qu'a posteriori qu'il avait fallu un certain courage aux adversaires de Langlois pour maintenir et exprimer leur position pendant cette période. Je ne parle pas de ceux qui intriguaient pour prendre sa place — ou occuper une place —, mais d'une minorité de cinéastes, d'historiens ou de collectionneurs qui estimaient que les défauts de Langlois l'emportaient sur ses qualités et qu'il faudrait désormais plus de rigueur pour conserver les films. C'était, par exemple, le point de vue d'un excellent metteur en scène comme Roger Leenhardt.

En dépit de cette ombre au tableau, la bataille de la Cinémathèque a compté aussi parce qu'elle a marqué la première — et probablement la dernière — retrouvaille des jeunes gens enthousiastes qui, dix ans plus tôt, dans une ambiance de camaraderie assez exceptionnelle, avaient donné naissance à la Nouvelle Vague. Aux côtés de la Nouvelle Vague, réconciliés avec elle, se rangèrent également des metteurs en scène des générations précédentes comme Jean Renoir, Marcel Carné, Henri-Georges Clouzot, car, dans ce combat, le cinéma français présentait un front uni contre l'adversaire, contre le ministère des Finances et le ministère de la Culture.

Ce qu'on appelle donc « l'Affaire de la Cinémathèque », ces trois mois de crise au début de 1968, justifierait un livre entier, mais le long chapitre que lui consacre Richard Roud est absolument exact.

Si Mai 68 donnait l'impression que la France était devenue un ring sur lequel s'affrontaient le général De Gaulle et l'anarchiste Daniel Cohn-Bendit, trois mois plus tôt nous avions l'impression que le match se jouait entre De Gaulle et Langlois. Et pourtant il ne me semble pas abusif d'esquisser une comparaison entre les deux hommes.

Comme le Général s'identifiait intimement à la France, Langlois s'identifiait intimement à la Cinémathèque. Le sentiment de sa propre importance avait amené De Gaulle à affronter Churchill, Roosevelt, Staline, tandis que Langlois pour les mêmes raisons, avait créé des situations conflictuelles avec des dirigeants des autres cinémathèques. En s'excluant lui-même de la puissante FIAF, Langlois imitait De Gaulle sortant de l'OTAN ou traitant l'ONU de « machin ». Comme De Gaulle toujours, Langlois n'acceptait pour amis ou pour collaborateurs que des « inconditionnels ». Anticommuniste, anticollectiviste, antisocialiste, Langlois n'était sûrement pas gaulliste mais profondément gaullien dans son style.

La crise de la Cinémathèque est née d'une hostilité de certains fonctionnaires à la personne même de Langlois. Derrière cette hargne, il y a la haine inavouable de la poésie ou, plus exactement, la haine d'un comportement poétique à l'intérieur d'uns institution où la partie administratrive s'accroît démesurément. Henri Langlois n'était pas un *film-maker* mais un *screening-maker*. Acheter, échanger, voler, sauver des films ne peut pas être une profession mais l'exercice d'une passion. Langlois a été peut-être le plus doué des amateurs de films. Je ne sais pas si, au fond de lui, Langlois dont la vie était vouée aux films, regrettait de ne pas en avoir réalisé lui-même mais je suis convaincu qu'un cinéaste, talentueux ou non, n'aurait pas pu créer, animer la Cinémathèque pour la raison qu'un artiste, même très ouvert, même très curieux, même très tolérant et bon, ne peut pas réellement comprendre ni admettre le travail de ses confrères.

En bannissant l'usage en littérature des points de suspension, Proust condamnait par avance l'œuvre de celui qui restera son seul rival du XXe siècle, Louis-Ferdinand Céline. Dans le cinéma français d'avant-guerre, tous les metteurs en scène qui comptaient, de Renoir à Buñuel, ricanaient devant le lyrisme et l'emphase d'Abel Gance. Au début des années trente, René Clair n'avait que mépris pour Marcel Pagnol comme plus tard Orson Welles pour Rosselini. Dans le travail de ses confrères issus du cinéma sonore, Hitchcock ne voyait que « *de la photographie de gens qui parlent* » et lorsqu'il tournera sa propre *Jeanne d'Arc*, Robert Bresson interrogé sur celle de Carl Dreyer répondra : « *J'y ai vu surtout un festival de grimaces.* »

Je ne donne pas ces exemples comme exceptionnels ou scandaleux mais comme habituels et logiques. Seuls les amateurs d'un art peuvent vibrer sur toutes les cordes ou jouir de tout le déploiement de l'éventail. Lorsque de cinéphile on devient cinéaste, la multitude de problèmes spécifiques à résoudre nous fait oublier nos admirations et nous force à créer toutes sortes de lois non écrites, personnelles, qui deviendront vite si contraignantes qu'elles vont nous faire perdre toute fraîcheur devant le travail de nos confrères qui ont forgé d'autres lois et leur obéissent.

C'est pourquoi, contrairement à une idée répandue, la présence d'un cinéaste n'est pas souhaitable à l'intérieur d'un jury, d'une commission de sélection, moins encore à la tête d'un festival ou d'une cinémathèque. Si, malgré sa fantaisie, Langois a été le meilleur cinémathécaire, c'est que, dès ses débuts de collectionneur, il a refusé de trier, de choisir et qu'il a décidé que tout morceau de pellicule impressionnée devait être conservé, justement pour le préserver des caprices de jugements soumis aux modes de l'époque. Richard Roud exprime bien cela lorsqu'il nous décrit Langlois défendant, contre les cinéastes contemporains, les films de Louis Feuillade et, plus près de nous, ceux de Howard Hawks dédaignés par les intellectuels américains. Langlois aimait le cinéma sensuellement.

Lorsqu'un ancien ami ou collaborateur de Langlois cessait de lui accorder son soutien « inconditionnel », Henri, incapable d'accepter la moindre nuance dans une amitié ou une collaboration, le classait aussitôt parmi ses ennemis tout en continuant à parler de lui sans haine et en donnant presque toujours la même explication : « *Cette brouille est tout à fait normale, X m'a toujours vu comme le père et maintenant il ressent le besoin de tuer le père.* » C'est dans ces termes que Langois a dû parler de moi lorsque, en 1973, j'ai démissionné sans éclats du conseil d'administration de la Cinémathèque. Si j'étais déçu par ce que la Cinémathèque était devenue après 1968, cette déception n'affectait pas mon amitié pour Langlois et ce n'est pas sans tristesse que je constatais un refroidissement dans nos relations tandis que sa santé se détériorait.

Une occasion heureuse allait me permettre de rencontrer Henri pour la dernière fois dans une ambiance chaleureuse et amicale. Les nièces de Lotte Eisner, pour célébrer le quatre-vingtième anniversaire de leur adorable tante, donnaient une party un soir de l'été 1976, à Neuilly. La plupart des Parisiens étaient en vacances, nous étions entre intimes. Il faisait un temps splendide, les fenêtres étaient ouvertes sur les plus beaux arbres du bois de Boulogne. Les nièces étaient bien gracieuses, Pierre Prévert faisait des calembours, Lotte Eisner rayonnait de contentement, on mangeait des petits fours, on buvait du champagne. Plus essoufflé que jamais, Langois ne parlait plus exclusivement de la Cinémathèque mais de sa propre santé qui préoccupait plus encore son entourage ; un dentiste voulait lui arracher toutes ses dents, un généraliste voulait l'envoyer en cure, un chirurgien parlait d'une opération, Langlois écartait toutes les suggestions et parlait des médecins comme autrefois des contrôleurs d'Etat, mais cela n'empêchait ni les sourires ni les rires. Pour une fois, une réunion indirectement liée à la Cinémathèque se tenait dans une atmosphère joyeuse et sans arrière-pensée ; pas de complot, pas de méfiance, pas de soupçon, seulement la célébration émouvante de l'anniversaire d'un ange, car Lotte Eisner était bien l'ange de la Cinémathèque, tout comme Mary Meerson était sa Béatrice.

Henri était de dix-huit ans le cadet de Lotte Eisner mais il allait disparaître six mois plus tard. Mort de maladie ou mort de tristesse ? Je crois à la seconde hypothèse, Langlois est mort, le cœur meurtri par un sentiment d'impuissance : ce qu'un homme seul a créé, il ne peut pas le conserver.

(Préface au livre de Richard Roud,
« *L'Homme de la Cinémathèque* »,
Editions Belfond, octobre 1982)

Claude Miller, entre complices

J'aime beaucoup le premier film de Claude Miller. *La Meilleure Façon de marcher* prend pour sujet la persécution qu'un moniteur de colonie de vacances exerce sur un de ses collègues après l'avoir surpris dans une situation scabreuse et secrète. C'est un film clair et simple, d'une grande violence intérieure, la seule qui me touche. Pendant quatre-vingt-dix minutes, nous voyons la tension augmenter entre deux personnages dont l'un se croit simple et l'autre s'accepte compliqué. Nous nous identifions forcément à l'un des deux personnages et nous reconnaissons l'autre pour l'avoir rencontré sur notre chemin.

Si l'on accepte l'idée que tout raconteur d'histoire se trouve placé devant cette alternative : traiter une situation forte avec des personnages faibles ou animer des personnages forts dans une situation faible, on appréciera à sa valeur le tour de force de Claude Miller — nous présenter des personnages forts dans une situation forte. Il faut remonter au Chabrol des *Cousins,* au Losey de *The Servant,* au Polanski de *Couteau dans l'eau,* pour retrouver un si bon mixage entre trois mode de narration fonctionnant ensemble : la fable, l'histoire psychologique et le récit autobiographique.

La seconde qualité du film est son homogénéité narrative et visuelle. Au début de la Nouvelle Vague, pour lutter contre le guindé du cinéma de l'époque, il nous semblait que la variété était une valeur ; nous étions en faveur de la digression, des blagues privées, des chansons ; nous faisions alterner des scènes en son direct et des scènes doublées, des prises de vues sur pied et d'autres effectuées à la main, nos films étaient de généreux fourre-tout. Il faut dire qu'à cette époque, le cinéma avait le monopole des images qui bougent et que les images qui bougent étaient magiques a priori, surtout en noir et blanc. L'envahissement de la télévision et la généralisation de la couleur ont modifié notre perception. Peu de films étaient laids en noir et blanc, peu de films en couleurs ne le sont pas. En une soirée de télévision, nos yeux sont saoulés de variété : matériel réel, matériel documentaire, matériel de fiction et, regardée pendant trois heures d'affilée, la télévision nous approche du sommeil hypnotique.

Je ne vois donc pas un effet du hasard dans l'approbation grandissante du public pour les cinéastes du dépouillement comme Ingmar Bergman ou Eric Rohmer, ceux qui ne craignent pas le monolithe, le linéaire, ceux qui tournent le dos à la notion de variété et choisissent d'enfoncer, pour mieux captiver, le même clou pendant une heure trente. En regardant leurs films intimes et têtus, nous sommes réduits, absorbés, fascinés par l'unité du propos, du ton et du style.

La Meilleure Façon de marcher appartient à cette même famille ; vous n'y trouverez pas une scène, pas un plan qui ne se rapporte directement au sujet et pourtant les personnages sont vivants, ils nous paraissent vrais dans leur particularité et ils évoquent aussi les types humains que nous avons rencontrés sinon en colonie de vacances, en tout cas à l'armée.

Troisième point fort : le jeu des acteurs. Grâce à eux, *La Meilleure Façon de marcher*, excellent scénario abstrait, est devenu un excellent film concret : Patrick Dewaere, surprenant et convaincant du début à la fin, domine la distribution, mais n'oublions pas qu'il joue le rôle dominant ; Patrick Bouchitey, Christine Pascal, Claude Piéplu, Michel Blanc, Marc Chapiteau et Michel Such ne jouent pas avec moins d'intelligence et de raffinement. Quelle troupe et quelle équipe ! Comme footballeurs ils sont plutôt dérisoires, je puis vous l'assurer, mais tous sont d'admirables comédiens, chacun joue le même film dans ce film, la complicité est totale.

Claude Miller, il y a encore quelques mois, était le plus cinéphile des directeurs de production. On le voyait chaque semaine, éventuellement à dix mille kilomètres de Paris, cocher dans le *Pariscope* qu'il recevait par avion les films qu'il serait allé voir s'il ne s'était pas trouvé en extérieurs !

Aujourd'hui, nous sommes quelques-uns à avoir perdu notre meilleur directeur de production, mais le cinéma français a gagné un bon metteur en scène.

(*Le Point* n° 180 — 1er mars 1976)

Jean Renoir, sur « La Grande Illusion »

La Grande Illusion est un des films les plus célèbres du monde, un des plus aimés ; son succès a été immédiat dès 1937 et pourtant ce fut, pour Jean Renoir, l'un des plus difficiles à entreprendre, comme il le raconte lui-même dans son livre de souvenirs *Ma vie et mes films* : « *L'histoire de mes démarches pour trouver la finance de* La Grande Illusion *pourrait faire le sujet d'un film. J'en ai trimbalé le manuscrit pendant trois ans, visitant les bureaux de tous les producteurs français ou étrangers, conventionnels ou d'avant-garde. Sans l'inter-*

vention de Jean Gabin, aucun d'eux ne se serait risqué dans l'aventure. Il m'accompagna dans quantité de démarches. Il se trouva finalement un financier qui, impressionné par la confiance solide de Jean Gabin, accepta de produire le film. »

Si *La Grande Illusion* n'est pas un film autobiographique, ses racines le sont fortement car Jean Renoir, qui avait été blessé en 1915 lorsqu'il était chasseur alpin, fut amené ensuite à rejoindre une escadrille d'observation. Pourchassé en plein ciel au cours d'une mission par un avion allemand, le vieil appareil Caudron piloté par Jean Renoir fut sauvé in extremis par l'intervention d'un avion de chasse français aux commandes duquel se trouvait l'adjudant Pinsard. Dix-huit ans plus tard, Jean Renoir était aux Martigues en train de tourner *Toni* quand le hasard le mit en présence de son sauveur. Le tournage de *Toni* étant perturbé par la présence d'un champ d'aviation dont le vacarme compromettait les prises de son du film, Jean Renoir fit une démarche auprès des autorités militaires et se retrouva ainsi en face de l'ancien adjudant devenu le général Pinsard : « *Lui et moi prîmes l'habitude de dîner ensemble chaque fois que nous étions libres. Pendant ces réunions, il me racontait ses aventures de guerre. Il avait été abattu sept fois par les Allemands. Les sept fois, il s'était arrangé pour atterrir sain et sauf. Les sept fois, il avait réussi à s'évader. L'histoire de ses évasions me sembla un bon tremplin pour un film d'aventures. Je pris note des détails qui me semblaient les plus typiques et rangeai ces feuillets dans mes cartons, avec l'intention d'en faire un film.* »

Ensuite, Jean Renoir demanda à Charles Spaak de l'aider à établir un premier traitement de ce qui allait devenir *La Grande Illusion* mais, n'aimant guère rester inactif, il tourna d'abord *Le Crime de Monsieur Lange, La Vie est à nous, Partie de campagne* et *Les Bas-Fonds* (1936), qui marque sa première collaboration avec Jean Gabin, collaboration importante si l'on songe qu'elle se poursuivra avec *La Grande Illusion* (1937), *La Bête humaine* (1938), *French Cancan* (1954).

Bien des gens se sont interrogés sur la signification

du titre : *La Grande Illusion* que Renoir n'a donné à son film qu'après l'avoir tourné, et pourtant il suffit de bien écouter les dernières phrases du dialogue, lorsque Maréchal (Jean Gabin) et Rosenthal (Marcel Dalio) vont se séparer dans la neige à la frontière suisse :

« Maréchal : *Il faut bien qu'on la finisse cette putain de guerre... en espérant que c'est la dernière.*

Rosenthal : *Ah, tu te fais des illusions !* »

La Grande Illusion c'est donc l'idée que cette guerre est la dernière mais c'est aussi l'illusion de la vie, l'illusion que chacun se fait du rôle qu'il joue dans l'existence et je crois bien que *La Grande illusion* aurait pu s'appeler *La Règle du jeu* (et inversement), tant il est vrai que ces deux films, et bien d'autres de Jean Renoir, se réfèrent implicitement à cette phrase de Pascal qu'il aime à citer : « *Ce qui intéresse le plus l'homme, c'est l'homme.* »

Si la carrière de Jean Renoir n'a pas toujours été facile, c'est que son travail a toujours privilégié les personnages par rapport aux situations dramatiques.

Or, *La Grande Illusion* déroulant son action dans deux camps de prisonniers, la situation forte, toujours souhaitée par le public, était créée automatiquement : tout peut arriver dans un camp de prisonniers où même les menues actions de la vie quotidienne prennent l'intensité de péripéties exceptionnelles. Pour les mêmes raisons le public a accepté et apprécié dans *La Grande Illusion* bien des composantes du style de Jean Renoir qu'il avait refusées ou boudées dans des films précédents : les changements de ton, le goût des généralités dans le dialogue, les paradoxes et surtout un sens très fort des aspects baroques de la vie quotidienne, ce que Jean Renoir appelle la « *féerie de la réalité* ». La cohabitation forcée qui est la base de la vie militaire et plus encore de la vie de prison, permet de faire ressortir les différences de classe, de race, de pensées et d'habitudes et, naturellement, Jean Renoir évolue dans ce décor comme un poisson dans l'eau. L'idée qu'il a si souvent exprimée que le monde se divise horizontalement et non verticalement, c'est-à-dire par affinités plutôt que par nationalités, fait son apparition dès le début du film lorsque Erich Von Stroheim dit à son prisonnier Pierre Fresnay : « *J'ai connu un De Bœldieu, un comte de Bœldieu* » et que Fresnay répond : « *C'était mon cousin.* » A partir de là, une complicité s'établit, on peut même dire une relation exceptionnelle qui nous permet d'affirmer que si le personnage de la paysanne allemande (interprétée par Dita Parlo), qui vivra une brève aventure avec Jean Gabin réfugié dans sa ferme, n'existait pas, il y aurait quand même une histoire d'amour dans *La Grande Illusion*. Tout au long du film, Stroheim, vieux combattant qui ressent sa condition de commandant de la citadelle comme aussi humiliante que celle de gardien de square, est plein d'amertume et de mépris pour le groupe de prisonniers français, sauf de Bœldieu. C'est à lui qu'il demande, un moment, de donner sa parole qu'il n'y a rien de caché *dans* la chambre. Fresnay donne sa parole, alors qu'il vient de dissimuler une corde mais *à l'extérieur* de la chambrée, le long de la gouttière. Puis il dit à Rauffenstein (Stroheim) : « *Mais pourquoi ma parole plutôt que celle des autres ?* » Rauffensteim répond : « *Hum ! La parole d'un Maréchal, d'un Rosenthal ? — Elle vaut la nôtre. — Peut-être !* »

C'est probablement à cause de cette relation qui s'est établie en fonction de leur origine noble que Fresnay refusera de s'évader avec ses camarades, leur disant qu'ils ont davantage de chances à deux, mais cependant il les aidera dans leur tentative en créant une diversion à l'heure H.

Au cours de cette scène où il est admirable et que Jean Cocteau a si bien décrite : « *Vous verrez Fresnay incarnant le fils de famille, le pète-sec à l'âme haute, jouant de la flûte, en gants blancs, sous les projecteurs d'une forteresse allemande, comme un berger fantôme d'Antoine Watteau, afin de permettre de fuir à ses camarades.* » C'est dans cette même scène qu'on verra Stroheim, bouleversé, s'adresser à Fresnay *en anglais* afin de n'être compris que de lui seul et le supplier de se rendre avant que lui, Stroheim, ne soit contraint de lui tirer dessus. Puis, lorsque Fresnay, atteint mortellement par le coup de revolver de Stroheim, cessera de vivre, nous verrons Stroheim couper avec des ciseaux la fleur de géranium sur le rebord de sa fenêtre, l'unique fleur de la forteresse. Voilà l'histoire d'amour qui court tout au long de *La Grande Illusion*, en pointillé, parallèlement à la chronique des relations entre Jean Gabin, Marcel Dalio et Carette qui représentent respectivement trois types de Français : l'ingénieur venu du peuple, le juif de grande famille et l'acteur parigot. Tous ces personnages échappent malgré ma description simplifiée, aux stéréotypes et sont filmés avec une grande réalité comme le souhaitait Jean Renoir : « *Dans* La Grande Illusion, *j'étais encore très préoccupé de réalisme. Je suis allé jusqu'à demander à Gabin de porter ma propre tunique d'aviateur que j'avais gardée après avoir été démobilisé.* » Mais, partant à la recherche de la vérité, Renoir saura tourner le dos à tous les poncifs des films de guerre.

Lorsque sur le point de s'évader Jean Gabin propose à Pierre Fresnay de se tutoyer, celui-ci lui fait comprendre que c'est absolument exclu : « *Je dis vous à ma mère et vous à ma femme* » et, un peu plus tard dans la neige, Jean Gabin, que nous avons toujours vu loyal et bien équilibré, s'emportant contre Dalio qui ne parvient plus à marcher lui dira dans la colère : « *Tu es un colis, un boulet que je traîne au pied ! D'abord, j'ai jamais pu blairer les juifs, t'entends ?* » Fidèle à sa méthode, plus morale que psychologique, Jean Renoir conduit son film selon le principe de la balance, c'est-à-dire en ajoutant des poids successivement et alternativement sur chaque plateau de manière à révéler les êtres humains dans leurs profondeurs, de manière aussi à échapper au documentaire, « le genre le plus faux du cinéma ». Jean Renoir est un inventeur, André Bazin a su le voir et le décrire mieux que personne : « *C'est en effet d'invention qu'il faut parler ici et non d'une simple reproduction documentaire. L'exactitude du détail est chez Renoir autant le fait de l'imagination que l'observation de la réalité dont il sait toujours dégager le fait significatif mais non conventionnel* » (*Jean Renoir* par André Bazin — Editions Champ Libre).

La Grande Illusion marque également le début de la collaboration de Jean Renoir avec Julien Carette qui sera en quelque sorte le Sganarelle de ce film et qui poursuivra la même composition à travers *La Marseillaise*, *La Bête humaine* (aux côtés de Gabin) et surtout *La Règle du jeu* (aux côtés de Dalio). Dans la façon dont Renoir utilise Carette, sa silhouette blagueuse, bondissante, rusée et pleine de vitalité, il n'est pas difficile de reconnaître un hommage très précis à l'acteur que Jean Renoir a admiré le plus tout au long de sa carrière : Charlie Chaplin, oui Charlot, celui qui échappe à ses poursuivants par des glissades géniales ou par des ruses d'enfants, en se cachant par exemple derrière une grosse femme qu'il repoussera au moment opportun contre son adversaire. C'est aussi ce personnage de Carette, appelé simplement « L'Acteur » dans le scénario, qui permet à Renoir d'introduire dans *La Grande Illusion,* comme dans tant de ses films, l'idée de spectacle. Si l'on considère que *La Grande Illusion* se divise en trois parties, il est bien net que la partie centrale est consacrée au spectacle, à la fête que les prisonniers vont donner. Tout d'abord, ils envisagent d'y renoncer en apprenant, pendant les répétitions, que les troupes allemandes ont pris Douaumont. Ils donnent quand même leur spectacle et c'est pendant la grande soirée où « l'acteur » se distingue que Jean Gabin demande le silence et annonce que les Français ont « repris Douaumont ». Ceci occasionne le plus beau moment du film, lorsqu'on voit alors un soldat anglais déguisé en « girl » ôter sa perruque, défaire la moitié de son corsage et entonner *La Marseillaise*. Cette initiative conduit Jean Gabin au cachot et lorsqu'il en ressortira, les Allemands auront à leur tour « repris Douaumont ». Le passage du temps, le côté interminable de cette guerre, sont ainsi admirablement suggérés par cet enlacement des événements particuliers et généraux.

On ne trouvera pas dans *La Grande Illusion* une seule remarque, un seul détail qui serait négatif ou péjoratif pour l'Allemagne, la guerre elle-même y est montrée sinon comme un des beaux-arts au moins comme un sport. A un personnage qui s'excuse, en disant : « *C'est la guerre* », De Bœldieu répond : « *Oui, mais on peut la faire poliment* » et à Penelope Gilliatt qui le questionnait trente ans plus tard pour le *New Yorker*, Jean Renoir devait répondre : « *En faisant* La Grande Illusion, *j'étais contre la guerre mais pour l'uniforme.* »

Jean Renoir est donc une intelligence libre, un esprit de tolérance et pourtant, malgré le très grand succès de *La Grande Illusion*, bien des censures s'exercèrent contre ce film. Projeté au Festival de Venise 1937, le jury n'osa pas lui décerner le Grand Prix (qui alla à *Carnet de bal* de Duvivier) et inventa un prix de consolation. Quelques mois plus tard, Mussolini interdisait purement et simplement le film que Gœbbels en Allemagne se contentera dans un premier temps d'amputer de toutes les scènes où le personnage de Dalio exprime la générosité juive. En France, par contre, lors de la reprise en 1946, le journaliste Georges Altman se déchaînera contre le film qu'il accusera d'antisémitisme. A cette époque de l'immédiate après-guerre, toutes les copies de *La Grande Illusion* qui circulent à travers le monde sont incomplètes, ici et là amputées de scènes différentes, et il faudra attendre 1958 pour que Jean Renoir puisse restaurer enfin la copie dans son intégralité. Les manieurs de ciseaux n'avaient pas su voir, contrairement à André Bazin, que « *le génie de Renoir, même quand il défend une vérité morale ou sociale particulière, c'est de ne jamais le faire non seulement aux dépens des personnages qui incarnent l'erreur mais même aux dépens de leur idéal. Il donne aux idées comme aux hommes toutes leurs chances* ».

En 1958, on a lancé à Bruxelles un questionnaire international pour déterminer « Les douze meilleurs films du monde » et *La Grande Illusion* a été le seul film français figurant sur la liste finale, cette *Grande Illusion* qui avait été, pour Jean Renoir, émigrant aux Etats-Unis en 1940, le meilleur passeport, la carte de visite prestigieuse qui devait lui permettre de poursuivre sa carrière interrompue par la guerre : « *Hugo Butler à qui on avait parlé de moi comme metteur en scène possible (pour* The Southerner), *aimait* La Grande

Illusion *et il était prêt à accepter mes suggestions. Sacrée* Grande Illusion ! *Je lui dois probablement ma réputation. Je lui dois aussi des malentendus. Si j'avais consenti à tourner de fausses* Grandes Illusions, *j'aurais probablement fait fortune.* »

Jean Renoir tout au long de sa carrière s'est donc moins intéressé à filmer des situations que des personnages et — je vous invite ici à vous remémorer l'attraction foraine qui s'appelle le « Palais des miroirs » — des personnages qui cherchent la vérité et se cognent aux vitres de la réalité. Jean Renoir ne filme pas directement des idées mais des hommes et des femmes qui ont des idées et ces idées, qu'elles soient baroques ou dérisoires, il ne nous invite ni à les adopter ni à les trier mais simplement à les respecter.

Quand un homme nous paraît ridicule par son obstination à imposer une certaine image solennelle de sa place dans la société, qu'il s'agisse d'un politicien « indispensable » ou d'un artiste mégalomane, on sait bien qu'il perd de vue le bébé râleur qu'il était dans son berceau et le vieux débris râlant qu'il sera sur son lit de mort.

Il est clair que le travail cinématographique de Jean Renoir ne perd jamais de vue cet homme démuni, soutenu par *La Grande Illusion* de la vie sociale, l'homme tout court.

(Préface aux *Classiques du cinéma*,
Editions Balland, avril 1974)

Cher Jean Renoir

De tous les metteurs en scène qui aiment les acteurs, vous êtes celui qui les aime le plus, c'est pourquoi nous pensons particulièrement à vous ce soir.

Quelques-uns d'entre nous ont eu la chance de travailler avec vous, les autres en ont seulement rêvé et, ce soir encore, nous jouons un rôle, nous jouons à être un cirque et les pensionnaires de ce cirque.

Vous qui aimez toutes les formes de spectacle, vous

devriez nous voir en train de dompter des animaux, marcher sur un fil, danser en patins à roulettes, conduire un attelage, nous livrer à l'acrobatie, la voltige, la prestidigitation, la magie, sans oublier les entrées de clowns.

Oui, cher Jean Renoir, ce soir 23 mai à Paris — sous un chapiteau dressé entre les quatre pieds de la tour Eiffel — le cirque, le ballet, le théâtre, le music-hall et le cinéma se mêlent et s'entremêlent, ils font l'amour. Il y a deux mois, à Hollywood, Ingrid Bergman a reçu en votre nom un petit homme de cuivre qu'on appelle un Oscar ; cette statuette dorée ne représente pas ce qu'on a fait de plus beau dans l'art de la sculpture, mais elle vous a fait plaisir car elle vous a été décernée par les travailleurs du cinéma et vos confrères metteurs en scène américains. Tel que nous vous connaissons, nous nous représentons cet Oscar, dans votre maison, non pas exposé sur un guéridon aux yeux des visiteurs mais plutôt sur un rayon de votre bibliothèque, servant à bloquer les œuvres complètes de Maupassant !

Cher Jean Renoir, ici à Paris il est minuit, mais en Californie il est seulement trois heures de l'après-midi et nous vous imaginons, dans le jardin de votre maison de Beverly Hills, en haut de Leona Drive. Vous êtes probablement assis à l'ombre des oliviers que vous avez vous-même plantés il y a trente ans, juste avant de partir pour les Indes tourner *Le Fleuve*. Peut-être êtes-vous en train de dicter le nouveau chapitre d'un nouveau livre ou de commenter à Dido qui rit aux éclats un article amusant du *Los Angeles Times*...

Cher Jean Renoir, nous n'allons pas nous quitter si vite : nous allons regarder à présent la scène la plus fameuse du plus fameux de vos films : Jean Gabin et Marcel Dalio chantant *Il était un petit navire* à la fin de *La Grande Illusion*.

Cher Jean Renoir, nous vous admirons, nous vous aimons et nous vous embrassons...

(Gala de l'Union des artistes, 1975)

Roberto Rossellini, l'homme le plus intelligent que j'ai jamais connu

Roberto Rossellini est, avec André Bazin, l'homme le plus intelligent que j'aie connu. Il comprend et assimile tellement vite tant de choses qu'on s'essouffle à le suivre. Pourtant il faut s'y efforcer, car on ne peut progresser qu'en courant dans sa foulée. Heureusement pour moi, Roberto aime ceux qu'il sème, sans quoi, lorsque je suis à ses côtés, je me sentirais affreusement lourd, balourd, lourdaud et lourdingue.

Roberto m'a appris que le sujet d'un film passe avant l'originalité de son générique, qu'un bon scénario doit tenir en douze pages, qu'il faut filmer les enfants avec plus de respect que n'importe quoi, que la caméra n'a pas plus d'importance qu'une fourchette et qu'il faut pouvoir se dire avant chaque tournage : « *Je fais ce film ou je crève.* »

(Lettre à J.M. Barjol, 19 mai 1965)

Welles et Bazin

Cet article est la préface du livre Orson Welles — a Critical View by André Bazin, *paru chez Harper and Row, New York 1978. Il s'agissait pour François Truffaut, à la demande de l'éditeur, d'actualiser le livre d'André Bazin (éditions du Cerf, 1972), dont le manuscrit s'arrêtait à* Touch of Evil. *Cette préface, écrite en français* en vue *de sa traduction (et donc inédite en cette langue) comporte un certain nombre d'anglicismes que son auteur a préféré conserver (NDLE).*

André Bazin était un jeune critique au moment de la sortie à Paris de *Citizen Kane*, en juillet 1946. Il avait vingt-huit ans, il était critique professionnel depuis deux ans. Avec *Le Jour se lève* de Marcel Carné, *La*

Règle du jeu de Jean Renoir, *Monsieur Verdoux* de Charlie Chaplin, *Citizen Kane* est sans doute le film qui l'a passionné et inspiré le plus.

Les articles de Bazin sur Chaplin et sur Welles ont fait de lui le chef de file de la jeune critique de l'immédiate après-guerre, cette jeune critique qui s'exprimait alors dans *L'Ecran français* chaque semaine et mensuellement dans *La Revue du cinéma*, qui allait disparaître après vingt numéros et renaître avec les *Cahiers du cinéma*.

L'admiration de Bazin pour celui que les magazines surnommaient « l'enfant prodige de Kenosha » ne devait pas faiblir, puisqu'il a consacré son premier livre à Orson Welles, qui avait tourné *Macbeth* en quatre semaines aux « Studios Republic », mais qui à ce moment-là, en 1950, n'en finissait pas de réaliser son *Othello* commencé depuis plus d'un an.

Ce petit volume, qui s'ouvrait par une superbe préface de Jean Cocteau, fut rapidement épuisé, devint introuvable et, en 1958, sous l'enthousiasme de *Touch of Evil* et peu de temps avant sa mort, Bazin en fit une nouvelle version, revue et augmentée, celle que nous vous présentons aujourd'hui dans la traduction de Jonathan Rosenbaum.

Au moment de Noël 1973, un des cadeaux que les gens d'Hollywood s'offraient le plus volontiers les uns aux autres, était l'encadrement sous-verre d'un cartoon de « Peanuts » par Schulz, publié dans le *Los Angeles Times*. Voici ce que montraient les sept dessins :

1. — Charlie Brown regarde la télévision.
2. — Lucy lui demande : « *What are you watching ?* »
3. — Charlie Brown : Citizen Kane.
4. — Lucy : « *I've seen it about ten times.* »
5. — Charlie Brown : « *This is the first time, I've never seen it.* »
6. — Lucy quitte la pièce et lance : « *Rosebud was his sled.* »
7. — Charlie Brown se tord de douleur : « *AAUGH !!* »

S'il en était besoin, cette bande de « Peanuts » montrerait la place cinématographique et extra-cinématographique qu'a prise *Citizen Kane* dans la vie culturelle de deux générations.

Je crois que l'on peut dire sans exagérer que, depuis 1940, tout ce qui compte dans le cinéma a été influencé par *Citizen Kane* ou *La Règle du jeu* de Jean Renoir, de même que le cinéma muet a été modifié et stimulé par *Birth of a Nation* de Griffith, *Foolish Wives* de Erich Von Stroheim et les films en trois bobines de Charlie Chaplin.

Dans la première partie de son œuvre, Charlie Chaplin joue le personnage de l'homme le plus pauvre du monde, le plus obscur aussi. Il lui arrive, pour pouvoir manger, d'être contraint de voler la nourriture d'un bébé ou d'un chien. Le succès des films de Chaplin fait de lui en quelques années l'homme le plus célèbre du monde, également un millionnaire en dollars et cela l'amène logiquement à abandonner progressivement le personnage du vagabond misérable. A partir de *The Great Dictator*, Chaplin assume complètement sa célébrité ; après avoir envisagé de jouer le Christ, puis Napoléon, il défie Adolf Hitler qui, note André Bazin, « *a osé voler la moustache de Charlot !* ». A Hinkel-Hitler, succéderont Verdoux-Landru, le plus fameux assassin de femmes du XXe siècle (l'idée même de ce film sera fournie à Chaplin par Orson Welles), *A King in New York* (Chaplin contre l'Amérique de McCarthy) et enfin le diplomate Ogden Mears de *La Comtesse de Hong Kong*. L'aspect autobiographique de ce dernier film a échappé à ceux qui n'avaient pas eu la curiosité de lire les récits de voyages autour du monde de Chaplin entre 1920 et 1935, et qui n'ont pas pensé qu'il fallait regarder le film en substituant mentalement, à Marlon Brando, Charlie Chaplin lui-même.

Comme celle de Chaplin, l'œuvre de Orson Welles est souterrainement autobiographique et elle tourne également autour du thème majeur de la création artistique, la recherche de l'identité.

La grande différence entre les deux hommes — et donc entre leur œuvre — est qu'Orson Welles n'a pas connu la misère et surtout que la célébrité a précédé son entrée dans le cinéma, principalement à cause du retentissement de l'émission de « Mercury Theatre on the Air » du 30 octobre 1938, consacrée à l'adaptation de *The War of the Worlds* de H. G. Wells. Cet événement radiophonique et la panique qui s'ensuivit, tout ceci a été raconté cent fois et je ne m'y attarderai pas, me bornant toutefois à faire remarquer que la situation d'Orson Welles, à la veille de tourner *Citizen Kane*, était paradoxale et inhabituelle : au lieu d'avoir à se faire connaître et reconnaître, Orson Welles, qui n'avait alors que vingt-cinq ans, se trouvait dans la situation inverse : soutenir une réputation déjà immense.

Orson Welles, travaillant à New York pour le théâtre et la radio, pour toutes sortes de raisons faciles à imaginer était, à travers l'Amérique, plus célèbre que populaire, ses faits et gestes suscitaient davantage de curiosité que de sympathie. Dès son arrivée en Californie, le monde de Hollywood allait nourrir, à son égard, une hostilité de principe qui ne s'est jamais démentie à travers les années. Alors, Orson Welles en 1939 devait très bien sentir qu'il lui fallait délivrer non seulement *un bon film* mais *le* film, celui qui résumerait quarante ans de cinéma tout en prenant le contre-pied de tout ce qui avait été fait, un film qui serait à la fois un bilan et un programme, une déclaration de guerre au cinéma traditionnel et une déclaration d'amour au medium.

André Bazin a raison d'écrire : « Citizen Kane *et les* Amberson *peuvent en définitive se ramener à une tragédie de l'enfance* », car c'est bien de cela en effet qu'il s'agit et il est bien clair que les émotions que Welles a ressenties dans sa jeunesse forment la trame de *Citizen Kane*, même si, comme l'affirme Pauline Kael, le thème et le personnage lui en ont été fournis par le co-scénariste Herman J. Mankiewicz (qui serait lui-même plus ou moins représenté dans le film par le personnage du critique dramatique, ami de collège de

Kane, Jedediah Leland, interprété par Joseph Cotten)[1].

Orson Wells est à son meilleur quand il raconte des histoires de famille ; le cinéma hollywoodien de l'époque, sentimental et boy scout, n'en était pas avare, mais la vision familiale d'Orson ne ressemble guère à celle de Louis B. Mayer. Les pères, les fils, les oncles et les tantes, chez Welles, sont du genre abusif et les personnages principaux souffrent presque toujours d'un traumatisme affectif. Comme, du reste, dans les romans et les pièces de Jean Cocteau, où l'on voit les familles se déchirer par amour sans que le spectateur puisse prendre parti pour tel ou tel personnage, chacun d'eux agissant avec noblesse. Ce terrain des troubles de l'adolescence n'avait guère été exploré avant Welles par les films de Hollywood, dont les deux phrases de dialogue favorites semblaient être : « *Mon fils, tu es un bon garçon* » et « *Daddy, tu es le meilleur Papa du monde.* »

Orson Welles ne sera pas exactement un cinéaste hollywoodien ni même un cinéaste américain pour la bonne raison qu'il n'aura pas été exactement un enfant américain. Comme Henry James, il a bénéficié d'une culture cosmopolite et il paiera ce privilège de l'inconvénient de ne pouvoir se sentir chez lui nulle part : Américain en Europe, Européen en Amérique, il sera toujours, sinon un homme déchiré, du moins un homme partagé.

Adolescent, Orson Welles a visité avec son père ou sa mère, l'Europe, la Chine, la Jamaïque. Sa mère mourut au cours de l'un de ces voyages, Orson ayant huit ans, l'âge du jeune Charlie Foster Kane lorsqu'il est arraché à sa mère : « *N'est-ce pas avec le traîneau, dont le souvenir peut-être inconscient le hantera jusqu'à la mort, qu'il frappe rageusement, au début de sa vie, le banquier venu l'arracher aux jeux de la neige et à la protection maternelle, venu l'enlever à son enfance pour en faire le citoyen Kane ?* »

(André Bazin)

1. En 1971, la célèbre ancienne critique du *New Yorker*, Pauline Kael, a publié *Raising Kane*, dans lequel elle soutient la thèse selon laquelle Herman J. Mankiewicz serait le seul auteur du scénario de *Citizen Kane* (Little Brown and Company-Boston).

A dix ans, Orson Welles se maquillait en roi Lear dans sa chambre et c'est dans un rôle de vieillard qu'il débutera dans *Le Juif Süss* à Dublin en 1932. Plusieurs anecdotes sur l'enfance d'Orson Welles ont été fournies aux biographes par un ami de ses parents, le docteur Bernstein, qui avait enseigné la prestidigitation à l'enfant et lui avait offert le traditionnel théâtre de marionnettes, ce Bernstein qu'on retrouvera sous le même nom, magnifiquement interprété par Everett Sloane dans *Citizen Kane*. Lorsque l'enquêteur, Thompson, tente d'en apprendre davantage sur Kane qui vient de mourir, il demande à Bernstein : « *Après tout, vous étiez avec lui depuis le début...* », et Bernstein répond : « *Depuis avant le début, jeune homme. Et maintenant, après la fin.* »

Il est intéressant de noter que c'est sa précocité légendaire mais solidement établie, qui a forcé Orson Welles à se vieillir, à adopter une voix prématurément grave et peut-être même à se dessiner de fausses rides ; ses parents l'emmenaient partout avec eux et le laissaient participer aux conversations des adultes ; afin qu'on ne se moque pas constamment de ce gamin tenant des propos d'homme, il se trouva contraint de *jouer un rôle*, et l'on peut alors supposer que la nécessité a précédé le goût du jeu et l'a peut-être même créé.

Dans son livre *Orson Welles le Magnifique*, Peter Noble cite un journal du Wisconsin qui consacre un article à Orson Welles enfant : « *Dessinateur, acteur, poète, il n'a que dix ans.* » Je serai porté à me méfier des anecdotes sur l'enfance de Welles car elles sonnent toutes très journalistiques et se recopient en s'amplifiant d'un livre à l'autre, et pourtant, si elles ne sont pas toutes vraies, elles sont toutes vraisemblables à la lumière de ce que nous connaissons de l'homme aujourd'hui[2].

En 1934, pour une émission quotidienne de la

2. Si l'on s'intéresse à l'activité d'Orson Welles avant *Citizen Kane*, il faut lire *The Theatre of Orson Welles* par Richard France (Lewisburg Bucknell University Press — New Jersey 1977).

N.B.C. qui s'efforçait de raconter l'actualité en la dramatisant, Welles fut amené à incarner vocalement Hitler, Mussolini, justement pour le « Broadcast March of Times » qu'il transformera en newsreel dans la première bobine de *Citizen Kane*, en guise de prologue. Le succès de cette émission amènera Orson Wells à passer avec armes et bagages de la N.B.C. à la Compagnie rivale C.B.S., et l'on trouvera une éventuelle transposition de ce transfert dans *Citizen Kane*, lorsque toute l'équipe journalistique, que le *Chronicle* a mis vingt ans à constituer, vient rejoindre l'*Inquirer* de Kane.

Puisque nous en sommes à l'idée de transfert d'équipe, il est bien évident que la troupe du Mercury Theater étant constituée en 1939 d'une dizaine d'acteurs réguliers qu'Orson Welles avait réunis et qu'il admirait, l'établissement du casting pour *Citizen Kane* a précédé la construction du scénario et l'a même fortement déterminée, ce qui donne au film une homogénéité qu'on ne trouvait guère à l'époque dans les productions des Major Companies. « *La troupe du Mercury constituait un superbe orchestre* », déclarera Bernard Herrmann qui était le musicien de l'équipe et écrivit les scores de *Citizen Kane* et des *Amberson*. C'est en 1935 que John Houseman proposa à Orson Welles le rôle principal de *Panick*, une pièce d'Archibald Mac Leish qui racontait, en vers, le krach de Wall Street de 1933. Orson y jouait le personnage d'un banquier puissant et malhonnête. Il joua après un jeune Français idéaliste qui s'oppose à une assemblée de marchands de canons dans *Ten Million Ghosts*, dont la mise en scène, selon les témoins de l'époque, préfigurait *Citizen Kane*.

Je ne procède pas à cette énumération des éléments autobiographiques de *Citizen Kane* pour entrer en polémique avec Pauline Kael, selon qui H. J. Mankiewicz[3] serait le seul auteur du matériel littéraire de

3. On peut lire l'intéressante biographie de Herman J. Mankiewicz : *Mank. The Wit, World and Life of Herman Mankiewicz*, par Richard Meryman (William Morrow and Company, Inc. New York. 1978).

Citizen Kane. Etant elle-même un écrivain, je peux comprendre son effort pour ramener au-devant de la scène le coscénariste Herman J. Mankiewicz qui a été effectivement oublié dans cette affaire — au point même qu'aucun critique européen, ni américain, à ma connaissance — n'a pensé à citer *Citizen Kane* lorsque Joseph L. Mankiewicz, le propre frère d'Herman, a tourné *The Barefoot Contessa* qui raconte les étapes de la carrière d'une star d'Hollywood en recourant à une construction très voisine de *Citizen Kane*, y compris une grande scène de dispute-séparation reprise et relayée par deux témoignages se complétant à deux bobines d'intervalle. Ajoutons que l'influence de *Citizen Kane* est décelable sur bon nombre de films depuis trente-cinq ans, le meilleur étant probablement le *8 1/2* de Federico Fellini.

Il est remarquable que le considérable matériel visuel et scénaristique brassé dans *Citizen Kane* aurait amplement justifié un film de trois heures et nous sommes quelques-uns dans le monde à attacher davantage d'importance à *Citizen Kane* qu'à *Gone with the Wind !* Or, *Citizen Kane* dure exactement une heure cinquante-neuf, et ce n'est pas le plus mince mérite d'Orson Welles que d'avoir fait tenir trois litres de liquide dans une bouteille de deux tiers. Tout le problème — non, pas *tout* le problème mais une grande partie — du cinéaste est d'apprendre à se colleter avec la durée. Dans bien des films, les scènes indicatives sont trop longues, les scènes « privilégiées » sont trop courtes, ce qui revient à tout égaliser et conduit à une monotonie du rythme. Là encore, nous constatons que Welles était servi par son expérience de conteur radiophonique, car il lui devait d'avoir appris à différencier fortement les scènes informatives (ramenées à des flashes de quatre à huit secondes) des vraies scènes émotionnelles de trois à quatre minutes.

Dans les habituels films d'Hollywood, un scénario est un matériel littéraire qui se lit comme une pièce de théâtre et qui n'attend plus que l'arrivée d'un metteur en scène pour devenir un film ou plus exactement ce que Hitchcock appelle, avec un mépris justifié, « *de la photographie de gens qui parlent* ». Ici, dans *Kane*, nous avons un film où les voix comptent autant que les paroles, un dialogue qui laisse parler tous les personnages en même temps comme les instruments d'une partition, avec des phrases inachevées comme dans la vie. Ce procédé antitraditionnel, et d'ailleurs peu imité depuis car difficile à dominer parfaitement, culmine dans la scène du « live nest » qui oppose les deux actrices du film, la femme et la maîtresse, le politicien Jim Gettys et Kane lui-même.

Grâce à cette conception quasi musicale du dialogue, *Citizen Kane* « respire » autrement que la plupart des films ; le scénario résultant de la collaboration Mankiewicz-Welles, le shooting-script, ne constituait évidemment pas une œuvre littéraire mais déjà une première mise en scène. La réalisation constituait une deuxième mise en scène et le montage une troisième. C'est, de la part de Pauline Kael, très généreux d'élever une statue posthume à Herman J. Mankiewicz, il n'empêche que le scénario de *Citizen Kane* n'est en aucune façon un scénario « de scénariste », mais *un scénario de metteur en scène*.

Pauline Kael reproche à Orson Welles d'avoir endossé seul la paternité de *Citizen Kane* au cours de telle ou telle interview. Or, j'ai retrouvé, dans les archives d'André Bazin, un numéro de l'hebdomadaire *L'Ecran français* du 21 septembre 1948 dans lequel fut publiée la première interview de Welles par Bazin lui-même et Jean-Charles Tacchella, aujourd'hui cinéaste. Au cours de cette première rencontre, enregistrée au Festival de Venise où Welles présentait *Macbeth*, Welles déclare à Bazin : « *Ce scénario de* Kane, *nous l'avons écrit à quatre. Mankiewicz et moi avons seulement signé mais il faut dire que Joseph Cotten et John Houseman sont aussi des auteurs de* Citizen Kane. »

Enfin, toujours selon Pauline Kael, « Rosebud » serait le seul élément du scénario dont Mankiewicz et Welles refusent d'endosser la paternité, chacun déclarant que l'autre en est l'auteur ; il s'agirait — selon Pauline Kael, Welles et Mankiewicz, les trois n'étant d'accord que sur ce point — d'un gimmick freudien plutôt cheap et qui serait comme une tache dans le film. J'avoue que je ne partage pas ce point de vue ; ce « Rosebud » me paraît aussi bon que le « Sésame ouvre-toi » d'Ali-Baba ; si, décidément, personne ne s'en empare et qu'on fasse courir le bruit : « Il paraît que c'est Truffaut qui a inventé " Rosebud " », je m'engage à ne pas démentir.

Ce n'est pas diminuer la valeur d'une œuvre que de chercher à discerner les influences qui lui ont donné sa forme définitive. A la veille de commencer un film, un cinéaste devient tellement mobilisé par son projet que son attention s'en trouve aiguisée ; tout ce qu'il voit, tout ce qu'il lit, tout ce qu'il entend, lui fournit matière à réflexion ou à création et lui semble se rapporter à son projet.

Pourtant, en ce qui concerne Orson Welles, son esprit de contradiction est si fort que les influences se sont manifestées plus volontiers *a contrario*, c'est-à-dire que je le soupçonne d'avoir regardé les films des autres non pour s'en inspirer mais bien davantage pour en prendre systématiquement le contre-pied !

Selon une légende qui a eu la vie trop longue, Orson Welles n'aurait vu aucun film avant de commencer *Citizen Kane*[4]. Pourtant, les premières mètres de pellicule impressionnée sous sa direction, en 1934, à Woodstock, ont été retrouvés ; ce petit morceau de film, *The Hearts of Age*, de quatre minutes — il ne s'agit que du tournage d'une ou deux journées — a été

4. Il est bien établi aujourd'hui que Welles a toujours été un cinéphile et l'on peut rappeler ici son Palmarès des dix meilleurs films du monde publié dans *Sight and Sound* (07/09/52) : *City Light — Intolerance — Sciuscia — La Femme du boulanger — Stagecoach — Greed — Nanook — Potemkin — La Grande Illusion — Our Daily Bread.*

montré à Los Angeles. Comme souvent dans un premier film, nous assistons à une succession de plans tournés sans souci d'enchaînement ou de continuité ; tout l'effort créatif porte sur les maquillages volontairement outranciers — Orson, âgé de dix-neuf ans, joue avec un faux crâne — et sur les attitudes plastiques. Il ne s'agit pas d'un film d'avant-garde mais d'une parodie de l'avant-garde (symboles sexuels, accumulation d'éléments macabres), c'est à Carl Dreyer que l'on pense en le regardant, mais Welles, lui-même, questionné à la télévision française à propos de ce film, a expliqué qu'il l'avait tourné pour se moquer de deux films d'avant-garde qu'on ne pouvait voir à l'époque que dans des salles spécialisées : *Un chien andalou* de Luis Buñuel et *Le Sang d'un poète* de Jean Cocteau ; il ajoutait, avec une sincérité évidente, qu'il avait changé d'avis par la suite et qu'il portait aujourd'hui une grande admiration aux deux cinéastes.

Cette anecdote m'intéresse parce qu'elle illustre une dualité, une contradiction toujours valables aujourd'hui et qui font, par exemple, que lorsqu'un journaliste tente de flatter Welles en dénigrant Hollywood, Orson refuse toujours d'enfourcher ce cheval démagogique. Voici où est la dualité : Orson Welles est un poète *malgré lui,* un poète qui aimerait être un prosateur (d'où son admiration pour De Sica, Jean Renoir, Joseph Conrad, Karen Blixen, Marcel Pagnol, John Ford) ; sa conception du cinéma étant avant tout musicale, comme j'aurai encore l'occasion de le montrer, il a été amené à faire des films différents de ce qu'il aime dans le cinéma des autres. Orson Welles était certainement sincère dans son hostilité à Cocteau, Buñuel, Eisenstein car s'il est, comme eux, un poète, il a une autre idée de la poésie cinématographique. Venu au cinéma non seulement par le théâtre mais aussi par la radio — on a longtemps négligé ce point — Orson Welles n'a jamais regardé le film comme objet plastique — contrairement à Eisenstein ou Dreyer —, mais comme une durée, quelque chose qui défile, et il est du reste l'auteur de la définition du film comme « *a ribbon of dreams* ».

Son expérience d'homme de radio lui a appris à ne jamais laisser un film en repos, à organiser des crochets sonores d'une scène à l'autre, à se servir de la musique comme personne avant lui, pour intriguer ou pour relancer l'attention, à jouer avec le volume des voix au moins autant qu'avec les mots et c'est pourquoi — indépendamment du grand plaisir visuel qu'ils nous procurent — les films d'Orson Welles constituent aussi de merveilleuses émissions de radio ; on peut vérifier cela en enregistrant chacun d'eux sur des cassettes. Une compagnie américaine vient d'éditer la bande sonore originale de *Citizen Kane* en deux disques, avec un grand succès [5].

Revenons à la question des influences. Orson Welles n'a jamais cherché à dissimuler ce que lui avait apporté la vision d'autres films, particulièrement *Stagecoach* de John Ford, qu'il dit avoir regardé maintes fois avant de tourner *Citizen Kane*.

Dans *Stagecoach*, John Ford a systématiquement montré les plafonds chaque fois que les personnages quittent la diligence pour entrer dans une auberge. A vrai dire, je suppose que John Ford filmait alors les plafonds pour créer un contraste avec les plans généraux de trajet de la diligence dans lesquels le ciel occupait forcément une grande surface de l'écran.

L'utilisation des plafonds dans *Citizen Kane* est bien différente, comme l'explique André Bazin : « *La persistance de la contre-plongée dans* Citizen Kane *fait que nous cessons vite d'avoir une conception claire de la technique alors même que nous continuons à en subir l'emprise. Il est donc beaucoup plus vraisemblable que le procédé corresponde à une intention esthétique précise : nous imposer une certaine vision du drame. Vision que l'on*

5. *Citizen Kane*. Original Motion Picture Soundtrack. Two records set. A George Garabedian Production. A product of Mark 56 Records. Anaheim. California.

pourrait qualifier d'infernale puisque le regard de bas en haut semble venir de la terre, cependant que les plafonds, en interdisant toute échappée dans le décor, complètent la fatalité de cette malédiction. »

L'explication par Bazin des plafonds d'Orson Welles est séduisante et judicieuse ; j'y ajouterai toutefois cette hypothèse : l'angle favori d'Orson Welles le conduit à placer la caméra au sol, mais cela ne l'amène-t-il pas du même coup à nous présenter ses protagonistes tels qu'on pourrait les voir au théâtre si nous étions assis dans les dix premiers rangs d'orchestre ? Avant Orson Welles, toutes sortes de metteurs en scène de cinéma ont tourné des films non seulement sans montrer les plafonds des décors, mais sans même se poser la question de savoir s'il fallait les monter. Arrivant du théâtre — et de la radio —, Orson Welles, « bombardé » cinéaste, a tout naturellement commencé à s'interroger sur les différences et les points communs entre les différents médias. L'emploi de la contre-plongée — qui donne le point de vue du spectateur de l'orchestre ou celui du metteur en scène de théâtre qui dirige les répétitions depuis la salle — va entraîner forcément l'utilisation d'objectifs à court foyer (qui donnent une vision plus large) car tout autre objectif utilisé sous cet angle n'aurait pour résultat que de supprimer les notions de relief et d'espace.

Alors, on peut imaginer que l'état d'esprit d'Orson Welles abordant le cinéma pouvait se résumer ainsi : je vais faire un film qui présentera tous les avantages de la radio et du théâtre sans leurs inconvénients, grâce à quoi mon film ne ressemblera à aucun de ceux qui ont été faits. Il entrait de l'orgueil dans ce projet, mais n'est-ce pas l'auteur du *Mépris* qui fait dire par un de ses personnages : « *Il faut être orgueilleux lorsqu'on fait du cinéma* » ?

Avant de laisser à regret *Citizen Kane,* je voudrais ajouter que si, derrière le personnage de Charlie Foster Kane, on est amené à reconnaître William Randolph Hearst ou Howard Hugues, ou encore Basil Zaharoff derrière Gregory Arkadin, tout le monde s'en fout ou devrait s'en foutre. Revenant de San Francisco en voiture, on me montra au passage le San Simeon de Hearst en me proposant de le visiter ; je refusai, car ce n'est pas San Simeon qui m'intéresse mais Xanadu, pas la réalité mais l'œuvre sur pellicule. Les sources autobiographiques sont déjà plus intéressantes que les biographiques mais si elles expliquent le *pourquoi* elles n'expliquent pas le *comment*, et de toutes manières elles ne forment pas l'essentiel. Nous connaissons tous des cinéastes autobiographiques dont le travail n'intéresse personne. La seule façon de parler d'Orson Welles est d'énumérer les beautés de ses films, tâche passionnante qu'une vingtaine de volumes n'a pas encore épuisée. Les excellents travaux de Roy Fowler, Peter Noble, Ronald Gottesman, Charles Higham, Peter Cowie, André Bazin, Maurice Bessy, Joseph Mac Bride, Pauline Kael, Bob Thomas, Peter Bogdanovich, Thomas Naremore, Richard France forment un faisceau de projecteurs qui éclairent l'artiste de tous côtés et le traquent, comme le pauvre Tony Camonte harcelé derrière la fenêtre blindée de son repaire à la fin de *Scarface* !

Après *Citizen Kane*, Orson Welles entreprend *The Magnificent Ambersons*, d'après un roman de Booth Tarkington. Contrairement à ce que l'on a écrit parfois, il s'agit d'un merveilleux roman et l'on s'aperçoit en le lisant que l'adaptation de Welles — qui se trouvait en grande intimité avec le livre, l'ayant déjà transposé pour son émission de radio — en est plutôt fidèle, compte tenu du travail de resserrement, indispensable lorsqu'on adapte une histoire très étalée dans le temps. Le meilleur changement de Welles réside selon moi dans la suppression du personnage de Fred Kinney, un boy friend de Lucy, la fille d'Eugene Morgan (Joseph Cotten). En effet, dans le roman, la rivalité entre George Minafer Amberson et Fred Kinney enlevait beaucoup de puissant au vrai conflit qui se situe avec davantage de force entre Tim Holt (George) et Joseph Cotten (Eugene) qui veut épouser sa mère, conflit purement affectif dont Isabel Minafer Amberson (Dolorès Costello) est la Jocaste, c'est-à-dire l'enjeu œdipien[6].

Lorsqu'Orson Welles adapte un matériel déjà existant, il s'efforce de donner davantage de noblesse aux personnages ; il se refuse manifestement à montrer des comportements mesquins sur l'écran, sans doute parce qu'il déteste la mesquinerie plus que n'importe quoi au monde ; ce trait peut constituer également un des nombreux aspects de l'énorme influence shakespearienne sur sa façon de voir et de faire voir.

Depuis quelques années, Orson Welles se fait moins avare de confidences personnelles et lorsqu'il a confié à Jeanne Moreau, au cours d'une interview à la télévision française, que Booth Tarkington était un ami de ses parents et que le portrait d'Eugene Morgan, pionnier de l'automobile, était celui de son propre père qui a consacré sa vie à inventer des choses pratiques et anodines, bon nombre de nos intuitions s'en sont trouvées confortées ; personne ne contestera que le jeune Amberson, orgueilleux et possessif, est bien un frère jumeau du jeune Charlie Foster Kane. On pourrait même avancer, *Citizen Kane* nous montrant Charlie à huit ans, puis directement à vingt-cinq ans, que cette grande ellipse du premier film est comblée dans le second par l'évolution du jeune Amberson. « *Ce jeune garçon a besoin d'une leçon et il en recevra plus d'une* » est une réplique commune au dialogue des deux films[7].

Amputé de quarante-trois minutes par la R.K.O. après une preview décevante, *The Magnificent Ambersons* est un chef-d'œuvre mutilé. Il n'a pas eu le retentissement de *Citizen Kane* et, aujourd'hui encore, dans n'importe quelle salle, il y aura toujours moitié

6. Dans son *Orson Welles,* Maurice Bessy nous apprend que le docteur Bernstein, qui s'occupa de l'éducation d'Orson après la mort de sa mère, avait été « passionnément amoureux d'elle ».

7. L'excellent livre de Joseph Mac Bride, *Orson Welles,* nous apprend une chose étonnante et passionnante. Au cours de nombreuses répétitions préalables avec ses comédiens, Orson avait enregistré tout le dialogue du film avec l'intention de tourner tout le film en play-back. Le tournage commencé, il dut renoncer à cette idée qui présentait trop de difficultés techniques pour les comédiens.

moins de spectateurs pour les *Amberson*, mais pourtant ce film me procure, chaque fois que je le fois, une émotion plus grande. Je crois qu'en tournant *Citizen Kane*, Orson Welles était plus anxieux du média au lieu que, dans les *Amberson*, il semble s'être passionné en priorité pour les caractères. Si un jour devait être dressé un catalogue du cinéma de sensibilité, *The Manificent Ambersons* devrait y figurer en bonne place à côté des films de Jean Vigo.

En 1942, c'est *Journey into Fear* dont les crédits nous montrent pour la troisième et dernière fois le beau graphisme des productions Mercury ; de grandes lettres creuses au dessin classique. Pour le cinéphile d'aujourd'hui, le principal plaisir offert par ce film réside dans les retrouvailles avec Joseph Cotten, Ruth Warrick, Agnes Moorehead, Everett Sloane, sans oublier la résurrection de Richard Bennett, le major qu'on avait réellement laissé pour mort devant la cheminée après la plus belle scène des *Amberson*.

Comme pour *The Third Man* de Carol Reed, quelques scènes parfaites dans leur exécution peuvent sans hésitation être attribuées à Orson Welles, le reste, malheureusement, revenant à Norman Foster, le metteur en scène en titre.

Journey into Fear n'est pas entièrement satisfaisant, mais il comporte certaines beautés et davantage d'humour que tous les autres films d'Orson Welles, probablement parce que ce sujet d'Eric Ambler ne se prêtait pas à un développement lyrique, et aussi parce que Orson Welles avait manifestement en mémoire deux films anglais d'Hitchcock, *The Thirty-nine Steps* (dont il avait fait même fait une adaptation radiophonique) et *The Lady Vanishes*.

The Stranger (1946) sur un scénario de Victor Trivas, Anthony Veiller et John Huston, est, de tous les films d'Orson Welles, celui dont il est le plus facile de raconter l'histoire en sortant de la salle et j'imagine qu'il faut attribuer cela à l'influence du producteur Sam Spiegel, qui signait à l'époque Sam P. Eagle, sans doute pour indiquer qu'il envisageait de voler haut et loin ; le futur producteur de *The Bridge of River Kwai* devait probablement déjà participer de près à l'élaboration des scénarios et les infléchir dans le sens de la simplification.

Ce film, qui raconte les derniers jours d'un criminel de guerre nazi réfugié dans le Connecticut, depuis son mariage sous sa nouvelle identité jusqu'à sa mort une fois qu'il a été démasqué, est encore très nettement influencé par un film d'Hitchcock, *Shadow of a Doubt*. Même peinture réaliste et quotidienne d'une petite ville américaine, même succession de scènes paisibles, familières et familiales présentées en contraste avec le terrible secret du personnage principal, même construction sur le principe de l'étau qui se resserre : on retrouve même jusqu'au barreau d'échelle scié dans l'intention de faire chuter l'héroïne ? Malgré ses grandes qualités, *The Stranger* est moins prestigieux, moins éblouissant que d'autres films d'Orson Welles, à qui la narration linéaire ne convient peut-être pas et c'est éventuellement ce qui l'incitera à brouiller les cartes dans son film suivant.

The Lady from Shanghai bénéficiait d'une grande cote à l'époque de sa sortie parmi les cinéphiles de ma génération et il arrivait à certains d'entre nous de le placer aussi haut que *Citizen Kane*, probablement parce que les purs cinéphiles aiment bien s'opposer à la hiérarchie des genres et démontrer qu'un thriller « B » peut surpasser un « grand sujet ».

Adaptant un roman, vraiment faible celui-là de Sherwood King, Orson Welles s'est ingénié à sauver le film scène par scène en transformant chaque épisode en morceau de bravoure. La seule raison d'être de *The Lady from Shaghai*, c'est... le cinéma lui-même, et comme Orson Welles est derrière la caméra c'est déjà beaucoup, même si le spectateur ne retrouve pas l'émotion qu'il ressentait en regardant *Kane* et les *Amberson*.

Ce qui reste le plus étonnant à travers les années dans ce film, c'est la composition des deux acteurs qui incarnent les « vilains » : Everett Sloane qui joue le mari de Rita, le grand avocat Bannister qui se déplace appuyé sur deux cannes, et Glenn Anders qui, dans le rôle de George Grisby, tend un piège effroyable au jeune premier innocent, candide et amoureux, Orson Welles lui-même.

Si l'on regarde le film en écoutant les informations données par la voix « off » (le commentaire prononcé par Orson Welles), on s'aperçoit que le scénario est beaucoup plus simple qu'il n'en donne l'impression : toute l'histoire s'inscrit dans un itinéraire marin qui va de New York à San Francisco en passant par les Caraïbes et une escale à Acapulco ! L'écriture du script est très professionnelle, chaque scène se termine par un gag visuel ou sonore, l'action ne restant jamais en repos.

Visuellement le film est superbe et j'approuve Bazin quand il écrit : « *N'eût-il réalisé que* Citizen Kane, Magnificent Ambersons *et* The Lady from Shanghai, *Orson Welles mériterait de figurer en bonne place sur l'un des plus grands médaillons de l'arc de triomphe idéal de l'histoire du cinéma.* »

Orson Welles avait tourné *The Lady from Shanghai* pour montrer aux gens d'Hollywood qu'il était capable de faire un film *normal*, or il démontra le contraire et d'abord à ses propres yeux ! Le film fut un échec commercial. La Columbia ne l'aimant pas, il fut mis de côté afin de ne sortir qu'après *Gilda* de Charles Vidor, considéré à juste titre comme un meilleur véhicule pour Rita Hayworth. C'est pourquoi on peut supposer que, proposant le projet d'un *Macbeth* tourné en moins de trente jours, Welles décidait en quelque sorte d'assumer sa condition de metteur en scène d'avant-garde.

C'est ainsi que *Macbeth*, avec lequel il retrouve liberté, pauvreté et génie, intacts, inaugure la trilogie shakespearienne d'Orson. Personne n'a mieux parlé de ce film que Jean Cocteau : « *Le* Macbeth *d'Orson Welles est d'une force sauvage et désinvolte. Coiffés de cornes et de couronnes de carton, vêtus et peaux de bêtes comme les premiers automobilistes, les héros du drame se meuvent dans les couloirs d'une sorte de métropolitain de rêve...* »

L'idée de conte, de fable, s'accommode particulièrement bien de la notion d'univers clos : pour préserver le style et le charme de l'univers clos, il importe de renoncer aux extérieurs réels, au vrai ciel, au soleil, à tous les éléments naturels et éternels qui sonneraient alors comme des couacs dans l'orchestre, comme des incongruités documentaires et antifiction. Par contre, tous les éléments de décor qui théâtralisent notre vie quotidienne : portes, fenêtres, plafonds, et surtout les encadrements de portes et de fenêtres sont les bienvenus car ils viennent renforcer visuellement le « il était une fois... »

Dans *Macbeth*, ce principe de l'univers clos fonctionne parfaitement ; l'humidité artificielle suinte sur les bâches qui imitent les roches, les casques et les armes sont taillés dans une ferraille primitive et barbare, la machine à faire la fumée envoie du brouillard qui diffuse et dramatise la lumière, tout est sauvage dans ce film dont le parti pris claustrophobique est l'un des points forts.

C'est également dans *Macbeth* qu'Orson Welles pousse le plus loin un style de jeu qui lui vient sans doute de ses mises en scène shakespeariennes sur la scène et qu'il a progressivement introduit dans ses films, principalement dans *The Stranger* et *The Lady from Shanghai*. Il s'agit, pour le personnage qu'il incarne, de marcher vers la caméra mais pas dans l'axe, de se déplacer comme un crabe, en regardant de l'autre côté ; le regard ne va presque jamais dans les yeux du partenaire, mais au-dessus de sa tête, comme si le héros wellesien ne pouvait dialoguer qu'avec les nuages. L'expression du regard est, elle aussi, bien particulière, il s'agit d'un air à la fois distrait et mélancolique, douloureusement préoccupé, suggérant que des pensées secrètes s'additionnent aux paroles prononcées. Ce style de jeu, doucement halluciné, unique au monde, est d'une force poétique inégalée. On est tellement accoutumé à considérer Orson Welles comme une personnalité forte qu'on en arrive à oublier trop souvent qu'il est un acteur prodigieux.

Plus tard, il arrivera à Orson Welles — lorsque lui-même aura abandonné l'emploi de jeune premier — d'insuffler, je ne trouve pas d'autre mot, d'insuffler ce jeu à d'autres que lui : Charlton Heston dans *Touch of Evil*, Anthony Perkins dans *The Trial*.

Orson Welles a raconté dans ses interviews de quelle manière il a tourné *Othello*, dans des endroits distants de milliers de kilomètres, en improvisant les décors et les costumes, en utilisant cinq ou six pellicules de sensibilité différente, en filmant de dos les doublures encapuchonnées qui remplaçaient les acteurs appelés sur d'autres tournages. Il fallait être le très grand technicien qu'il était déjà à ses débuts pour se tirer d'affaire et il est hors de doute que c'est en faisant le montage de ce film qui totalise près de 2 000 plans (*Citizen Kane* n'en comportait que 562 et les *Amberson* sûrement la moitié moins) qu'Orson Welles s'est pris de passion pour ce stade du travail. Orson Welles a toujours été un metteur en scène musical, mais avant *Othello*, il faisait de la musique *à l'intérieur* des plans, à partir d'*Othello* il fera de la musique sur la table de montage, c'est-à-dire *entre* les plans. Si *Othello* est tellement morcelé, c'est que les passages d'un plan à un autre s'effectuent tantôt sur des accords de mouvement tantôt sur des charnières du texte et tantôt sur des inflexions de voix ou des regards.

Le premier plan long du film n'arrive que lorsque Iago, marchant aux côtés d'Othello, commence à semer le doute dans son esprit ; la caméra les précède tous deux en un très grand travelling le long des remparts. Dans le rôle de Iago, Michéal Mac Liammóir est remarquable et, dans la façon généreuse dont Orson Welles le met en valeur par rapport à la caméra et par rapport à lui-même, on sent bien toute l'admiration, la reconnaissance et le respect qu'il devait porter au grand acteur irlandais qui l'avait fait débuter en 1931 au *Gate Theater* de Dublin et qui avait accepté de faire semblant de croire que ce jeune débutant américain, qui avait treize ans et prétendait en avoir vingt-cinq, était un grand acteur de New York !

Si *Othello* n'a pas été suffisamment admiré au moment de sa sortie, c'est que, tournant le dos au côté solennel à la Eisenstein ou au côté académique et guindé à la Laurence Olivier, refusant de verser dans le « genre noble », Orson Welles a moins chercher à faire un chef-d'œuvre qu'un film *vivant*. En filmant *Othello* comme un thriller, c'est-à-dire en le rattachant à un genre populaire, Orson Welles, me semble-t-il, s'est rapproché davantage de Shakespeare. Je n'ignore pas que cette dernière phrase pourrait me faire refouler à l'aéroport de Londres et pourtant Orson Welles lui-même a déclaré à l'époque : « *La fameuse tradition shakespearienne que l'on invoque si souvent est bien moins un dogme qu'une légende. En fait, ce n'est pas du tout une tradition : c'est beaucoup trop fréquemment une simple accumulation de mauvaises habitudes.* »

Primauté du montage ! C'est encore sous ce signe que nous retrouverons Orson Welles avec *Monsieur Arkadin (Confidential Report)*, un de mes films préférés, probablement parce que Welles y utilise tout son clavier. Quand il tourne ce film, avec des moyens misérables, Orson Welles fait du cinéma depuis quinze ans et il se livre ici à une sorte de récapitulation de son œuvre.

A travers *Citizen Kane*, Orson Welles devinait ce qu'est la vieillesse, dans *Arkadin* il la ressent et c'est cela qui crée l'émotion, non seulement lorsque nous regardons le personnage d'Arkadin mais aussi celui de Jacob Zouk, magnifiquement interprété par Akim Tamiroff ; magnifiques également, Michael Redgrave, la femme-enfant Paola Mori, O'Brady, Mischa Auer, Patricia Medina et Katina Paxinou qui, dans le rôle de Sophie, s'est fait exactement la tête d'une baronne que Welles admire déjà, la baronne Karen von Blixen-Finecke, alias Isak Dinesen, génial écrivain danois dont il adaptera plus tard *Immortal Story*. Toute la vie d'Orson Welles se déroulant sous le signe des rencontres et des coïncidences, vous ne serez pas surpris d'apprendre que la même Karen Blixen, au début de son roman *Les Voies de la vengeance* qu'elle écrit au

Danemark en 1943, cite les premières lignes du poème de Coleridge également paraphrasé au début de *Citizen Kane*, qu'Orson Welles a tourné quatre ans plus tôt :

« *Legendary was the Xanadu where Kubla Khan decreed*
« *His stately pleasure dome :*
« *Where twice five miles of fertile ground*
« *With walls and towers were girdled round.* »

Pas de palais fabuleux pour Gregory Arkadin, mais le personnage est réellement magique ; il semble capable de se trouver au même moment à Munich, à Mexico, à Istanbul ; les témoins de son passé meurent les uns après les autres à des milliers de kilomètres de distance au fur et à mesure que le jeune Von Stratten, engagé par Arkadin lui-même pour les recherches, les a localisés ! Les oppositions et différenciations de décors, de lieux, de comportements, de personnalités, de façons de mourir, répondent au principe de *l'énumération* qui régit la composition de la plupart des contes de fées. On savait qu'Orson Welles était le cinéaste de l'ambiguïté, le voici devenu celui de l'ubiquité, dans ce film où il chausse, comme l'ogre de Charles Perrault, des bottes de sept lieues. Lorsque, dans une scène située dans un aéroport, l'avion étant complet, Gregory Arkadin hurle en proposant dix mille dollars au voyageur qui lui cédera un billet, nous avons là une très belle équivalence à l'appel de Richard III : « *Mon royaume pour un cheval.* » Grâce à Welles, Shakespeare se trouve dans un aéroport comme chez lui. On tourne bien des films prétendus « internationaux » mais seuls ceux d'Orson Welles le sont véritablement, je veux dire dans leur esprit.

Le nom d'Arkadin est si beau que je me suis longtemps demandé d'où il venait jusqu'au jour où j'ai assisté à une représentation de *La Mouette* de Tchekhov, dans lequel le personnage de l'actrice s'appelle Irina Arkadina.

Lorsque l'emploi des vidéo-cassettes sera généralisé et qu'on regardera les films que l'on aime à la maison, celui qui possèdera une copie de *Monsieur Arkadin* sera a lucky man.

Voici, à présent, *Touch of Evil,* dans lequel Orson Welles se vieillit et s'enlaidit comme pour démontrer par l'exagération qu'il a une fois pour toutes renoncé à jouer les jeunes premiers, lui qui n'a pourtant à ce moment-là, en 1957, que quarante-deux ans.

André Bazin, qui a tant aimé Orson Welles et l'a si bien compris, est mort quelques mois après avoir vu *Touch of Evil.* Remarquez pourtant combien la description que Bazin fait de l'inspecteur Quinlan pourrait s'appliquer à la création qu'Orson fera de Falstaff : « *Ancien alcoolique qui suce des bonbons pour résister à la tentation du whisky, laid, obèse, l'archange n'est plus qu'un pauvre diable et son génie dérisoire s'applique à la moins noble des tâches.* » Inversement, en décrivant *Macbeth* et *Othello,* Bazin semble analyser *Touch of Evil* : « *Ne nous étonnons pas si les deux films shakespeariens de Welles sont précisément deux des tragédies les plus conformes à la double thématique de* La Belle et la Bête, *ni surtout si son adaptation plaide l'innocence pour Macbeth, la pitié pour Othello. Non pas tant la grandeur dans le mal — bien que la grandeur y soit — mais l'innocence dans le péché, la faute ou le crime.* »

Si Orson Welles s'alourdit et se vieillit à plaisir dans *Touch of Evil,* sa caméra virevolte avec la fougue d'un jeune homme. Chaque plan de ce film révèle l'amour du cinéma et le plaisir d'en faire.

Dans bien des films d'Hollywood, nous écoutons une énorme musique de Tiomkin ou de Max Steiner qui s'agite et s'envole, plaquée sur des images désespérément figées et statiques. Dans *Touch of Evil,* nous assistons au phénomène inverse : ce sont les images de Welles qui chantent et s'envolent tandis que la partition de Henry Mancini reste clouée au sol, peut-être par la faute d'un mixage banalisant effectué en l'absence du metteur en scène.

Dans les années qui suivent la sortie de *Touch of Evil,* l'influence exercée par ce film apparaîtra souvent, par exemple dans *A Clockwork Orange,* de Stanley Kubrick.

Il me semble enfin que *Touch of Evil* confirme une idée qui se vérifie à travers *The Big Sleep, Kiss me*

Deadly, Psycho : filmé par un metteur en scène inspiré, le thriller le plus ordinaire peut devenir le plus émouvant *fairy tale :* « *Tout grand art est abstrait* », dit Jean Renoir.

Je le confesse, je ne suis pas un admirateur de *Trial,* qu'Orson Welles a tourné sur commande comme bien d'autres de ses films, mais peut-être avec un respect paralysant, car il s'agissait cette fois non plus d'un thriller à magnifier, mais d'un chef-d'œuvre de la littérature mondiale, *Le Procès* de Franz Kafka. Souvent, et malgré l'éclatement du *Mercury Theater* après les *Amberson*, Orson Welles a abordé son travail de cinéma dans le même esprit que le directeur d'une troupe théâtrale : « Cette année nous allons monter un Shakespeare. » Cette année-là, 1962, ce fut un Kafka. Le film est plus luxueux que tous ceux qu'Orson Welles avait tournés depuis longtemps, en tout cas en ce qui concerne le gigantisme des décors et l'abondance de la figuration. Les deux explications que je donnerai à ma déception — après avoir noté cependant que la critique française fut généralement excellente — sont que Welles, qui est tellement à l'aise pour filmer la puissance, l'orgueil, la domination, n'est peut-être pas armé pour montrer leurs contraires : la faiblesse, l'humilité, la soumission. Dès son adolescence, sa corpulence, sa stature l'on amené naturellement à jouer les rois. Dans ses films, on ne voit presque jamais Orson Welles manger ou conduire une voiture (excepté dans *The Lady from Shanghai*). On le voit souvent se lever, on le voit rarement s'asseoir. Ce personnage prestigieux appelle une mise en scène prestigieuse ; dans le jeu classique du champ-contre-champ, on n'imagine pas Greta Garbo filmée en amorce-dos.

Orson Welles est bigger than life, Kafka est smaller than life. C'est pourquoi, filmé sous les mêmes angles que Gregory Arkadin ou Charles Foster Kane, la caméra au niveau du plancher, le héros de Kafka, interprété par Antony Perkins, ne nous touche guère et reste loin de nous. Jean Cocteau l'a dit : « *Le poète est un oiseau qui doit chanter dans son arbre généalogique.* »

J'ai vu plusieurs fois *Le Procès* et, à force d'y attendre impatiemment chaque apparition de Akim Tamiroff, j'en suis venu à penser que le film aurait été kafkaien et émouvant si tout le casting avait été composé d'acteurs juifs d'Europe centrale.

Mais le point fort de *The Trial*, c'est encore ici le montage. C'est à cette époque que Welles déclare carrément : « *Pour moi, le montage n'est pas un des aspects du cinéma, c'est l'aspect.* » Hitchcock ou Robert Bresson diraient ou disent la même chose si, sur l'intention et l'exécution, leurs idées diffèrent fortement. Pour en fignoler le montage à son aise, Orson Welles remit la copie de *The Trial* avec cinq mois de retard, car il est un cinéaste plus critique qu'on ne le croit ; lorsqu'il tourne, il est plein d'instinct, d'élan et d'impétuosité, mais ensuite, comme s'il jugeait sévèrement ses envolées, il se critique impitoyablement sur la table de montage, ce qui m'a amené à écrire il y a bien longtemps : « *Les films d'Orson Welles sont tournés par un exhibitionniste et montés par un censeur.* »

Ayant joué le censeur à mon tour et suggérant que *The Trial* a été éventuellement dirigé par Elmyr de Hory, je ne m'étendrai pas davantage sur ce film que Bazin aurait peut-être aimé et dans lequel, certainement, il aurait su voir des beautés qui m'ont échappé.

Falstaff (*Chimes at Midnight* — 1966) n'est pas une pièce de Shakespeare, mais un scénario d'Orson Welles, composé à partir de quatre pièces de son auteur de prédilection. Déjà en 1936, Orson Welles avait construit, pour la scène, une adaptation de quatre pièces (parmi lesquelles *Henry IV* et *Richard III* qu'on retrouve ici) et qu'il avait intitulée *Les Cinq Rois*. Le spectacle avait échoué, paraît-il, alors qu'ici, dans *Falstaff*, tout fonctionne à merveille grâce à l'idée de recentrer l'action sur le personnage de Falstaff qu'Orson Welles joue superbement. Lorsqu'il avait vu pendant la guerre le film de Marcel Pagnol, *La Femme du boulanger*, Orson Welles avait déclaré : « *Raimu est le plus grand acteur du monde* », et cette phrase me revient en mémoire lorsque je vois ce Falstaff auquel

Welles a donné une humanité pagnolesque. Autour de Welles-Falstaff, beaucoup de grands acteurs donnant le meilleur d'eux-mêmes : Jeanne Moreau, Keith Baxter, Margaret Rutherford, Fernando Rey, John Gielgud, Walter Chiari ; on retrouve ici un casting aussi harmonieux que celui d'*Arkadin,* une extraordinaire photo noir et blanc d'Edmond Richard, une manipulation de la caméra et du son qui touche au sublime.

Au film suivant, je ne ferai qu'un seul reproche, sa brièveté ; en effet, *Immortal Story* ne dure que cinquante minutes et à cause de cela sa carrière a été celle d'un film marginal, alors qu'il s'agit d'une belle histoire qui aurait pu toucher un public normal. Dans l'œuvre puritaine, ou en tout cas fort chaste, d'Orson Welles, *Immortal Story* nous offre le premier nu féminin, celui de Jeanne Moreau, au service d'une sorte de conte arabe écrit par une Danoise et qui se passe en Chine !

Ce qui intéresse Orson Welles depuis toujours, ce n'est pas la psychologie, ce ne sont pas les thrillers, ce ne sont pas les films d'amour et d'aventures comme on en fait depuis que le cinéma existe, ce qui l'intéresse ce sont les histoires en forme de conte, en forme de fable, les allégories ; Orson Welles, dont tous les films commencent implicitement par « Il était une fois... », serait le metteur en scène idéal pour *Les Mille et Une Nuits.*

Immortal Story est à la fois une histoire et la mise en scène d'une histoire puisqu'il s'agit, pour le riche marchand de Macao, Monsieur Clay (Orson Welles), de financer la réalisation dans la vie d'une très brève et forte histoire d'amour que les marins ont coutume de se raconter entre eux comme si elle était arrivée à l'un d'eux. Cette histoire est celle d'un homme riche et vieux qui, pour avoir un enfant, offre cinq guinées à un marin afin qu'il passe une nuit d'amour avec sa femme. Lorsqu'il l'entend, de la bouche de son secrétaire Elishama, Monsieur Clay désire que cette histoire devienne vraie et il recrute alors une prostituée, Virginie (Jeanne Moreau) et un marin, afin de les accoupler l'espace de quelques heures. Au lendemain de la nuit d'amour qui a été splendide et intense « comme un tremblement de terre », Monsieur Clay meurt dans son fauteuil.

Ici, nous sommes dans le « Il était une fois... » à la puissance deux et le film, réalisé avec de pauvres moyens, est l'un des plus chaleureux de son auteur. Tous les personnages sont sympathiques et touchants. L'histoire, reposant sur la fortune de Monsieur Clay et la puissance qu'elle lui donne, tourne autour de l'habituel rapport de forces, mais chaque protagoniste étant consentant et comblé émotionnellement, le conte dégage une sensation de douceur mélancolique ou plus précisément de bonheur triste. Welles et Jeanne Moreau y sont merveilleux et l'image du marin, qui vient d'être recruté par Monsieur Clay, courant dans les rues derrière le cab, est inoubliable.

En relayant François Reichenbach, qui avait effectué un reportage sur le fameux faussaire Elmyr de Hory qui vivait à Ibiza jusqu'à son suicide en 1977 et auquel Clifford Irving avait consacré un livre avant de devenir à son tour célèbre par sa fausse autobiographie de Howard Hughes, Orson Welles a composé, avec *F comme Fake*, un de ses films où le montage est roi et dans lequel la forme de pseudo-reportage sert à véhiculer la poésie. Orson Welles a certainement passé plus d'un millier d'heures devant la moritone à faire chanter ensemble un millier de plans qui ont été tournés dans un temps certainement plus court.

Une des scènes finales du film nous montre Picasso regardant déambuler la belle Oja Kodar. Tous les plans de la jeune femme sont réels et nous la montrent en mouvement marchant dans les rues ; parfois, elle est vue à travers les volets horizontaux d'un store gris. Est-ce Picasso qui regarde la belle actrice hongroise ? Oui et non car Orson Welles, diabolique, a filmé des photos de Picasso, des portraits dans lesquels les yeux du grand peintre sont bien ouverts et dirigés nettement sur la droite, sur la gauche ou directement dans l'objectif. Parfois, les éléments de volets se retrouvent devant le visage de Picasso qui semble alors regarder la belle Oja clandestinement, comme un voyeur. Cette scène constitue une superbe démonstration des possibilités du montage, considéré comme une mystification, c'est tout le sujet de ce film dont le ton blagueur et la vivacité cynique nous éloignent de Shakespeare pour nous rapprocher de Sacha Guitry. *F comme Fake* — dont le vrai propos souterrain est probablement une réponse de Welles à la polémique créée par Pauline Kael — aurait pu s'appeler *La Romance des tricheurs*...

Alors que j'écris ces lignes, en juillet 1978, Orson Welles a tourné quinze films dont douze ont été montrés au public. Que se passe-t-il avec les trois autres ?

Don Quichotte, dont le tournage a dû commencer il y a plus de vingt ans, est laissé volontairement inachevé par Orson Welles qui l'a tourné et photographié lui-même un peu partout dans le monde, peut-être en 16 millimètres, peut-être en 35 millimètres (peut-être en alternant les deux). Le film est interprété par Welles lui-même, dans son propre rôle, par la jeune Patty Mac Cormack (qui est peut-être devenue une mère de famille entre-temps) et surtout par Akim Tamiroff qui est mort il y a quelques années, vraisemblablement sans avoir terminé son rôle. La raison que donne Orson Welles pour expliquer l'inachèvement du film est la nécessité de filmer, pour la scène finale, l'explosion de la bombe H qui détruira tout et tout le monde, excepté Don Quichotte et Sancho Pança. Il s'est créé autour de ce film, à travers les années, une si forte légende qu'il ne serait pas étonnant que Welles préférât en rester l'unique spectateur. D'ailleurs, lassé d'être si souvent questionné au sujet de ce film, Welles a décidé qu'il l'intitulerait : « *Quand allez-vous terminer Don Quichotte ?* »

The Deep Reckoning, d'après un thriller de la série noire. Orson Welles a tourné ce film en 1967, en Yougoslavie, et il l'a financé lui-même grâce au cachet fabuleux qu'il avait touché pour jouer dans un grand film patriotique yougoslave. La distribution comprend : Jeanne Moreau, Laurence Harvey (qui est mort récemment, peu de temps après avoir achevé la synchronisation de son rôle !), Orson Welles lui-même et Oja Palinkas, qu'on retrouvera dans les films ultérieurs de Welles. Il s'agit d'un bon roman de Charles Williams, une aventure policière qui met en scène les passagers de deux bateaux. Le film fut tourné en équipe très réduite, Welles tenant lui-même la caméra (sauf quand il jouait) et Jeanne Moreau ayant assumé, en plus de son rôle, l'emploi de script-girl. L'argument d'Orson Welles pour ne pas montrer le film est l'absence du plan final : l'explosion de l'un des bateaux en pleine mer. Je souhaite personnellement qu'Orson Welles réussisse à tourner un plan d'explosion tellement grandiose qu'il le jugera digne de servir également de final pour *Don Quichotte*.

Comme on le voit, l'œuvre récente d'Orson Welles peut apparaître comme une réflexion sur le cinéma. Monsieur Clay dans *Immortel Story* s'offre la mise en scène d'une histoire qui lui plaît et en meurt. L'enquête de *Fake* montre qu'un *chef monteur* doit être un *chef menteur* et il était logique que Welles en arrive à parler directement de cinéma dans un film.

Il se trouve, en effet, que le nouveau film dont Orson Welles achève le tournage au moment où j'écris, *The Other Side of the Wind*, raconte l'histoire d'un vieux metteur en scène d'Hollywood qui tourne, ou vient de tourner, son dernier film. Le tournage a commencé à l'été 1970, puis Welles l'a arrêté puis repris plusieurs fois selon la méthode inaugurée avec *Othello*. Souhaitant ne pas être identifié au personnage principal, Orson Welles a longtemps hésité avant de choisir un acteur pour le rôle du metteur en scène Hannaford ; il filmait donc les scènes en « découpant » abondamment et en réservant pour plus tard les plans sur Hannaford. Au printemps 1974, il s'est décidé à confier le rôle de Hannaford à son confrère John Huston.

Il ne faudrait donc pas voir dans ce film un adieu au

cinéma, l'équivalent de ce que fut *Le Testament d'Orphée* pour Jean Cocteau, à moins de considérer que dans l'œuvre d'Orson Welles, un film sur quatre a une allure testamentaire, à commencer par *Citizen Kane*, pour continuer par *Monsieur Arkadin* et *Don Quichotte* ; on remarque le goût d'Orson Welles pour les biographies, les bilans d'existence, les plongées dans le passé. Il est aisé de prévoir qu'il aura beaucoup à nous dire sur Hollywood, les movies fans, les biographes, les reporters... Je crois même savoir que dans le cours du film, Hannaford ironise sur le nombre de livres qui lui sont consacrés, plus élevé que le nombre de films qu'il a réalisés ! Ailleurs, une jolie phrase du dialogue fait dire à un personnage : « *Did you know they had dissolves in Shakespeare ?* »

Selon moi, toutes les difficultés qu'a rencontrées Orson Welles avec le box office, et qui ont certainement freiné son élan créateur, viennent de ce qu'il est un cinéaste-poète. Les financiers d'Hollywood (et, pour être équitable, le public dans le monde entier) admettent la belle prose, John Ford, Howard Hawks ou même la prose poétique, Hitchcock, Roman Polanski, mais beaucoup plus difficilement la poésie pure, la fable, l'allégorie, le conte de fées. Il n'y a pas lieu de féliciter Orson Welles d'être resté fidèle à lui-même et de ne pas avoir fait de concession puisque, même s'il le voulait, il ne pourrait pas faire autrement ! Chaque fois qu'il dit « Action ! », il transforme la vile réalité en poésie.

Pourtant, Orson Welles a tourné des films de la main droite, *Kane*, *Ambersons*, les trois Shakespeare, *Immortal Story*, *The Other Side of the Wind*, et des films de la main gauche, les thrillers. Dans les films de la main droite il y a toujours de la neige, dans ceux de la main gauche des coups de feu, mais tous constituent ce que Cocteau appelait de la « *poésie de cinématographe* ».

Le vrai drame d'Orson Welles, selon moi, c'est d'avoir passé ses soirées depuis trente ans avec des producteurs tout-puissants qui lui offraient des cigares, mais ne lui auraient pas confié cent mètres de pellicule à impressionner. Ce sont eux qui l'ont engagé trente fois, peut-être davantage, pour des rôles de quelques jours dans lesquels il était « dirigé » (!) par des metteurs en scène dix fois moins doués que lui.

On sait par ailleurs que David Lean a eu dix mois de tournage pour faire *Docteur Jivago,* et que Welles a tourné *Touch of Evil* en cinq semaines !

Si l'on pense à cet aspect des choses, on conviendra qu'il lui a fallu se forger une forte philosophie personnelle pour ne jamais laisser échapper publiquement une plainte, une dureté, une pensée aigre, une phrase amère.

Il y a, dans l'idée que le monde du cinéma se fait d'Orson Welles, un côté « hors concours », un aspect « hors compétition », outsider, qui tantôt doit lui convenir et l'aider dans sa création, tantôt le gêner et le blesser. Ceci peut expliquer son fameux *reluctant release* dont les proportions s'augmentent d'une année sur l'autre.

La carrière d'Orson Welles est donc difficile, mais pas plus que celle de Carl Dreyer ou Jean Cocteau, et son activité d'acteur à succès, sa personnalité de vedette, ôtent certainement de l'urgence à sa recherche des financements qui est le lot de tous les cinéastes. S'il n'était pas un grand acteur, s'il n'était pas sollicité pour jouer dans les films des autres, Orson Welles aurait-il tourné davantage de films en tant que metteur en scène ? Je suis porté à le croire, mais, telle qu'elle est, son œuvre est considérable et nous ne devons pas oublier que si le cinéma muet nous a apporté de grands tempéraments visuels : Murnau, Eisenstein, Dreyer, Hitchcock, le cinéma parlant n'en a amené qu'un seul, un seul cinéaste dont le style soit immédiatement reconnaissable sur trois minutes de film, et que son nom est Orson Welles.

C'est bien ce qu'André Bazin a démontré en écrivant : « *Chez Orson Welles, la technique n'est pas seulement une façon de mettre en scène, elle met en cause la nature même de l'histoire. Avec elle, le cinéma s'éloigne un peu plus du théâtre, devient moins un spectacle qu'un récit.*

Comme dans le roman en effet, ici ce n'est pas seulement le dialogue, la clarté descriptive mais le style imprimé au langage qui crée le sens. »

(Juillet 1978 —
Dans l'avion Paris-Los Angeles
Orson Welles, Cahiers du cinéma,
numéro hors-série, 1982)

3

LITTÉRATURE ET CINÉMA

Jacques Audiberti, poète du divin mystère de la femme [1]

Avec sa bobine couturée de vieux loup de mer en vacances, Jacques Audiberti est un colosse antibois, beau et puissant comme ses livres, lesquels posent inlassablement la même question : pourquoi les femmes ne nous désirent-elles pas comme nous les désirons, *a priori*, systématiquement, physiquement et abstraitement et toujours pour ce qu'elles sont : les bossues pour leur bosse, les bourgeoises pour leur chapeau, les putains pour leurs genoux, les prudes pour leur vertu, les grasses pour leurs bourrelets et les maigres pour leurs os ?

Un regard dans la rue devrait suffire à les convaincre que l'on veut seulement et sans attendre envahir leur existence et qu'elles nous offrent, comme le demande Guy Béart, « *un petit coin parmi leurs dentelles* ».

Talent, *Monorail*, *Septième*, *La Nâ*, *Le Jardin et les fleuves*, tous sublimes mais le plus beau c'est *Marie Dubois*. La plus forte œuvre consacrée à la femme, toute la femme, la même femme. Marie Dubois c'est la femme entre toutes les femmes, c'est elle qui travaille en usine ou, communiste, elle milite, c'est elle qui prépare une agrégation de lettres, c'est elle qui tapine

1. La Comédie-Française crée la nouvelle pièce d'Audiberti *La Fourmi dans le corps*. A cette occasion, François Truffaut dit ici son admiration pour l'auteur du *Mal court*.

dans un terrain vague à Villejuif et qui inspire, après sa mort, le plus absolu amour à l'humble petit inspecteur qui s'est engagé dans la police parce qu'il avait peur des flics.

Pour Audiberti, la femme est magique, la femme est suprême. C'est à lui que je pense quand je filme un homme, à son œuvre quand je filme une femme. C'est encore à lui que je pense en regardant une belle paire de jambes dans la rue, à ce qu'il saurait en dire. S'il est impossible de résoudre le divin mystère de la femme, il est impossible de le chanter mieux que ne le fait Jacques Audiberti.

(*Arts* n° 862, du 28 mars au 3 avril 1961).

Un colossal enfant

Un colossal enfant, voilà ce qu'était Jacques Audiberti. Nous avons aimé des mots auxquels nous pouvons penser sans tristesse parce que nous avons l'impression que leur trajet était accompli, mais il en va différemment pour Audiberti qui découvrait la vie chaque jour, exactement à la manière d'un adolescent que nous regardons avec émotion faire tout ce qu'il fait pour la première fois.

Audiberti était célèbre sans l'avoir cherché ; si la vie est une course, eh bien il n'était pas dans la course. Il travaillait énormément, en jouant sur le double sens de l'expression « faire son devoir » car il se voulait à la fois un grognard de l'écriture et un écolier qui doit « rendre son devoir ».

Pour rester dans le double sens, je dirai qu'Audiberti voyait le mal (et le malheur), partout, le titre de sa pièce *Le mal court* signifie à la fois que le mal suit sa course et qu'il faut souhaiter que ce mal soit court. Chaque fois que, tournant un film, l'occasion m'est donnée de montrer plusieurs comportements masculins à l'égard des femmes, je demande à l'un de mes acteurs de s'imprégner d'Audiberti pour qui les femmes étaient magiques. Il a écrit son dernier livre,

Dimanche m'attend, en sachant qu'il allait mourir, c'est un livre sublime, et, faute de l'avoir sous les yeux, je ne puis citer que de mémoire la phrase où il dit que « les jambes superbes des hôtesses de l'air se disloquent dans les aéroplanes ». Tout Audiberti est ici : la beauté inatteignable des femmes et l'aspect catastrophique de la vie. Même après sa mort, je pense qu'Audiberti doit être admiré, mais surtout qu'il a encore besoin d'être aimé.

(Programme du Théâtre de la Cothurne, Lyon 30 novembre 1973)

Jean Giraudoux un admirable auteur

Il y a dix ans de cela, le 31 janvier 1944, Jean Giraudoux mourait à l'Hôtel de Castille. Cet anniversaire et la parution de sa dernière pièce, *Pour Lucrèce*, feront jeter à tous un ultime regard sur celui qu'ils oublient déjà au profit de je ne sais quel Anouilh, mais qui n'en demeurera pas moins — avec Claudel — le seul auteur dramatique à avoir honoré la scène française durant cette première moitié du siècle.

Doué d'une facilité déconcertante, Giraudoux, nous dit-on, sortait de sa poche un manuscrit rédigé la veille, vierge de toutes ratures. Sa rapidité au travail n'avait d'égale que sa lenteur : il n'écrivit son premier roman qu'à vingt-neuf ans, sa première pièce à quarante-six ans et n'aborda le cinéma qu'âgé de cinquante-neuf ans. C'était en 1941. Il écrivit l'adaptation et dialogues de *La Duchesse de Langeais*, d'après Balzac. Il fallut attendre la parution en librairie de ces dialogues pour en découvrir la beauté car, déplorablement mis en scène, le film de Jacques de Baroncelli était aussi fort mal joué. Edwige Feuillère, qui tenait le rôle de la duchesse, s'était crue autorisée à déformer les répliques de Giraudoux en leur substituant les plus plates et les plus vulgaires équivalences, réduisant ainsi à néant la tâche qu'il s'était assignée : « *Si j'ai démontré, après d'autres d'ailleurs, que ce que le public du film entend le mieux, c'est le langage, que c'est une bassesse de croire que son oreille réclame le bégaiement, la stupidité, la veulerie ou simplement le solécisme français, c'est-à-dire de le croire bas, et que l'audience au français lui reste naturelle, je crois que l'expérience en valait la peine.* »

Giraudoux ne devait reprendre contact avec le cinéma que trois ans plus tard avec *Les Anges du péché*. Sur un thème de R.-L. Bruckeberger, dominicain, Giraudoux écrivit le scénario avec Robert Bresson, qui signait du même coup sa première mise en scène. *Les Anges du péché* fut un chef-d'œuvre incontestable et incontesté. Il s'agissait là de l'un des plus beaux thèmes qu'ait traités le cinéma français à cette époque. Pour dialoguer *Les Anges...*, Giraudoux se documenta abondamment sur la vie des sœurs de Béthanie et se pénétra de l'esprit de cet ordre, austère et digne entre tous (rappelons ici qu'il s'agit d'une congrégation dominicaine française : Béthanie, fondée en 1867 par le père Lataste, et dont le seul but est d'amener à elle les réprouvées et condamnées, recrutées dans les prisons de femmes). Robert Bresson, qui plus qu'un metteur en scène est l'*auteur* de ses films, dut élaguer le dialogue de Giraudoux pour éviter que la brillance du dialogue ne prit le pas sur la grande rigueur de ce film dont on a dit souvent qu'il était « *une symphonie blanche et noire* ».

Le joli nom de Giraudoux, nom si fluide qu'il évoque le tulle dont il a la transparente matière, ne parut donc que deux fois sur les génériques. On peut former le vœu que soient un jour portées à l'écran quelques-unes des pièces de Giraudoux comme il en va aujourd'hui de celles de Shakespeare. L'univers giradulcien se situe entre la Création et la Chute. Giraudoux se disait volontiers « *un homme d'avant le péché originel* ». Il habitait les antipodes du sordide et le cinéma français néo-naturaliste l'eût attristé et l'eût peut-être tenu éloigné des studios à moins qu'à l'instar de Renoir, Bresson, Becker, Cocteau, il eût mené la lutte et tenté de faire entendre sa voix claire et probe dans le tunnel où s'engage trop souvent notre cinéma.

(*Radio-cinéma-télévison* n° 211, 31 janvier 1954
article signé François de Monferrand).

Les espadrilles de William Irish

Il est difficile aux lecteurs français de mesurer la solitude dans laquelle vivent aux Etats-Unis les écrivains qui ont choisi la littérature populaire. Les amateurs français de Série noire, sans lire forcément tout ce qui est traduit dans notre langue, parviennent vite à reconnaître le talent de tel ou tel romancier et à le faire savoir. Le téléphone arabe fait le reste, et c'est ainsi que les noms de David Goodis, Dolorès Hitchens, William Irish, Dorothy Hugues, Henry Farrell, Jim Thompson, Joseph Harrington, Harry Wittington ou celui, plus récent, de l'Anglais Patrick Alexander circulent de bouche en bouche et se font une réputation parmi les spécialistes. Rien de semblable aux Etats-Unis. En 1962, alors que je me trouvais à New York pour y présenter *Jules et Jim*, lorsque j'annonçai que j'avais l'espoir de tourner *Fahrenheit 451*, je découvris qu'il ne se trouvait pas un journaliste américain sur dix pour connaître le nom de Ray Bradbury. Il fallut l'arrivée des cosmonautes sur la Lune en 1969 pour que le public américain, à travers la presse, fasse enfin réellement connaissance avec l'auteur de *Chroniques martiennes*. A cette obscurité, qui dans le cas de Charles Williams, Goodis, Irish, se perpétue post-mortem, il n'existe qu'une seule explication, la surproduction, le nombre incroyable de livres publiés chaque année, le nombre incroyable d'éditeurs non pas groupés à New York, mais disséminés dans toute l'Amérique.

Chaque fois que j'ai approché un écrivain de la série noire, j'ai été impressionné par sa modestie, son professionnalisme, mais aussi sa tristesse. Il y a souvent quelque chose de désespérant et de fatal dans la destinée d'un romancier qui gagne sa vie en racontant des histoires criminelles.

David Goodis, l'auteur de *Tirez sur le pianiste*, vivait seul. Il avait pour habitude de se promener des nuits entières dans les rues de New York, se retrouvant parfois impliqué dans une bagarre sans savoir pourquoi. Le personnage central de chacun de ses livres est un homme brisé. Goodis est mort alors qu'il n'avait pas cinquante ans. Il luttait contre ses éditeurs qui lui reprochaient ses fins pessimistes. Charles Williams, dont *Fantasia chez les Ploucs* fait rire à chaque page, s'est suicidé, il y a quatre ou cinq ans, sur le bateau où il passait la plus grande partie de l'année, sans que les journaux américains consacrent un entrefilet à sa disparition. Il est difficile de ne pas être bouleversé quand on lit le texte de Lillian Hellman sur les dernières années de Dashiell Hammett ou le récit que John Houseman a consacré aux souffrances de Raymond Chandler écrivant à la hâte le scénario de *The Blue Dahlia* avec, à côté de sa machine à écrire, l'alcool à volonté afin de terminer dans les délais, avant de se faire transporter à l'hôpital.

Les écrivains de thrillers, avant d'être édités pour la première fois — c'est le souvenir qui reste le plus vivace dans la mémoire de chacun d'eux — sont passés par les mêmes angoisses que William Saroyan avec *L'Audacieux Jeune Homme au trapèze volant*, mais, à la différence du génial Arménien autodidacte, ils ont fréquenté les universités avant d'aborder la littérature, de l'étudier et de la pratiquer comme un métier qui s'apprend. On ne sait pas assez que Dashiell Hammett a longtemps donné des cours de construction et d'écriture de thrillers à de jeunes aspirants romanciers.

Parce que la critique ne parle jamais d'eux, parce qu'ils n'ont jamais eu l'impression d'avoir « leur public », les romanciers populaires qui semblent écrire hâtivement et seulement pour l'argent, se livrent à travers leur fiction, beaucoup plus intimement qu'on ne le croit et sans doute, qu'ils ne le croient eux-mêmes. S'imaginant bien dissimulés derrière quelques cadavres et quelques revolvers, ils se dévoilent, se confessent et accomplissent, dans la contrainte, une œuvre libre. De même, dans l'ancien système oppressant d'Hollywood, les cinéastes de série B se croyaient de simples employés du studio alors qu'ils étaient des artisans sincères et inspirés. Ecrivains souterrains — j'emploie le mot souterrain dans un sens presque littéral, bien différent de *underground* qui suggère le flirt avec la mode —, les écrivains de série noire sont à Hemingway, Norman Mailer ou Truman Capote ce que les acteurs de post-synchronisation sont aux vedettes de l'écran. On peut les comparer, comme le faisait Max Ophuls à propos des artistes du doublage, à des fleurs sauvages qui poussent dans les caves.

Cornell George Hopley-Woolrich, alias William Irish, est né la même année que Simenon, en 1903, à New York, et il a passé une partie de son enfance au Mexique. A l'âge de vingt-deux ans, une jaunisse lui donne un tel dégoût de son apparence physique qu'il décide de vivre plusieurs mois dans la réclusion, dans la maison construite par son grand-père. Il entreprend alors de lire systématiquement chaque livre de la bibliothèque familiale. Déçu par ses lectures, il décide de s'essayer à l'écriture d'un roman. Il s'installe devant sa machine et écrit son premier roman, *Cover Charge* qui est publié autour de 1928.

Pendant quarante ans, il publiera environ un roman par an et un nombre considérable de nouvelles, n'adoptant le pseudonyme de William Irish qu'en 1942. Il explique dans ses souvenirs que sa mère est morte sans jamais avoir lu une ligne de lui car, à la parution de chaque livre, il se disait que le prochain serait meilleur donc plus digne d'elle. Tout comme Madame Woolrich, les cinéphiles de ma génération ont connu Irish avant de lire une seule ligne de lui, car plusieurs de ses romans et nouvelles sont à l'origine de films bizarres et fascinants des années quarante et cinquante, tels que *The Leopard Man* de Jacques Tourneur, *Phantom Lady* de Robert Siodmak, *Black Angel* de Roy William Neill, *The Night has a Thousand Eyes* de John Farrow, *The Window* de Ted Tetzlaff et surtout, un des meilleurs sinon le meilleur film d'Hitchcock, *Rear Window*.

Existe-t-il un point commun entre tous ces films ?

Mes souvenirs sont trop lointains pour l'affirmer, mais je crois quand même que les éléments qui reviennent le plus constamment seraient le rêve, la perte de contrôle ou de mémoire, l'incertitude du passé. Si nous jouons un moment au jeu de la libre association, après le nom de Irish arriveront les mots amnésie, coton, nuit blanche, pansement, somnambulisme, alliance, voile, douleur, ralenti, anxiété, oubli.

Plusieurs romans de William Irish comportent le mot *noir* dans leur titre et, pourtant, Irish est moins un romancier de la Série noire qu'un écrivain de la Série blême, c'est-à-dire un artiste de la peur. On rencontre peu de gangsters dans ses livres ou alors ils occupent l'arrière-plan de l'intrigue, généralement centrée sur un homme ou une femme de tous les jours à qui il est arrivé quelque chose d'extraordinaire.

L'amour tient une grande place dans les histoires d'Irish, un amour total et exclusif, irremplaçable lorsqu'il est brisé. Héros ou héroïne, le personnage principal d'un roman de William Irish est le plus souvent un être têtu, idéaliste, animé par une idée fixe. Dans *La Mariée était en noir*, Julie consacre sa vie à venger la mort de son fiancé qui ne fut son mari que le temps de faire, en robe blanche, le chemin de l'autel à la porte de l'église ; Irish a traité le même thème une seconde fois, en l'inversant, dans *Rendez-vous en noir*, où un jeune homme va s'employer à retrouver les hommes qui ont tué accidentellement sa fiancée. Plus raffiné que Julie dans sa vengeance, il tuera les uns après les autres non les coupables eux-mêmes, mais l'être humain — mère, épouse, fiancée, sœur — que chaque responsable chérissait le plus !

Amour brisé dans *La Mariée* amour déçu dans *Waltz into Darkness (La Sirène du Mississippi)* où le héros, ayant cherché la femme idéale en recourant aux petites annonces matrimoniales, va trouver en face de lui le contraire de son rêve : une aventurière complice d'un crime. Il sera conduit à l'aimer tout de même, car le héros d'Irish ne fait jamais rien à moitié, aucun imprévu ne peut arrêter sa marche vers l'amour et la mort. Il y a aussi beaucoup de troubles mentaux dans l'univers d'Irish, dont les personnages vulnérables et hypersensibles sont aux antipodes du héros américain habituel, popularisé par les histoires d'espionnage et de rackett. De même qu'il y a du Raymond Queneau chez David Goodis, il y a du Cocteau chez Irish, et c'est ce mélange de violence folklorique américaine, d'odeur d'hôpital et de prose poétique à la française qui émeut le lecteur européen.

Si je parle, à propos de l'œuvre d'Irish, de *démarche feutrée,* ce n'est pas seulement une image, puisque William Irish était connu pour ne se déplacer qu'en espadrilles, même en pleine ville de New York.

En 1968, me rendant justement à New York pour présenter un film que j'avais tiré de sa *Mariée était en noir,* je me réjouissais à la perspective de faire enfin la connaissance de William Irish ; dans l'avion, je lisais son dernier recueil de nouvelles, *Le Chien à la jambe de bois,* en me faisant la remarque : « drôle de titre ! ». A l'aéroport Kennedy, des amis venus m'attendre m'apprennent que William Irish, amputé d'une jambe depuis plusieurs mois, vient de faire une chute dans sa salle de bains et ne pourra pas assister à la projection privée de *La Mariée* organisée par ses confrères, les membres de l'association des « Ecrivains de mystères ». Le lendemain, à la projection, Irish se fait représenter par son médecin qui nous donne de mauvaises nouvelles, et deux semaines plus tard, le 25 septembre 1968, Cornell Woolrich meurt à New York, sa ville natale.

Dans les souvenirs — inédits et selon ses volontés, destinés à le rester — légués à l'université de Columbia où il avait fait ses études, Irish confie qu'il n'a été amoureux que trois fois, que ce fut chaque fois une erreur et que, de toute façon, il n'a aimé aucune femme autant que sa machine à écrire, une Remington portative dont il n'a jamais oublié l'immatriculation : N.C. 69411.

(Préface au livre de William Irish
La Toile d'araignée,
éditions Belfond, février 1980).

A propos de « Ma vie et mes films » par Jean Renoir

« *Nous sommes ici pour chasser, bon Dieu de bois, pas pour écrire nos mémoires.* » Tous les admirateurs de Jean Renoir connaissent et reconnaissent cette réplique de *La Règle du jeu,* mais tous néanmoins vont se précipiter sur son autobiographie : *Ma vie et mes films* »[2], dans laquelle ils trouveront les réponses à des questions jamais posées : quelle a été l'influence d'Auguste Renoir sur son fils Jean, comment est-il passé de la céramique au cinéma, comment s'est terminée sa collaboration avec Catherine Hessling, quels ont été ses liens avec le Front populaire, comment a-t-il ressenti l'immense succès de *La Grande Illusion* et, peu après, l'échec commercial de *La Règle du jeu,* pourquoi est-il parti pour Hollywood en 1940 et n'est-il rentré en France qu'en 1954 au moment de *French Cancan* ?

En 1969, Jean Renoir a tourné chez nous, en coproduction avec l'O.R.T.F., son dernier film *Le Petit Théâtre de Jean Renoir,* — qui n'a jamais été montré dans les salles de cinéma en France et qui remporte pourtant un vif succès en ce moment même à New York — puis il est retourné vivre à Los Angeles, dans sa maison de Beverly Hills qu'il a fait construire il y a trente ans et dont il avait lui-même dessiné les plans. Son état de santé actuel ne lui permettant pas de diriger un film, Renoir a repris son travail d'écrivain ; on connaît déjà son roman *Les Carnets du capitaine Georges* (Gallimard), le livre sur son père *Renoir* (Hachette), sa pièce *Orvet* (Gallimard) et le recueil de ses *Ecrits* (Belfond).

Ma vie et mes films, qui paraît cette semaine chez Flammarion, tient bien les promesses globales et quantitatives du titre car Jean Renoir y décrit superbement son enfance, son activité de modèle juvénile

2. Flammarion éditeur.

auprès de son père, son éducation par Gabrielle, sa découverte du Guignol, puis du mélodrame sur le Boulevard du Crime, son mariage avec Catherine Hessling, sa révélation du cinéma à travers Charlie Chaplin et naturellement son activité de metteur en scène : quarante-cinq ans de travail, neuf films muets, vingt-sept films parlants, dont les plus célèbres sont *La Chienne, Boudu, Toni, Partie de campagne, La Marseillaise, La Bête humaine, La Grande Illusion, La Règle du jeu, L'Homme du Sud, Le Fleuve, Le Carrosse d'or, French Cancan, Le Caporal épinglé*; tous ces films, il nous en raconte la conception, la réalisation, en insistant utilement sur les difficultés qu'il eut à faire accepter le principe : « *Mes goûts et mes idées étaient et sont encore à l'opposé des goûts et des idées de ceux qui font la loi dans cette profession... Je suis incapable de vendre quoi que ce soit. Or, dans le cinéma, il faut vendre.* » S'il est vrai que Jean Renoir n'est pas un bon vendeur, il a tout de même montré des qualités de lutteur en réussissant par exemple à imposer Michel Simon en vedette dès le début du parlant, en tournant vingt ans avant le néo-réalisme le fait divers de *Toni* avec des inconnus dans les endroits réels, en écrivant avec *La Règle du jeu* le scénario le plus subtil et le plus riche du cinéma d'avant-guerre : « *Toute ma vie, j'ai essayé de faire des films d'auteur. Non par vanité mais parce que Dieu m'a gratifié du désir de définir mon identité et de l'exposer à un auditoire grand ou petit, brillant ou lamentable, enthousiaste ou méprisant.* »

La vie de Jean Renoir n'est pas seulement jalonnée de titres de films, mais aussi de rencontres : « *Je catalogue ma vie par amis. Chaque période de mon existence a été dominée par la figure d'un ami* », et la vérité de cette confidence est illustrée par de merveilleuses descriptions de Jacques Becker, Pierre Braunberger, Marcel Pagnol, Jean Giraudoux, Louis Jouvet, Pierre Renoir, Jean Gabin, Erich Von Stroheim, Raimu, la famille Cézanne, Saint-Exupéry, Leslie Caron et aussi de Charlie Chaplin qu'il rencontre enfin à Hollywood après vingt-cinq ans d'admiration.

Ce livre, dont le bonheur d'expression est constant,

combine harmonieusement le côté très écrit des mémorialistes du XIXe siècle et la liberté de ton d'un Henry Miller. C'est plein tout à la fois de noblesse et de drôlerie, de délicatesse et de franchise. Le très copieux chapitre sur l'Inde, où Renoir a tourné *Le Fleuve,* est admirable par la qualité des réflexions générales et des anecdotes, on en retire l'impression qu'il y a eu la vie de Jean Renoir *avant* les Indes et *après,* et pourtant il n'était pas tellement dépaysé au bord du Gange, celui dont le premier film s'intitulait *La Fille de l'eau* : « *Je ne conçois pas le cinéma sans eau. Il y a dans le mouvement du film un côté inéluctable qui l'apparente au courant des ruisseaux, au déroulement des fleuves.* »

Qu'il s'agisse de bâtir des histoires en gommant l'aspect théorique de leur donnée initiale, ou du guidage des acteurs qu'il importe de révéler à eux-mêmes, ou de la pratique de la mise en scène en tournant le dos aux clichés, toutes les interrogations de Jean Renoir, tous ses efforts tournent autour de deux grands points fixes : « *Le grand problème de la vérité intérieure et de la vérité extérieure* » et aussi « *la certitude que le monde est un* ».

Pour Jean Renoir, qui aura quatre-vingts ans le prochain septembre, l'heure de la diplomatie est passée et, sans se livrer à des attaques personnelles — cela ne lui ressemblerait guère —, il adopte tout au long de ce livre un ton qui n'est pas celui des interviews aimables qu'on prodigue au moment de la sortie des films : « *Le public est terrifié par la nouveauté. Il faut la lui faire avaler avec précaution, la dissimuler sous le masque de la banalité* » ou encore : « *Malheureusement, la nature a fait de moi un froussard* » et puis, quelque part, cette phrase : « *La vie est un tissu de déceptions.* » Mais derrière ces confidences, ces aveux, ces portraits, il y a, intact, l'amour du cinéma ; c'est cet amour profond et aussi son intérêt pour le cinéma des autres qui amènent Renoir à visionner, chez lui, les copies en 16 mm des films de Peter Bogdanovich ou d'Eric Rohmer ; le grand enthousiasme qui lui a fait changer sa vie il y a cinquante ans, en 1924, ne s'est jamais démenti : « *Le cinéma m'a apporté bien des déceptions, bien des déboires, mais les joies que je lui dois dépassent largement les misères. Si c'était à refaire, je ferais du cinéma.* »

(*Pariscope*, juin 1974)

Jean-Renoir : quatre-vingts ans d'étonnements

Contrairement à Abel Gance et à Carl Dreyer, ses contemporains, Jean Renoir n'était pas encore un grand cinéaste avant l'invention du parlant. *Nana*, *La Petite Marchande d'allumettes, Tire au flanc* sont de bons films muets, mais Jean Renoir avait besoin des mots pour se faire bien comprendre et nous donner dès 1931-1932 des films magistraux comme *La Chienne* et *Boudu sauvé des eaux*.

Dans les périodes où les producteurs lui faisaient confiance, Renoir tournait des scénarios originaux comme *Toni, La Marseillaise, La Grande Illusion*, à travers lesquels il s'exprimait aussi totalement qu'un écrivain. Ce n'est pas un hasard si *La Règle du jeu* est un film qui a suscité le plus grand nombre de vocations de cinéastes auprès de jeunes gens qui avaient d'abord envisagé de s'exprimer par le roman.

Aujourd'hui, la mise en scène lui étant interdite par son état de santé, Jean Renoir, qui ne pourrait pas rester une journée sans créer, s'est refugié dans l'écriture.

Le hasard de la vie veut que cette continuation littéraire de la carrière cinématographique la plus française trouve sa place à Hollywood, que Thomas Mann comparait à « *une ville de boulangers où l'on ne fabriquerait que du pain* ».

Jean et Dido Renoir habitent Beverly Hills, en haut d'une petite route, Leona Drive, non loin de Benedict Canyon, une artère importante qu'empruntent matin et soir les habitants de la vallée qui travaillent dans la journée à Los Angeles.

Presque toutes les maisons de Los Angeles sont construites en bois, Jean Renoir a voulu que la sienne soit en brique. Il en a dessiné lui-même les plans, il y a trente ans, avant de partir en Inde tourner *Le Fleuve*. Construite de plain-pied, elle offre une vue panoramique sur la ville. Deux originalités pour une maison de Los Angeles : pas de portes pour séparer les pièces, pas d'installation d'air conditionné, la fraîcheur étant assurée par des larges panneaux de verre coulissants.

Dans le jardin, petit et très escarpé, des oliviers plantés il y a vingt ans ont atteint la taille de ceux qu'on peut voir autour des « Colettes », la maison de famille des Renoir, à Cagnes-sur-Mer.

Chaque matin, Dido Renoir se réveille au moment où le livreur lance devant sa porte le *Los Angeles Times,* dont la lecture la renseigne immédiatement sur le temps de chien qu'il fait à Paris. Lorsque son mari se réveille, Dido vient lui lire les principales nouvelles en attendant l'arrivée d'un des trois étudiants infirmiers qui se relaient pour venir masser la jambe blessée de Jean Renoir — blessure de guerre, jamais guérie depuis 1916 et responsable de la fameuse démarche d'ours d'Octave, personnage de *La Règle du jeu.*

Ensuite, Jean Renoir fait son courrier. Cela consiste à refuser le plus poliment du monde de présider tel ou tel jury, d'authentifier un tableau de son père ou de venir faire une conférence ici ou là.

Quant au courrier personnel, il est bien évident lorsqu'on a atteint l'âge de quatre-vingt-trois ans, qu'il apporte avec lui, comme les informations télévisées, son cortège de sinistres nouvelles. Visconti, Rossellini, Langlois, Prévert, Chaplin étaient des amis de Renoir, les compagnons de tel ou tel morceau de sa vie...

Plus tard dans la journée, Jean Renoir en vient enfin à ce qui le passionne depuis qu'il a plus ou moins renoncé au cinéma, l'écriture... A la biographie *Renoir, mon père,* best-seller en Amérique, enterré par Hachette en France, a succédé un pemier roman, *Les Carnets du capitaine Georges* (Gallimard), puis un livre de souvenirs, *Ma vie et mes films* (Flammarion), puis ce deuxième roman, *Le Cœur à l'aise,* un troisième, intitulé *Assassinat,* étant presque terminé.

Ce qui m'a frappé dans *Le Cœur à l'aise,* c'est ce que j'appellerai un extraordinaire désintéressement, au sens où l'on dit d'une personne généreuse qu'elle est désintéressée. En comparant ce roman avec diverses lectures de la même semaine ou du même mois, on retire l'impression que les autres écrivains veulent vous convaincre, vous persuader, vous emmener quelque part, vous influencer, ou, alors, pour ramener les choses à eux, veulent se justifier, se hausser, se faire aimer, créer une image d'eux-mêmes. Le livre de Jean Renoir est exactement le contraire, il est rempli d'une foule de personnages ni bon ni mauvais, d'une foule de détails vrais qui ne veulent pas avoir de liens entre eux et surtout pas de significations précises, d'une foule aussi d'idées générales qui ne craignent pas de se contredire d'une page à l'autre et l'ensemble trouve finalement sa cohérence et sa raison d'être dans l'extraordinaire impression de vie qui s'en dégage.

S'il fallait décrire cet ouvrage en peu de mots, je dirais que c'est l'énumération des étonnements de Jean Renoir pendant quatre-vingts ans.

Ceux qui connaissent son travail le savent : il n'y a pas de films de Jean Renoir sans une chanson. Maintenant, si l'on y regarde de plus près, on s'aperçoit que les chansons dans les films de Renoir escortent le plus souvent les scènes de mort, comme pour les authentifier, comme pour en faire accepter le côté extrême.

Le cinéaste scrupuleux hésite à tourner des scènes extrêmes, le cinéaste abusif s'en pourlèche et leur ôte toute vérité, le cinéaste inspiré — Jean Renoir par exemple — les impose à la fois dans leur force et leur plausibilité en leur donnant le meilleur contrepoint possible, une chanson des rues. Rien d'étonnant si le nouveau roman de Jean Renoir, *Le Cœur à l'aise,* retrace l'histoire d'une vie en multipliant références et allusions aux chansons.

Le Cœur à l'aise est un beau titre à la Radiguet mais les admirateurs de *La Règle du jeu* auront vite fait d'en retrouver l'origine :

« *Gais et contents*
« *Nous allions à Longchamp*
« *Le cœur à l'ai-ai-ai-se...* »

Le sous-titre du roman, « Amis, je viens d'avoir cent ans », est également le premier vers d'une chanson intitulée *Le Père la Victoire*, et ici nous sommes en plein double sens car, dans cette chanson 1900, c'est du changement de siècle qu'il s'agit : « *Amis, je viens d'avoir cent ans... Ma carrière est finie...* »

Evidemment, j'aime l'idée que certains lecteurs vont acheter *Le Cœur à l'aise* en pensant, au vu de la bande rouge qui entoure le livre, que Jean Renoir est centenaire ! Eh bien, non ! Amis, il vient d'avoir quatre-vingt-trois ans ! Quatre-vingt-trois ans, c'est assez pour justifier l'impression d'avoir vu naître le siècle et d'en parler, tantôt du dedans, tantôt du dehors, à la faveur d'un livre où certains verront une confession déguisée en roman mais qui pourtant se présente à nous comme un roman adoptant la forme d'une confession.

Un homme, Clément Bourdeau, qui a été tenté de devenir acteur mais a dû se contenter de gérer l'affaire familiale des Carburateurs Aurore, nous raconte l'histoire de sa vie, qui se confond avec celle de notre siècle. « *où l'homme a brillé par son incapacité à diriger ses efforts vers ce qui n'est pas matériellement utile* ».

A travers mille détails bizarres, cinq cents généralités paradoxales, on retrouve donc le Renoir qui était rentré des Indes avec la conviction que le monde est *un*, qu'il n'y a pas de grandes et de petites choses et que tout a la même importance.

Le grand-père de Clément Bourdeau, le narrateur, prétend que les femmes sont devenues plus jolies depuis l'invention de la nourriture en conserve qui leur a permis de consacrer davantage de temps aux soins de beauté. La mère du narrateur veut offrir un manteau de fourrure à un mendiant qui le refuse car il a horreur des vêtements marron. Ici, naturellement, tout le monde pensera à Boudu...

Un des personnages les plus passionnants du *Cœur à l'aise* est Jacques Lhomme, l'ami de collège. La phrase qu'ils ont récitée en classe, toute leur vie les accompagnera et leur servira de signe de reconnaissance : « *Les Huns étaient des barbares qui venaient du fond de l'Asie.* »

Solennelle et définitive, cette phrase deviendra le mot de passe de l'amitié.

Bien des femmes, on l'aurait parié, jalonneront le trajet de Clément Bourdeau, mais souvent les pensées du narrateur le ramèneront vers l'une d'elles, une vague cousine de son père dont la présence l'émouvait au point qu'il ne réussit jamais à progresser dans ses relations avec elle, c'est Ginette Auribeau, celle qu'on n'a pas tenue dans ses bras, la jolie baigneuse que le narrateur rend inoubliable par cette phrase simple et tellement visuelle « *Ginette Auribeau me regardait en rangeant sa chevelure dans un bonnet de caoutchouc.* » Encore une femme au trajet inattendu, Blanche Fauchois, jolie, cultivée, passionnée de mathématiques et qui est somnambule. Elle mourra le 11 novembre 1918, lorsque les clairons de l'armistice, jouant *La Marseillaise,* provoqueront son réveil et sa chute du toit de la maison au pied de l'estrade municipale.

Ayant décrit cette scène, Clément Bourdeau la poursuit et la conclut comme Jean Renoir le ferait derrière une caméra : « *Le maire se découvrit et de sa belle voix d'orateur s'adressa à la foule : " Saluons, messieurs-dames, saluons la première victime de la paix. " Je m'évanouis.* »

Cet évanouissement est passionnant car l'aveu de la peur — aveu n'est pas le mot juste, c'est d'une constatation qu'il s'agit — court tout au long de ce roman. C'est elle qui a empêché Clément Bourdeau de se déclarer à Ginette Auribeau auprès de qui il avait toutes ses chances. Cette peur de Cément Bourdeau, nous voyons bien qu'elle est toujours liée à ce qu'il aime, les chevaux, les voitures, le métier d'acteur, les relations amoureuses évidemment. Là encore, sur le chapitre de l'amour, Clément Bourdeau, avec sa lucidité mêlée d'innocence, sa franchise et sa bonne foi permanente, ne pourrait être soupçonné de forfanterie : « *Au fond de moi-même, je décelai l'hypocrisie la plus méprisable. Après tout, Marianne avait peut-être de bonnes raisons de me tromper. J'étais peut-être un amant lamentable. Ces réflexions ne m'empêchaient pas de jouir d'une journée magnifique. Le printemps...* »

Vers la fin du roman, le *labadens*[3], détenteur du mot de passe (« *Les Huns étaient des barbares venus du fond de l'Asie* »), téléphone à Clément Bourdeau avant de mourir : « *Notre conversation est interrompue. Nous la continuerons dans l'autre monde.* »

Après la mort de son complice, le narrateur s'interroge sur les feuilles mortes, le retour à la solitude et la vieillesse qui arrive d'une marche glissée : « *La vie n'est pas un escalier, c'est un tapis roulant... Les réactions d'un homme de quatre-vingts ans ne sont pas celles du même homme à l'âge de quatre-vingts ans plus quelques minutes... Nous nous accrochons à ce que nous croyons permanent. Mais rien à faire : les artères se durcissent, les pierres du Parthénon s'effritent, la pellicule sur laquelle est tirée le* Potemkine *se désagrège. La croyance dans la vérité évidente de la progression dans le temps peut nous éviter bien des balourdises.* »

Suivent alors vingt pages superbes, étonnantes mais bouleversantes sur l'engourdissement, les réveils hallucinés, les sensations qui précèdent l'approche de la mort telle que la ressent le narrateur et puis cette dernière déclaration : « *Il me semble que le résumé de mon rêve peut être utile aux amants indécis encore nombreux à notre époque. Mme Auribeau m'attend. Je n'ai plus peur de personne, pas même d'elle.* »

Je ne suis pas un critique littéraire mais un amateur de livres, et je peux seulement vous dire que *Le Cœur à l'aise* est la lecture qui m'a donné le plus d'émotion et de plaisir depuis longtemps — pour être précis, depuis *Dimanche m'attend*, d'Audiberti.

J'ai commencé cet article en décrivant une matinée de Jean Renoir à Hollywood. Les travaux d'écriture lui apportent de bonnes heures de plaisir mais ne lui font certainement pas oublier le cinéma. Après les trois ou quatre heures consacrées au livre en cours, c'est, en fin d'après-midi, la visite des amis, américains ou français de passage, puis le dîner au coucher du soleil comme à la campagne. Dans le salon de la maison Renoir, un

3. Un ancien camarade de classe. Vient de la pension Labadens dont il est question dans *Le Crime de la rue de Lourcine,* de Labiche.

André Bazin. Collection Cahiers du Cinéma.

Les Quatre Cents Coups. Tournage de la scène finale.
Collection Cahiers du Cinéma.

Sacha Guitry. Photo Prod/DB.

Marcel Dalio, Jean Gabin et Pierre Fresnay dans *La Grande Illusion* de Jean Renoir. Photo Prod/DB.

Tirez sur le pianiste: François Truffaut, Charles Aznavour et Marie Dubois. Collection Cahiers du Cinéma.

Henri Serre, Jeanne Moreau et Oscar Werner dans *Jules et Jim.* Photo Films du Carrosse.

Alan Bates dans *Le Roi de cœur* de Philippe de Broca. Photo Prod/DB.

La Peau douce: François Truffaut et Françoise Dorléac.
Collection Cahiers du Cinéma.

Fahrenheit 451 : François Truffaut et Julie Christie. Collection Christophe L.

Fahrenheit 451 : Nestor Almendros (derrière la caméra) et François Truffaut. Collection Cahiers du Cinéma.

François Truffaut et Henri Langlois sur le tournage de *L'Enfant sauvage* (avec Marcel Berbert et Jean-Pierre Cargol). Photo Les Films du Carrosse.

La Sirène du Mississippi : François Truffaut et Catherine Deneuve. Collection Christophe L.

L'Histoire d'Adèle H. : Isabelle Adjani et François Truffaut. Photo Prod/DB.
François Truffaut et Steven Spielberg sur le tournage de *Rencontres du 3e type*.
Collection Cahiers du Cinéma.

François Truffaut et Jeanne Moreau *(Jules et Jim)*. Photo Films du Carrosse.

François Truffaut et Fanny Ardant *(La Femme d'à côté)*. Photo D.R.

espace dans le plafond loge un écran qui se déroule. Sur le mur d'en face, un tableau qu'on soulève laisse passer le faisceau d'un vieux projecteur 16 mm de l'armée américaine. Alors, les Renoir et leurs invités peuvent regarder un film, éventuellement de Jean Renoir (ceux qu'il a tournés avec Gabin ont sa préférence) ou tout autre film dont un ami fidèle aura amené une copie : *Folies de femmes*, de Stroheim, *Falstaff*, d'Orson Welles, *Amarcord*, de Fellini.

Jean Renoir regarde toujours avec la même générosité le cinéma des autres mais je crois qu'au fond de lui-même, il se dit, devant la diversité et l'audace des films actuels, qu'il lui serait moins difficile aujourd'hui de faire accepter ses idées, ses projets dont beaucoup furent abandonnés au tiers du chemin.

La pensée qu'il ne tournera peut-être plus de films le tourmente parfois, car il a l'impression qu'il aurait pu faire davantage et mieux mais nous savons, nous qui connaissons ses films par cœur et qui l'aimons, nous savons que c'est lui qui a fait le plus et qui a fait le mieux.

(*Le Nouvel Observateur*, 4 mars 1978)

Henri-Pierre Roché revisité

C'est en 1955 que j'ai découvert le roman d'Henri-Pierre Roché, *Jules et Jim*, parmi d'autres livres d'occasion, à l'éventaire de la Librairie Stock, place du Palais-Royal.

Le livre avait paru deux ans plus tôt, mais il était passé inaperçu ; la critique n'avait été ni bonne ni mauvaise, il n'y avait pratiquement pas eu de comptes rendus, comme cela arrive souvent lorsque le nom de l'auteur est inconnu. Ce qui retint mon attention fut le titre : *Jules et Jim !* Tout de suite, je fus séduit par la sonorité de ces deux J. Puis, retournant le volume pour lire au dos le « prière d'insérer », je vis que l'auteur, Henri-Pierre Roché, était né en 1879 et que *Jules et Jim* était son premier roman. Mais alors, pensai-je, ce romancier débutant a maintenant soixante-seize ans ! A quoi peut ressembler un premier roman écrit par un septuagénaire ?

Dès les premières lignes, j'eus le coup de foudre pour la prose d'Henri-Pierre Roché. A cette époque, mon écrivain favori était Jean Cocteau pour la rapidité de ses phrases, leur sécheresse apparente et la précision de ses images. Je découvrais, avec Henri-Pierre Roché, un écrivain qui me semblait plus fort que Cocteau, car il obtenait le même genre de prose poétique en utilisant un vocabulaire moins étendu, en formant des phrases ultra-courtes faites de mots de tous les jours. A travers le style de Roché l'émotion naît du trou, du vide, de tous les mots refusés, elle naît de l'ellipse même. Plus tard, examinant des pages manuscrites de Henri-Pierre Roché, je vis que son style, faussement naïf, émergeait de l'énorme pourcentage de mots et de phrases raturés ; d'une page entière, recouverte de sa ronde écriture d'écolier, il ne laissait finalement subsister que sept ou huit phrases, elles-mêmes rayées aux deux tiers. *Jules et Jim* est un roman d'amour en style télégraphique, écrit par un poète qui s'efforce de faire oublier sa culture et qui aligne les mots et les pensées comme le ferait un paysan laconique et concret.

Comme on peut le penser, mon enthousiasme pour *Jules et Jim* s'étendit aux personnages et à leurs aventures. Je ne vivais que pour le cinéma et, aux livres, je préférais les films que je voyais au rythme de seize à vingt chaque semaine. Etant critique de cinéma à l'hebdomadaire *Arts-Spectacles,* j'avais la chance de vivre ma passion. En lisant *Jules et Jim,* j'eus la sensation de me trouver dans un exemple de ce que le cinéma ne parvenait jamais à faire : montrer deux hommes qui aiment la même femme sans que le « public » puisse faire un choix affectif entre ces personnages, tant il se trouve amené à les aimer pareillement tous les trois. Voilà l'élément, anti-sélectif, qui me toucha le plus dans cette histoire que l'éditeur présentait ainsi : « *Un pur amour à trois* ».

Quelques mois plus tard, visionnant un film américain de série qui m'avait enthousiasmé, un western intimiste, *The Naked Dawn* d'Edgar Ulmer, mes pensées me ramenèrent à *Jules et Jim,* et dans le compte rendu que je fis de ce western, j'écrivis ceci : « *Un des plus beaux romans modernes que je connaisse est* « Jules et Jim », *de Henri-Pierre Roché, qui nous montre, sur toute une vie, deux amis et leur compagne commune s'aimer d'amour tendre et sans presque de heurts, grâce à une morale esthétique et neuve sans cesse reconsidérée.* The Naked Dawn *est le premier film à me donner l'impression qu'un Jules et Jim cinématographique est possible.* »

La semaine suivante, je reçus cette lettre : « *Cher François Truffaut. J'ai été très sensible à vos quelques mots sur Jules et Jim dans* Arts, *notamment à* : « ... grâce à une morale esthétique et neuve sans cesse reconsidérée ». *J'espère que vous la retrouverez, encore plus, dans* Deux Anglaises et le continent, *que vous allez recevoir. Henri-Pierre Roché.* » Je répondis à Henri-Pierre Roché, et nous échangeâmes une correspondance assez régulière jusqu'à sa mort, c'est-à-dire pendant trois ans. Deux ou trois fois, j'allai lui rendre visite dans sa maison, à Meudon. Le train passait au bout de son jardin. Henri-Pierre Roché avait à présent soixante-dix-sept ans. Il était très grand et mince, il avait la même douceur que ses personnages, il ressemblait beaucoup à Marcel Duchamp dont il parlait constamment. La peinture avait été la grande passion de Henri-Pierre Roché. Il avait connu Derain, Picabia, le Douanier Rousseau, Max Ernst, Braque (ils boxèrent l'un contre l'autre sur un ring), il avait été l'amant de Marie Laurencin, il avait fait connaître Picasso aux Américains, quarante ans plus tard, il avait découvert Wols et, toute sa vie, il avait admiré Marcel Duchamp, dont il fit du reste le personnage de son troisième roman, *Victor* (inachevé, mais publié en 1977 par le Centre national d'art et de culture Georges-Pompidou).

Retournons en 1956. Dans une de mes premières lettres, je dis à Roché que, si je peux faire du cinéma un jour, j'aimerais tourner *Jules et Jim*. Cette idée lui plaît. Nous décidons que j'établirai, le moment venu, la construction du scénario et qu'il écrira lui-même les dialogues qu'il prévoit, selon ses propres termes, « *aérés et serrés* ». Le 23 novembre 1956, il m'écrit : « *Avez-vous lu* Mon amant se marie *de Thora Dordel? C'est magnifique, peut-être introuvable. Je pourrais vous le prêter. J'ai traduit vers 1905, avec un Russe,* L'Oncle Vania, *de Tchekhov. Trop tôt. Personne n'en a voulu alors. Idem pour, vers 1906,* La Ronde, *de Schnitzler.* »

En décembre 1957, Henri-Pierre Roché se déplace, il a alors soixante-dix-huit ans, pour venir voir mon premier court métrage, *les Mistons* et, spontanément, il écrit un petit texte qu'il destine au journal *Arts* mais que je n'ose pas faire imprimer, étant le critique-cinéma de ce journal ! J'explique à Henri-Pierre Roché que mon désir de tourner *Jules et Jim* est toujours aussi fort, mais que, l'entreprise me paraissant trop difficile pour un débutant, je vais d'abord réaliser *Les Quatre Cents Coups*. Il comprend mon point de vue, mais il m'envoie le 28 décembre une lettre que l'égoïsme de mes vingt-cinq ans ne m'a pas fait lire assez attentivement : « *Je serai heureux si je suis encore là le jour où vous attaquerez* Jules et Jim. *Je désire vous suivre du plus près possible. Si vous trouvez des raisons ou des prétextes pour nous voir, dites-le-moi.* »

Croyant sentir une parenté entre la sagesse de Roché et la hauteur de vue de Jean Renoir, je lui adresse un numéro des *Cahiers du cinéma*. Dans sa lettre du 18 mars 1958, il m'écrit : « *Grand merci pour votre* Entretien avec Jean Renoir. *C'est pour moi une révélation. C'est si sage, instructif, émouvant, entraînant humain, vrai* ». Puis il me parle de son fils, Jean-Claude, dont il est de plus en plus fier : « *Mon fils travaille en Camargue. Il a eu du succès et des invitations à l'étranger avec ses premiers bouts de films, dans les milieux biologiques (Jean Rostand, Jean Painlevé), mais aussi par la beauté pure, couleurs et acharnement de l'observation (fêtes d'accouplements d'insectes). Il serait heureux de vous les montrer.* »

En m'adressant un exemplaire dédicacé des *Deux Anglaises et le continent* Roché avait inscrit une phrase, que je cite de mémoire, disant que si ce second roman n'avait pas plus de succès que *Jules et Jim*, il renoncerait à la littérature. Néanmoins, le 22 octobre 1958, il m'écrit : « *Et je n'ai qu'à faire un troisième bouquin qui s'impose ! J'ai d'ailleurs commencé et je crois que certains rythmes vous plairaient, mais je n'ai pas encore trouvé l'unité du parti pris.* » Il s'agissait évidemment du roman, intitulé d'abord « Totor » puis *Victor*, que j'ai cité plus haut.

Et c'est l'hiver 1958/1959. Je tourne *Les Quatre Cents Coups*. Pour y faire une apparition amicale d'une minute, Jean-Claude Brialy vient, dans une scène de nuit, rue du Faubourg-Montmartre et il me fait la surprise d'amener avec lui Jeanne Moreau que j'ai admirée au théâtre dans *La Chatte sur un toit brûlant*.

Nous improvisons donc une petite scène rapidement tournée à cause de la pluie et du froid et, enthousiasmé par l'actrice, j'envoie quatre photos d'elle à Henri-Pierre Roché, en lui demandant son avis. Il me répond, le 3 avril 1959 : « Cher jeune ami, votre bonne lettre !... Grand merci pour les photos de Jeanne Moreau. Elle me plaît. Je suis content qu'elle aime Kathe ! J'espère la connaître un jour, oui, venez me voir quand il vous plaira, je vous attends. »

Je reçois cette lettre le 5 avril, quatre jours plus tard Henri-Pierre Roché meurt, tout doucement, assis dans son lit, tandis qu'on lui fait dans l'avant-bras une banale piqûre quotidienne.

En 1961, je me décidai enfin à tourner *Jules et Jim*. L'écrivain n'était plus là pour écrire ses dialogues « *aérés et serrés* » mais nous nous efforçâmes, Jean Gruault et moi, de lui rester fidèles et, d'ailleurs, *Jules et Jim* est probablement le seul film de la Nouvelle Vague à comporter un commentaire si abondant ; lu en « voix off », il est presque entièrement tiré du livre.

Pendant le tournage et le montage du film, il m'arrivait fréquemment de repousser le scénario, de rouvrir mon exemplaire du roman et de noter telle ou telle phrase splendide à « sauver absolument », c'est-à-dire à intégrer à la bande sonore du film.

Cette préface étant destinée à mieux faire connaître l'auteur de deux merveilleux romans, je ne détaillerai pas ici l'ambiance d'anxiété et d'exaltation dans laquelle baigna le tournage de *Jules et Jim*. Je dirai seulement que Jeanne Moreau me rendait courage chaque fois que j'étais envahi par le doute. Ses qualités d'actrice et de femme rendaient Kathe — devenue Catherine — réelle sous nos yeux, plausible, folle, abusive, passionnée, mais surtout adorable, c'est-à-dire digne d'adoration. J'avais recruté l'acteur autrichien, Oskar Werner, pour jouer le rôle de Jules, il y fut admirable. Le comédien débutant, Henri Serre, grand, mince, doux, et honnête, était Jim. Je l'avais choisi pour sa ressemblance avec Henri-Pierre Roché.

Le film terminé sortit au début de l'année 1962, précédé par le beau court métrage *Vies d'insectes*, dont Jean-Claude Roché était l'auteur, montrant les accouplements de libellules. Le succès de *Jules et Jim* fut immédiat et je m'en réjouis doublement puisque le roman, neuf ans après sa parution, devenait enfin un best-seller et allait être rapidement traduit en anglais, en espagnol, en italien et en allemand.

Nous reçûmes, Jeanne Moreau et moi, un nombre de lettres considérable et pas seulement de France. Ici ou là, de jeunes mamans donnèrent à leurs nouveau-nés les noms de Jim, de Jules, ou de Catherine. Il me semble, tant pis si je me trompe, que dix-huit ans après ces événements, je peux citer la plus importante de ces lettres, celle que je reçus d'une vieille dame qui sous le nom de Kathe, avait été la véritable héroïne de *Jules et Jim*, l'objet du long amour commun aux deux amis :

« *Assise dans cette salle obscure, appréhendant des ressemblances déguisées, des parallèles plus ou moins irritants, j'ai été très vite emportée, saisie par le pouvoir magique, le vôtre et celui de Jeanne Moreau, de ressusciter ce qui a été vécu aveuglément. Que Henri-Pierre Roché ait su raconter notre histoire à nous trois en se tenant très proche de la suite des événements n'a rien de miraculeux. Mais quelle disposition en vous, quelle affinité a pu vous éclairer au point de rendre sensible — malgré des déviations et des compromis inévitables — l'essentiel de nos émotions intimes ? Sur ce plan, je suis votre seul juge authentique, puisque les deux autres témoins ne sont plus là pour vous dire leur " oui ".* »

En voyant le film, Jean Cocteau retrouvait le souvenir d'Henri-Pierre Roché et m'écrivait : « *J'ai beaucoup connu l'auteur du livre d'où tu as tiré ton film. C'était l'âme la plus délicate et la plus noble.* »

J'avais donc l'approbation de la vraie Catherine, mais je pensais surtout au vrai Jim. Henri-Pierre Roché n'était plus là pour recueillir les fruits de son arbre et cela commençait à me tourmenter. J'avais la conviction que j'étais trop jeune pour faire, avec la caméra, ce que Roché avait tiré de son stylo-bille. Ce que j'avais admiré le plus en lisant le livre était précisément les cinquante années de recul entre les événements vécus et la narration qu'en faisait l'auteur. Pourtant, je connaissais un peu cette sensation pour avoir vécu, dans ma jeunesse, principalement sous l'occupation allemande, des moments pénibles et oppressants dont l'évocation me faisait sourire dix ans après ! J'avais moins de trente ans en tournant *Jules et Jim* et je m'étais efforcé, non pas de faire un *film jeune*, mais bien au contraire *un film de vieillard* et je n'étais pas certain d'y être parvenu !

Les années passaient, mes pensées me ramenaient souvent vers Henri-Pierre Roché et je relisais *Deux Anglaises et le continent* au moins une fois par an, pour mon plaisir. L'idée d'en tirer un film ne me venait pas à l'esprit, car il ne s'agit pas d'un récit linéaire mais d'une suite d'éléments littéraires présentés comme des documents réels : extraits de journaux intimes, lettres, monologues. A plusieurs endroits, Roché divise les pages en deux colonnes pour confronter le journal intime d'une des deux sœurs et celui du héros, Claude (qui n'est autre, évidemment que l'auteur). Comme pour *Jules et Jim,* ce matériel est autobiographique, et

Denise Roché m'a confié un jour que la Anne du livre était devenue, plus tard, décoratrice, ou costumière, pour les Ballets russes de Serge Diaghilev.

Si ce roman est postérieur à *Jules et Jim*, son action lui est antérieure. Claude sort à peine de l'adolescence, tandis que Jim était un homme en pleine maturité. Les protagonistes des *Deux Anglaises* étant plus jeunes que ceux de *Jules et Jim*, leur histoire rend un son plus douloureux, plus aigu. Le grand recul dans le temps et dans l'espace qui rend la narration de *Jules et Jim* sage et paisible n'existe pas dans *Les Deux Anglaises*, dont les amours sont re-vécues sous nos yeux dans un style fiévreux et déchirant.

La grande différence entre les deux romans est très bien exprimée par Henri-Pierre Roché lui-même, lorsqu'il écrit dans sa présentation des *Deux Anglaises* : « *On y trouvera plus de vertu que* Jules et Jim. *Les journaux intimes y sont d'une franchise totale.* »

Avec le temps, j'en arrivai à considérer que les *Deux Anglaises* était un livre encore plus grand que *Jules et Jim*, mais je persistai à le trouver inadaptable pour la raison que les trois personnages qu'il met en scène ne sont presque jamais réunis et que leurs émotions les plus fortes sont communiquées à distance, à travers leur correspondance.

En 1971, je vécus ma première dépression nerveuse, un breakdown qui me conduisit dans une clinique, pour une cure de sommeil. Je n'avais amené qu'un seul livre, *Les Deux Anglaises*, dont je lisais des pages chaque fois que je me réveillais ! Je commençai à l'annoter dans les marges, comme lorsque j'entreprends une adaptation et, à un certain moment, ma décision fut prise : j'allais quitter cette clinique de malheur, m'enfermer avec mon ami Jean Gruault et me mettre au travail.

Nous avions le désir de faire un film plus charnel que *Jules et Jim*, un film qui ne montrerait pas l'amour physique, mais qui serait « un film physique sur l'amour ». Interprété par Jean-Pierre Léaud et deux jeunes actrices anglaises, Kika Markham et Stacey Tendeter, *Deux Anglaises et le continent* devint un film, assez mal accueilli en France au moment de sa sortie, mais dont la réputation, je crois, est devenue meilleure avec les années. En tout cas, j'ai l'impression d'avoir appris beaucoup de choses en le tournant, des choses sur le cinéma, mais aussi des choses sur la vie, sur l'amour, sur la violence des sentiments et sur la cruauté des coups que peuvent se porter innocemment les gens qui s'aiment.

Quand Henri-Pierre Roché est mort le 9 avril 1959, de rares journaux ont signalé sa disparition, généralement en quelques lignes, car cet homme extraordinaire n'aura pas été un homme célèbre. Pourtant, tout récemment, Georges Auric lui consacre un chapitre dans son livre, *Quand j'étais là...* et ce chapitre s'intitule : « La vie obscure de Henri-Pierre Roché ».

Son père étant mort très jeune, Henri-Pierre Roché fut élevé par sa mère avec un mélange d'autorité et de passion. Il entra à l'Ecole des sciences politiques, mais la peinture l'attirant davantage que les carrières administratives, il étudia le dessin à l'Académie Jullian, puis renonça parce qu'il ne se trouvait pas assez doué. Il commença une collection de tableaux et traduisit des poèmes chinois que Georges Auric, Albert Roussel et Fred Barlow mirent en musique. Roché est resté toute sa vie un dilettante car à sa propre œuvre, il a toujours préféré celle des autres, il a appliqué à la lettre le conseil que Albert Sorel, son professeur à l'Ecole des sciences politiques, lui avait donné et qui se trouve transcrit, tel quel, dans *Jules et Jim* :

« *Que voulez-vous devenir ?*
— *Diplomate.*
— *Avez-vous une grande fortune ?*
— *Non.*
— *Pouvez-vous, avec quelque apparence de légitimité, ajouter à votre patronyme un nom célèbre ou illustre ?*
— *Non.*
— *Eh bien, renoncez à la diplomatie.*

— *Mais alors, que dois-je devenir ?*

— *Un curieux.*

— *Ce n'est pas un métier.*

— *Ce n'est pas* encore *un métier. C'en sera bientôt un. L'avenir est aux curieux de profession. Les Français sont restés trop longtemps enfermés derrière leurs frontières. Ils doivent voyager. Vous trouverez toujours quelques journaux pour payer vos escapades* ».

C'est au cours d'un voyage en Allemagne, probablement vers 1907, que Roché a rencontré l'écrivain juif Frantz Hessel, dont il a fait son ami et plus tard le Jules de *Jules et Jim*.

Autres amitiés ou admirations germaniques de Roché qui parle et écrit l'allemand couramment : Peter Altenberg, Keyserling, Arthur Schnitzler.

Le fait le plus souvent cité à propos de Roché, considéré comme une action d'éclat et peut-être d'abord par lui-même, est d'avoir organisé la rencontre entre Gertrude Stein et Picasso, probablement vers 1910. C'est à la même période qu'il devient le conseiller et l'acheteur d'un collectionneur américain, John Quinn, collaboration et amitié qui se poursuivront jusqu'en 1925, à la mort de Quinn.

Déclaré inapte au moment de la mobilisation de 1914, Roché est victime d'une dénonciation anonyme. Soupçonné d'espionnage pour le compte de l'Allemagne — simplement parce que, depuis des années, il reçoit une importante correspondance d'outre-Rhin — il est arrêté et enfermé deux semaines au Dépôt. De cette aventure, il tirera son premier livre, un petit volume de cinquante pages qui révèle déjà son style vif et joyeux : *Deux semaines à la Conciergerie pendant la bataille de la Marne* (Paris. Attinger Frères, éditeurs, 1916).

Mais j'ai bien l'impression qu'il est dans la nature de Roché de dissimuler les grandes émotions et que cette injustice n'est pas étrangère à son départ presque immédiat pour les Etats-Unis grâce à une mission auprès du haut-commissariat français à Washington. C'est là, à New York, qu'il retrouve son ami Marcel

Duchamp occupé à travailler à son œuvre majeure : *La Mariée mise à nu par ses célibataires, même.*

New York, pendant cette période de la Première Guerre, est plein d'artistes réfugiés qui bouleversent l'ambiance artistique de la ville et étonnent par leur désinvolture. Francis Picabia est l'un d'eux, ainsi que sa femme, la musicienne Gabrielle Buffet, Edgar Barèse et le poète-boxeur extravagant Arthur Cravan, peut-être apparenté à Oscar Wilde, mystérieusement disparu au Mexique après 1918.

Après la mort de John Quinn, Roché poursuit sa mission de découvreur et d'acheteur de tableaux, mais cette fois pour le compte d'un personnage de légende, le rajah d'Indore, ce qui l'amène à voyager longtemps et souvent aux Indes. En 1920, sous l'influence de Jules Laforgue, dont il a toujours admiré les *Moralités légendaires,* Henri-Pierre Roché va publier son second livre, *Don Juan,* aux Editions de la Sirène où Cocteau publie *La Noce massacrée* la même année. *Don Juan* se présente comme un recueil de vingt-huit petits récits constituant des variations sur le thème de la séduction (Don Juan et la voyageuse — Don Juan et Denise — Don Juan et la Baronne, etc.). A la veille de publier ce petit livre, Roché se heurte à l'hostilité de sa mère et décide, pour la ménager, d'éditer cet ouvrage sous le pseudonyme de Jean Roc.

La Seconde Guerre mondiale et l'Occupation de la France par l'armée allemande obligeront Roché à devenir plus sage. Il mène enfin une vie conjugale, il a un fils, Jean-Claude, il devient professeur de français, de dessin, d'échecs et de gymnastique dans la Drôme, car il a acheté une maison à Dieulefit. C'est peut-être à cette époque qu'il commence la rédaction de *Jules et Jim* qui ne paraîtra qu'en 1953. Après la guerre, Roché publie des articles sur la peinture, des comptes-rendus d'expositions. La gloire de Picasso, de Duchamp est au zénith, on demande souvent à Roché d'apporter son témoignage sur la peinture française depuis le début du siècle.

Ce qu'il écrit de son ami Marcel Duchamp pourrait s'appliquer à lui-même : « *Sa plus belle œuvre est l'emploi de son temps.* » En effet, Henri-Pierre Roché a consacré sa vie aux femmes. Afin de ne pas peiner sa mère qui l'aimait d'un amour exclusif, il est resté très longtemps célibataire. Il vivait seul, mais en maintenant constamment à portée de cœur et de corps trois maîtresses régulières auxquelles s'additionnaient des conquêtes de passage, presque quotidiennes. De cette vie amoureuse, il a fait une œuvre, puisque de 1905 à sa mort, donc pendant plus de cinquante ans, il a tenu un journal intime, quotidien et méthodique, qui est la comptabilité de ses aventures, allant parfois jusqu'à rédiger certaines pages en anglais ou en allemand lorsqu'il voulait déjouer la curiosité jalouse de telle ou telle compagne du moment.

Après la mort de Roché, en accord et en collaboration avec sa veuve, Denise, j'ai fait dactylographier une grande partie de ce « Journal » pour le sauver de la destruction, mais, après deux ans de frappe, la secrétaire à domicile que nous avions chargée de ce travail, a préféré renoncer tant elle était troublée et choquée par ce qu'elle croyait deviner de « cruauté inconsciente » dans le comportement de ce don Juan du vingtième siècle.

Aurais-je dû faire observer à cette dame-secrétaire que Henri-Pierre Roché ne réservait pas aux seuls hommes le droit de chercher la vérité, de ré-inventer l'amour, et que son personnage de Kathe était devenu, ces dernières années, l'héroïne des nouvelles féministes ?

Ce journal intime, si on le publiait aujourd'hui, remplirait probablement une vingtaine de volumes, mais les éditeurs français que j'ai approchés y ont renoncé, car Henri-Pierre Roché, déjà considéré par eux comme insuffisamment connu, s'est ingénié à donner à ses amis célèbres comme à ses maîtresses, des surnoms qui les rendent inidentifiables !

A cause de cela, l'entreprise est jugée d'avance peu rentable, le journal restera secret mais grâce à ses splendides romans de vieillesse sur sa jeunesse, Henri-Pierre Roché n'est plus un inconnu.

De tous les portraits qu'on a laissés de lui, j'aime particulièrement celui qu'a tracé Jean Paulhan, son ami qui a pris la responsabilité de faire éditer *Jules et Jim* chez Gallimard : « *Oui, il était grand, avec quelque chose de langoureux. Il était un peu trop clair, un peu trop modeste. Il n'étonnait pas parce qu'il enchantait. Il avait beaucoup d'amour pour l'espèce humaine. Il trouvait que les gens étaient admirables.* »

Au terme de cette longue préface, il est temps de vous laisser découvrir Henri-Pierre Roché et sa douceur parfois effrayante. A votre tour, vous allez le faire entrer dans votre vie, à votre tour vous allez l'adopter, à votre tour j'espère, vous allez l'aimer.

Paris, janvier 1980. Partiellement publié en allemand en préface au découpage de *Jules et Jim* (Filmlandpresse) et dans l'édition du roman du même titre (Zwei Tausens Eins)

Gide, Bombard et Mauriac, trois comédiens de génie

Je sais bien qu'il est d'usage, dans les ciné-clubs par exemple, de mépriser les acteurs pour n'accorder de l'estime qu'au metteur en scène. Mais outre qu'il ne faut voir là qu'une réaction un peu naïve et maladroite contre l'idolâtrie des foules à l'égard des vedettes, c'est mal comprendre le rôle du metteur en scène que d'imaginer celui-ci plus attentif à disposer des objets à l'intérieur du cadre et à trouver des angles savants, que d'amener l'acteur à jouer le mieux possible son rôle. Ce n'est pas pour rien qu'à Hollywood le metteur en scène a le titre de *director*.

Il suffit de lire des textes de Jean Renoir ou de le voir travailler pour s'en rendre compte. Renoir, s'il improvise constamment sur le plateau, s'il transforme les personnages, les dialogues, ce n'est nullement pour améliorer son scénario mais pour le plier davantage à la personnalité de l'acteur. Il est fréquent de l'entendre réclamer le silence, de se fâcher pour l'obtenir et d'ajouter : « *Les acteurs ne peuvent travailler dans ce bruit et je vous rappelle, messieurs, que nous sommes à la disposition des acteurs.* » On a critiqué quelquefois les dialogues de Jean Renoir, mais toujours à tort car il les écrit, les transforme, les invente au dernier moment, sans rechercher aucun effet littéraire ou autre, mais simplement et très subtilement, pour obliger l'acteur à *être bon*, à donner « son » maximum. Pour obtenir l'expression parfaite d'un sentiment donné, Renoir sacrifierait volontiers la vraisemblance d'une situation, la solidité initiale d'un scénario, la qualité de la photo, ou la justesse d'un raccord, car, avec lui, l'acteur est roi. De même, il n'écarte jamais leurs suggestions : « *Cela irait mieux si je pouvais faire comme ceci, il me semble — eh bien ! faites-le ; vous avez raison, ce sera sûrement très bien.* » Et le résultat s'étale sur l'écran, irréprochable toujours, souvent parfait, comme si tout cela avait été réglé au millimètre. Triomphe de l'acteur et de son corps, plissement d'un nez, contraction d'une bouche, sourire en coin, une paupière s'abaisse, une autre s'entrouvre, rejet en arrière d'une chevelure abondante : le cinéma est cela.

L'homme qui a une vie publique a une double vie. Par là s'apparentent aux acteurs les politiciens, les écrivains, les artistes, les héros de la guerre et ceux de l'aventure, les hommes que l'on peut dire « du jour » pendant un laps de temps assez long. Parmi ces comédiens amateurs, il y a des vedettes et des cabots, des faux talents. De manière générale, leur talent d'acteur va de pair avec la justification de leur célébrité. Laniel a un physique « intéressant ». Bidault, une cinématique. Les grands écrivains jouent mieux que les écrivains mineurs. Lorsque les distributeurs du film de Marc Allégret sur André Gide ramenèrent la bande aux dimensions d'un moyen métrage, ils coupèrent la conversation entre Gide et Schlumberger parce que le second ne passait pas l'écran. Rien à faire. En face d'un Gide magnifiquement à l'aise, détendu, se « paniquait » le pauvre Schlumberger convulsé par le trac, comme en transe à l'issue d'une danse de possession, bredouillant, s'empêtrant dans un texte facile à dire et d'avance convenu.

C'est donc de trois grands comédiens amateurs que je parlerai : Gide, Bombard et Mauriac.

Grâce au film d'Allégret, les générations futures verront l'auteur de *Paludes* comme un sage oriental qui aurait été champion de lutte gréco-romaine. Face à la caméra, aucune gêne : il se donne en spectacle puisque aussi bien c'est cela que l'on attend de lui. Il nous fait visiter son appartement de la rue Vanneau. Diction lente, articulation parfaite, syllabes détachées. La leçon de piano avec Anick Morice : « *Recommencez, mademoiselle. Vous pouvez donner à ce scherzo plus d'homo-gé-né-i-té.* » Sur la fin de cette prise très longue tournée en continuité à l'aide de deux caméras se relayant, il est fatigué : très calmement il se retourne, regarde la caméra fixement, lève une main et dit : « *Coupez* ». Remercions Allégret d'avoir laissé ce commandement superbe.

La mer est bleue, le ciel est blanc, la chemise du naufragé volontaire est rouge. Tout seul au milieu de l'Océan, Alain Bombard vit son humide aventure tricolore. Sur son canot — il dit : *mon transatlantique* — il est le seul maître à bord après Dieu. A l'aide d'une petite caméra 16 millimètres il se filme de temps à autre mais jamais *agissant* puisque aussitôt qu'il se passe quelque chose, il lui faut bien poser l'appareil. Il se filme donc en pointillé. Voici mon mât, ma voile, mon plancton, mes livres et ma radio. Parfois, tenant à bout de bras sa caméra, il filme son visage et le public est déçu parce qu'enfin il devrait maigrir à se nourrir comme cela ! Le pauvre Bombard, au lieu de dépérir, engraisse. Sa barbe pousse, mais sous elle, le visage se gonfle et devient bouffi comme celui des déportés après leur réadaptation. Bombard, qui, à l'instar du bonhomme Michelin enfle à vue d'œil, ne suscite chez le spectateur champs-élyséen aucune compassion et c'est dommage. Il faut manquer singulièrement d'imagination pour n'entrevoir pas en un éclair ce qu'il peut y avoir de fabuleux dans le fait d'écouter une fugue de Bach sur un radeau avec autour de soi, de la flotte à perte de vue et aucune terre, aucun autre « cherzauditeur » que trois, quatre oiseaux aquatiques et de-ci delà quelques baleines. Bombard avait sa caméra à la main lorsque la voile se mit à craquer et à céder. Cette déchirure est l'un des plus beaux plans de cinéma que je connaisse : l'écran tout à coup semble s'éventrer. Et le commentaire nous dit : « *Ma voile m'abandonne. Je possède en tout et pour tout, du fil noir et je rapetasse plutôt que je recouds. Que ferai-je si de nouveau elle m'abandonne ? Elle est mon seul moteur, elle est mon seul espoir.* » Puis c'est le cri colombien : « *Terre, terre !* », et Bombard, grand explorateur, grand écrivain, donc grand acteur, termine ainsi sa tirade : « *Pendant soixante-cinq jours, d'un seul tenant, sur ce frêle esquif,* j'ai survécu en tirant exclusivement ma subsistance de la mer. *Cette mer, vers laquelle je vais me retourner pour un ultime adieu, cette mer cruelle qui pendant deux mois a été pour moi la seule amie et dont je me suis nourri et que j'ai étreinte jusqu'à ce qu'elle me livre le secret de ses naufrages et de ses morts, ses secrets... et que la foi en la vie et l'obstination de l'homme fassent reculer le visage de la mort.* »

Si j'étais moi tout seul un jury de je ne sais quel festival à statuettes, je donnerais à François Mauriac l'Oscar du plus mauvais scénariste et celui du meilleur acteur. Roger Leenhardt a tourné un moyen métrage sur François Mauriac qu'il a appelé judicieusement : *François Mauriac,* et dont Claude Martine a dit ici tout le bien qu'il fallait penser. J'avoue que si ma préférence littéraire va à l'auteur de *Paludes,* celui de *Thérèse Desqueyroux,* en revanche, me semble bien meilleur comédien. Le film de Roger Leenhardt me fait penser au célèbre documentaire italien sur la *Mante religieuse* : qu'est-ce que le françois mauriac, où ça vit, ce que ça mange et pourquoi, et comment ? Sur l'écran, vous trouverez les réponses.

Les accents d'acteurs sont un attrait indiscutable. Elvire Popesco a construit toute sa carrière sur son accent. On connaît la voix extraordinaire de Simone Simon, le zézaiement de Gloria Grahame. La voix de François Mauriac lui confère, à l'écran, d'emblée, un talent d'acteur : « *Je parlerai avec cette voix blessée qui n'est pas celle que Dieu m'avait donnée ; mais il a fallu un jour que le chirurgien m'enlevât une corde vocale.* » François Mauriac a la voix de Marianne Oswald qui dut subir, je crois bien, une opération du même genre. Comme Gide, Mauriac nous fait visiter sa maison, suivi ou précédé de la caméra diligente de Roger Leenhardt : « *Voici le verre d'eau qui tremblait au passage des express dans la sombre maison de mon grand-père à Langon où j'ai situé* Génitrix, *le coffret de pierres de lune de ma grand-mère...* » Il est un acteur auquel Mauriac ressemble étonnamment : c'est Marcel Lesveque qui était si drôle dans *Le Crime de Monsieur Lange*. Comme lui Mauriac pourrait chanter :

« *J'ai la pomme d'Adam, qui remonte qui remonte*
J'ai la pomme d'Adam qui remonte et redescend. »

Au calme de Gide s'oppose, chez Mauriac, une angoisse dont il ne se départit jamais ; les muscles se tendent, chaque syllabe contracte son visage ; Mauriac semble sur le point de se déchirer sitôt qu'il ouvre la bouche, mais c'est qu'il ne parle pas pour ne rien dire. Le meilleur passage du film est une conversation entre Mauriac et un dominicain, le R. P. Laval : « *Regardez ce village, ce pays landais d'où sont sortis tous mes personnages ; eh bien ! au fond, croyez-vous que j'ai troublé beaucoup de gens parmi tous ceux qui habitent sous ces toits ?... Sincèrement, je ne le crois pas et après tout l'aurais-je fait ?... Ne pensez-vous pas que ce qu'il y a de plus triste au monde ce n'est pas l'angoisse humaine mais c'est que tant d'hommes au monde ne ressentent pas d'angoisse !* » Ces paroles semblent s'adresser au bouddha génial : Gide. Se fut-il converti à deux doigts de la fin, je l'imagine prononçant quelque chose du genre : « *Ah ! Seigneur, quel repos ! Quel apaisement divin !* »

Mauriac, avant de quitter l'écran, se trompe du tout au tout lorsqu'il termine en ces termes : « *On racontera aussi sous mon nom l'histoire d'un personnage fabriqué d'après des données fausses et de fausses confidences. Mais l'homme que je suis devenu restera inconnu et ce n'est pas de ces paysages et de cette maison, ni de ce film que nous devons attendre son secret.* » Quelle méconnaissance du cinéma et de ses pouvoirs ! Le petit film de Roger Leenhardt nous en apprend bien plus sur le grand homme que de relire ses œuvres complètes !

Devant l'objectif, un front qui s'incline, une voix qui se feutre, une joue qui se creuse ne mentent pas. Grâce aux trois films qui leur sont consacrés, Gide, Bombard et Mauriac prendront place, pour les futures générations de cinéphiles, aux côtés de Lillian Gish, de Douglas Fairbanks, de Chaplin, de Janet Gaynor, de Greta Garbo, de Louise Brooks, de Richard Barthelemess, d'Emile Jannings, de Brigitte Helm, de Catherine Hessling et de tous ceux et toutes celles qui font de l'histoire du cinéma une fabuleuse histoire de geste, un chant qui ne finira que lorsque le dernier moteur de la dernière caméra s'arrêtera de ronronner.

(*Arts* n° 503, du 16 au 22 février 1953)

4

VIVE LA VEDETTE !

Vive la vedette ![1]

Contrairement à une idée répandue, ce ne sont pas les producteurs ni les metteurs en scène qui font les vedettes mais le public. Au début des années cinquante, patron de la Twentieth Century Fox, Darryl Zanuck offrait les meilleurs rôles à Bella Darvi dont il était épris, mais les films qui en résultaient étaient tous des échecs ; dans la même compagnie se trouvait une « stock-girl » à qui l'on ne confiait que des rôles secondaires, mais dont chaque apparition soulevait l'enthousiasme du public dans les profondeurs de l'Amérique. C'est ainsi que, *malgré* la Fox, mais grâce au public, Miss Monroe devint Marilyn.

En alimentant un snobisme antivedettes à travers la dénonciation du star-system, les critiques sont bien dans leur rôle (défini par Joseph Mankiewicz comme un vol de mouches au-dessus d'un gâteau de mariage), mais les metteurs en scène qui adoptent cette façon de voir se condamnent eux-mêmes. Chaque fois que je lis dans l'interview d'un réalisateur : « *Pour intéresser un producteur, j'ai été obligé de contacter des vedettes* », je sais que ce metteur en scène opportuniste, dans cinq

1. Texte écrit à l'occasion d'une manifestation organisée à Naples en l'honneur du cinéma français, où fut rendu hommage à de grands acteurs.

ans, ne sera plus dans le métier. Son raisonnement faux, qui le fera osciller entre une position théorique et la résignation, le rendra incapable de tourner *Le Voleur de bicyclette* qui réclame une distribution d'inconnus, ou *Madame de*, qui exige un trio de vedettes de célébrité égale. De toutes les concessions qu'un metteur en scène peut être amené à faire, la plus grave est celle qui consiste à placer devant la caméra un acteur qu'il n'aime pas et qui, ne se sentant pas aimé, ne pourra pas offrir une bonne performance.

L'institution de l'Avance sur recettes présente bien des avantages, mais aussi quelques inconvénients. L'intellectualisation du métier qu'elle a entraînée a fait surgir un nouveau genre de metteurs en scène secs, abstraits, aussi peu charnels que les énarques qui nous gouvernent. Eventuellement bardés d'une licence de psychologie, ils en sont tellement dépourvus qu'il n'est pas rare de les entendre dire : « *Je suis certain que Gérard Depardieu voulait faire mon film, mais que son imprésario a fait barrage* », sans se rendre compte qu'il n'existe pas un agent au monde capable de lutter contre le désir d'un acteur d'empoigner un bon rôle et de ne plus le lâcher.

Si donc une sorte de snobisme, d'intoxe, conduit certains jeunes metteurs en scène à considérer l'acteur-vedette comme un mal nécessaire, la vedette d'aujourd'hui, qu'on inonde de scripts dont un bon nombre ne se tournera jamais, ne peut éviter de s'interroger : « *Pourquoi ce metteur en scène me propose-t-il ce film ? Est-ce qu'il tient vraiment à moi ou est-ce son producteur qui l'oblige à me contacter ? Est-ce qu'il m'aime ou simplement a-t-il besoin de moi pour le montage financier de son projet ?* »

L'acteur qui a finalement accepté un rôle et signé son contrat se comportera comme un orphelin dans une famille d'adoption. S'il a l'impression d'avoir été imposé ou choisi pour de mauvaises raisons, il aura tendance à se durcir, à se protéger derrière une arrogance de façade. S'il sent qu'il a été *voulu*, il s'efforcera de dépasser ses propres limites, d'étonner le metteur en scène, de le combler. Sans amitié, sans affection, sans amour, l'acteur ne peut pas fonctionner.

Personnellement, j'ai peu de goût pour les acteurs hostiles, arrogants, les metteurs en scène autoritaires et les rapports de domination qui seront ainsi créés. Je crois davantage à une complicité affectueuse s'exprimant à travers une mutuelle offensive de charme. Cette attitude permettra d'obtenir un film qui ne sera pas *seulement* la concrétisation du scénario, mais quelque chose de mieux que le scénario. Cette douceur n'implique aucune mièvrerie, elle n'exclut pas la lucidité, l'ironie ni même un antagonisme naturel qui gagne à rester souterrain et qui fait que l'acteur se dit en lui-même : « *C'est bien joli ce qu'" il " me demande, mais ce n'est pas " lui " qui sera sur l'écran, ce n'est pas " lui " qui sera jugé ; je vais " lui " donner l'impression que je tiens compte de " son " indication tout en faisant ma petite cuisine intérieure.* »

Lorsque j'ai joué dans mes propres films, cela n'a fait qu'accroître mon amitié, mon admiration et mon respect pour ceux qui s'exposent tout entiers dans une entreprise qui leur procure en même temps ce qu'on peut appeler le « plaisir de la responsabilité limitée». Lorsque j'ai joué pour un autre metteur en scène, j'ai découvert ce plaisir de la responsabilité limitée et aussi les joies de la mauvaise foi, en même temps que sa nécessité. Dans *Close Encounters of the Third Kind*, le personnage que je jouais, Claude Lacombe, expert en soucoupes volantes devait, au plus fort d'un moment d'enthousiasme, s'écrier : « *Einstein avait raison* » (« *Einstein was right* »). Cette phrase de bande dessinée me consternait, m'inquiétait et, chaque jour, je me disais que j'allais, le plus gentiment possible, demander à Steven Spielberg de la supprimer. Une sorte de lâcheté, où entrait peut-être un peu de solidarité, m'empêchait de le faire, jusqu'au jour où, en plein milieu du tournage d'une scène d'action, j'ai entendu un de mes partenaires s'écrier : « *Einstein was right !* »

Si je ne me suis pas évanoui à ce moment, en tout cas je me suis senti pâlir et murmurer : » *Quel salaud ! Il a donné ma phrase à un autre !* » Une seconde réaction m'a fait rire de la première et ce jour-là je me sentais acteur. Quel beau métier !

Dans l'histoire des acteurs de cinéma, il faut distinguer la période *avant* la télévision et la période *après*. Il n'y a plus de star depuis vingt-cinq ans, car dans l'idée même de star il y avait une notion d'éloignement, de distance, d'inaccessibilité que la télévision a définitivement abolie. S'il n'existe donc plus d'acteurs mythologiques, il y a toujours des vedettes, avec la part de chance et d'arbitraire que cela comporte mais, là encore, il n'y a lieu de discuter ni cette chance ni cet arbitraire car, ainsi que l'a dit Howard Hawks : « *Il y a des gens que la caméra n'aime pas et des gens que la caméra aime.* »

De Danielle Darrieux à Jeanne Moreau, de Jean Marais à Jean-Paul Belmondo, vous ne verrez, dans cette sélection présentée par Unifrance, que des acteurs que la caméra aime.

(*Télérama*, 29 septembre 1982)

« *Je ne connais pas Isabelle Adjani* »

Je ne connais pas Isabelle Adjani. Faire publiquement l'éloge de quelqu'un, c'est vouloir influencer l'opinion, sinon la créer, c'est tenter de convaincre, peser plus ou moins sur la liberté de jugement d'autrui. Pendant le tournage de notre film, j'ai espéré que je n'aurais pas à parler d'Isabelle Adjani, car je savais qu'il était impossible de le faire dans les termes habituels, et je n'étais pas certain de trouver à temps les mots exacts. Et, surtout, je n'ai aucune envie de convaincre qui que ce soit de quoi que ce soit pour tout ce qui se rapporte à elle.

Ce qu'il faut juger, puisqu'on en arrive toujours au jugement, c'est son travail, et non le commentaire que je pourrais en faire tel jour (qui serait différent de celui que je ferais le lendemain). Je ne sais pas si le mot travail plairait à Isabelle Adjani, mais pourtant il s'agit d'un travail que nous faisons, non pas ensemble, mais côte à côte (bien qu'elle semble regretter parfois qu'il ne s'effectue pas face à face), et dont il résultera un film que je ne peux pas encore décrire avec lucidité.

Je ne connais pas Isabelle Adjani.

Elle est la seule actrice qui m'ait fait pleurer devant un écran de télévision et, à cause de cela, j'ai voulu tourner avec elle très vite, de toute urgence, car je pensais que je pouvais, en la filmant, lui voler des choses précieuses, comme, par exemple, tout ce qui se passe sur un corps et un visage en pleine transformation. Alors, me voilà dans la caverne d'Ali Baba faisant des aller et retour et croisant son regard, qui semble me dire : « *C'est tout ce qui vous intéresse ? C'est tout ce que vous trouver à voler ? Une lampe à huile, un rocking-chair cassé, une larme, un battement de cils, un petit bateau de verre... Vraiment, c'est tout ?* »

Je ne connais pas Isabelle Adjani.

Pendant le tournage, je la regarde jouer, je l'aide comme je peux, lui disant trente mots quand elle en voudrait cent ou lui en disant cinquante quand il en faudrait un seul, mais le bon, car tout est affaire de vocabulaire dans notre bizarre association.

Je ne connais pas Isabelle Adjani, mais pourtant, le soir, mes yeux et mes oreilles sont fatigués de l'avoir trop fortement regardée et écoutée toute la journée.

Je connaîtrai Isabelle Adjani dans quelques semaines, quand nous nous quitterons, c'est-à-dire quand le tournage sera terminé. Elle partira de son côté, je ne sais où, et tous les jours je la regarderai sur la table de montage, dans tous les sens et à toutes les vitesses. Alors, plus rien ne m'échappera, et je comprendrai tout à retardement : « *Voilà ce qu'il fallait faire, voilà ce qu'il fallait dire, voilà ce qu'il fallait tourner* », et, grâce à cette insatisfaction renouvelée, grâce à cette frustration majeure, je deviendrai impatient de commencer un nouveau film.

Je dis parfois à Isabelle Adjani : « *Notre vie est un*

mur, chaque film est une pierre. » Elle me fait toujours la même réponse : « *Ce n'est pas vrai, chaque film est le mur.* »

(*L'Express*, 3 mars 1975)

Introducing Fanny Ardant

C'est à Nina Companeez que revient le mérite d'avoir découvert Fanny Ardant et il ne faut pas sous-estimer l'audace de ce choix. Nina Companeez avait écrit un superbe script de cinq heures, *Les Dames de la côte*, comportant de très beaux rôles pour Edwige Feuillère, Françoise Fabian, Martine Chevalier, Evelyne Buyle et elle aurait très bien pu confier le rôle principal à l'une de ces jeunes actrices que l'on voit trois ou quatre fois par an au cinéma ou à la télévision et dont le nom est déjà familier des gens de finances Au lieu de cela, la réalisatrice a fait le pari d'installer, au centre de son histoire, un nouveau visage, une nouvelle silhouette, une jeune femme aux grandes espérances, Fanny Ardant. Pendant les fêtes de Noël 1979, Mademoiselle Companeez connut qu'elle avait gagné son pari quand, cinq samedis soirs consécutifs, des millions de Français témoignèrent une fidélité et un enthousiasme englobant l'entreprise et celle qui en était l'héroïne. Une nouvelle actrice faisait son entrée sur la pellicule, une jeune et belle comédienne qui, depuis cinq ans, faisait son apprentissage d'actrice sur scène, en interprétant les plus beaux textes du théâtre français, *Polyeucte, Esther, Le Maître de Santiago, Electre, Tête d'or*... A Noël 1979, j'étais à deux semaines de commencer le tournage du *Dernier métro* mais j'ai souhaité rencontrer Fanny Ardant sans même attendre la fin de la diffusion des *Dames de la côte*, afin de l'interviewer, avec l'arrière-pensée d'une collaboration éventuelle.

J'avais été séduit, la découvrant sur mon écran de télévision, par sa grande bouche, ses grands yeux noirs, son visage en triangle mais j'ai tout de suite reconnu et apprécié en Fanny Ardant les qualités que j'attends le plus souvent des protagonistes de mes films : vitalité, vaillance, enthousiasme, humour, intensité mais aussi, sur l'autre plateau de la balance : le goût du secret, un côté farouche, un soupçon de sauvagerie et, par-dessus tout, quelque chose de vibrant.

Le tournage du *Dernier métro* était trop dur, trop absorbant pour me laisser le temps d'étudier un nouveau projet mais lorsque, à la soirée des Césars 1980, j'eus l'occasion de voir, côte à côte, Fanny Ardant et Gérard Depardieu, il me sembla que je tenais là un beau couple de cinéma, deux grandes silhouettes, le blond et la brune, un homme apparemment simple mais compliqué, une femme apparemment compliquée mais simple comme au revoir. L'idée de *La Femme d'à côté* était née, elle faisait son chemin, un film nouveau s'annonçait. Avec mes collaborateurs-scénaristes, Suzanne Schiffman et Jean Aurel, nous nous interrogions. Montrerions-nous la rencontre de nos amants ? Non, toute leur histoire serait au passé. Avec des flashes-back ? Non, sans flashes-back, leur dialogue, seul, évoquerait leur passé, le reste de l'histoire était constitué par la tentative belle mais désespérée qui consiste à ressusciter une passion morte.

Dès le début du tournage, j'eus la confirmation que notre femme d'à côté était bien la femme de la situation. Après le tournage de la première scène de leur nouvelle rencontre, Gérard Depardieu me dit : « *Quand Fanny m'a regardé dans les yeux pour dire bonjour, elle m'a terrifié et je vois bien ce que nous allons tourner : un film d'amour qui fera peur.* »

Leur comportement pendant le tournage varie beaucoup d'une actrice à l'autre. Il y a celles qui ont peur et qui dissimulent leur peur. Il y a celles qui sont heureuses mais évitent de le montrer. Fanny, elle, est très heureuse de jouer et ne songe nullement à le dissimuler. Elle se concentre rapidement avant de jouer les scènes graves sans jamais recourir au stratagème dérisoire de l'hostilité à l'égard de l'équipe au travail et, sitôt la scène tournée, son visage s'épanouit, elle garde le silence et laisse venir un sourire qui semble dire : « *Je suis pleine, je suis remplie, je suis comblée.* » En 1961, lorsque je tournais *Jules et Jim* devant un chalet alsacien, chaque jour je sentais que, grâce à Jeanne Moreau et Oskar Werner, le film serait supérieur au scénario. Pendant *La Femme d'à côté*, j'ai retrouvé, grâce à Fanny Ardent et Gérard Depardieu, la même impression, celle de faire du bon travail, quelque chose de mieux que du travail, un film.

(*Unifrance Film Magazine*, décembre 1981)

Le soleil de Jean-Pierre Aumont

Jean-Pierre Aumont vient d'écrire un livre épatant : *Le Soleil et les ombres* (chez Robert Laffont). Il y raconte sa vie, son travail, ses amours, ses voyages avec franchise, drôlerie et sans jamais chercher à donner de lui une image prestigieuse.

Jean-Pierre Aumont est un véritable écrivain, on le savait depuis *L'Empereur de Chine*, sa meilleure pièce, et « La Pomme de son œil », recueil de nouvelles. Grâce à ce don — ce « don inné » comme disait le secrétaire du Club James Dean — Jean-Pierre Aumont n'a pas eu besoin de recourir au magnétophone (je parie qu'il ne sait pas faire fonctionner une mini-cassette) ni au stylo feutre d'un rewriter, cette autobiographie il l'a écrite lui-même et avec une allégresse évidente. Il n'y a pas un seul « mot d'auteur » dans ce livre et pourtant vous hurlerez de rire plusieurs fois.

Quelle chance pour un comédien de savoir écrire ! Au lieu de s'asseoir anxieux, en louchant vers un téléphone qui sonnera peut-être, hop ! on attrape une pile de pages blanches et on se jette.

C'est dire si j'attends avec impatience le premier roman d'Anny Duperey, les souvenirs de Dalio, ceux de Gabin peut-être.

Jean-Pierre Aumont, le charmant laitier de *Drôle de drame*, le Louis XIV au ventre plat d'une superproduction d'Hollywood, est incapable de se prendre au sérieux. Il appartient à la famille des artistes antisolennels : Sacha Guitry, Lubitsch, Claude Dauphin, Trenet, Brialy, Dutronc, il est avant tout un esprit malicieux mais pas dans le sens acerbe que l'on donne à ce mot en Angleterre, malicieux à la française, c'est-à-dire blagueur comme les adolescents qui découvrent que la société adulte est composée de pantins qui s'agitent.

Parce que la vie ne nous a pas remis en présence depuis notre film *La Nuit américaine*, Jean-Pierre Aumont à la fin de son livre, semble se demander si j'ai autant d'amitié pour lui qu'il en a pour moi. La réponse est oui. Quant aux milliers de lecteurs qui vont découvrir l'homme derrière l'acteur, je suis certain qu'ils refermeront *Le Soleil et les ombres* en pensant que si occasion leur était donnée de passer leurs vacances avec un acteur, leur plus grande chance serait que ce fût Jean-Pierre Aumont.

(*Pariscope*, n° 405, février 1976)

Aznavour donne le « la »

C'est en voyant le très beau film de Georges Franju, *La Tête contre les murs*, que j'ai eu le coup de foudre pour Charles Aznavour. Ce qui m'a frappé en lui ? La fragilité, la vulnérabilité et cette silhouette à la fois humble et gracieuse qui fait penser à saint François d'Assise.

Je déteste avant tout les durs, les casseurs et, d'une façon générale, tous les personnages a priori prestigieux, qui dominent l'action et que rien ne peut atteindre. Ce n'est pas une question de format car le grand Sterling Hayden par exemple est aussi fragile que le petit Charles Aznavour ; on devine leur cœur avant de voir leurs muscles.

En effet, on peut être faible, fragile, vulnérable sans être une victime ; c'est pourquoi j'ai voulu que le personnage du *Pianiste* soit très complet : riche, pauvre, courageux, peureux, timide, impulsif, sentimental, autoritaire, égoïste, tendre, doux et surtout très heureux en amour bien que ne faisant jamais les « premiers pas ».

Il est un timide, soit, mais les femmes adorent les hommes timides et se jettent sur eux.

Avant le tournage, j'étais très confiant mais je ne soupçonnais pas combien il serait facile de travailler avec Charles, l'importance de son apport. C'est un peu comme avec Jean-Pierre Léaud : ils amènent tous deux une telle vérité qu'ils deviennent peu à peu *le film* à eux seuls ; chez l'un comme chez l'autre, on retrouve cet étrange dosage d'audace et d'humilité, d'agressivité et de tendresse.

Charles est d'une très grande pudeur. Au fond de lui-même, il éprouve comme de la honte de chanter ou de jouer, de se donner en spectacle, car il est profondément sérieux et grave ; mais comme il est non moins profondément artiste, il ne pourrait pas faire autre chose. Il se jette à l'eau et se donne tout entier, sans ruser.

Il est avant tout, un personnage poétique.

Enfin, j'ai remarqué que tous les interprètes du *Pianiste* étaient meilleurs dans les scènes avec Charles, que dans les scènes où il n'apparaît pas. C'est ce qui explique que tous et toutes aiment travailler avec lui : il donne le la, il impose le ton juste.

(*Cinémonde*, n° 1343, 5 mai 1960)

Rigoureuse Bernadette

C'est toujours avec émotion que je retrouve Bernadette Lafont, son nom ou son visage, sa silhouette fixée dans un magazine ou son corps ondulant dans un film car, bien que je sois son aîné, nous avons débuté le *même jour* de l'été 1957, elle *devant* la caméra, moi *derrière*. Le titre du film inscrit sur le clap était *Les Mistons*. Le cinéma *tenait* Bernadette Lafont et ne la lâcherait plus. Vingt fois, trente fois je l'ai revue sur l'écran, artiste fantaisiste et rigoureuse en même temps, jamais démagogique, droite chandelle jamais vacillante, toujours vaillante, jamais éteinte. Quand je pense à Bernadette Lafont actrice française, je vois un symbole en mouvement, le symbole de la *vitalité*, donc de la vie.

(Pour le *Studio 43*,
à l'occasion d'une rétrospective
des films de Bernadette Lafont, 1984)

Julie Christie, un garçon en minijupe

Julie Christie, pour moi ? D'abord une bouche ahurissante, même sur son visage : une immensité... Julie est un cocktail d'imperfections fascinantes : un visage assez animal de louve, sur un corps de petite fille... Il faut ajouter sa voix, un peu en contradiction avec son physique. Comme si elle avait bu 1 800 whiskies, ce qui n'est pas vrai. Elle ne fume pas, ne boit pas, mais elle se ronge beaucoup les ongles. Son physique est fait de contradictions...

Je l'ai vue pour la première fois en photo sur le supplément du *Sunday Times*. Le reportage, « Les Nouvelles Jeunes Filles anglaises », était signé lord Snowdown. Elle m'a frappé, intéressé...

Quelque temps après, je me trouvais à New York pour rencontrer mon producteur de *Fahrenheit*. Nous nous sommes fait projeter le dernier film de Julie, à l'époque *Billy Liar*. On ne la voit qu'un quart d'heure... Mais elle était tellement intéressante que quelques jours après nous avons repris les bobines où elle paraissait.

Julie, je ne l'ai rencontrée qu'un peu plus tard, à Londres... La première minijupe que j'aie vue. Ce n'était pas courant alors : j'ai pensé qu'elle était un peu folle... En fait, elle ne faisait que précéder la mode.

On s'est bien entendu... Nous avons parlé cinéma, en français — elle a séjourné un an à Tarbes chez des amis de sa mère — et on a décidé de travailler ensemble. Elle était sur le point de commencer *Dar-*

ling, de John Schlesinger, le film qui a le plus fait pour elle.

Je l'ai revue deux mois plus tard à Londres, *Fahrenheit* devenait assez concret. Elle finissait *Darling* et venait d'être engagée pour *Jivago*. Le tournage en devait durer six mois ; ça correspondait pour moi. On a reparlé de *Fahrenheit*. Il y avait deux rôles féminins dans le film. J'ai proposé celui que je trouvais le meilleur : Linda, la femme du héros, le pompier. Mais Julie préférait celui de Clarisse, la jeune fille, parce qu'il était plus positif. Moi ça m'était égal et je le lui ai dit.

Je voulais deux filles presque pareilles pour ces deux rôles, Jane Fonda et Jean Seberg, par exemple, afin de ne pas tomber dans la différenciation habituelle des types féminins — la brune et la blonde — qu'utilisent généralement les films psychologiques. Pourquoi ne pas utiliser Julie dans les deux rôles comme une pièce de monnaie, pile et face.

J'ai pensé, au début, différencier Linda et Clarisse en demandant à Julie de se raser la tête ! Premier et unique désaccord entre nous. Elle a le fétichisme des cheveux et croit que ça porte malheur si on les coupe. Finalement, elle a trouvé une perruque courte et formidable. Voilà l'histoire que je tire d'une lettre d'elle, qui la dépeint bien :

« *J'ai couru tout de suite au meilleur perruquier à Londres et j'ai crié :* " *Il faut me faire une perruque comme ça tout de suite !* " *Ah oui ! il dit. Mais vous savez que ça c'est le plus difficile à faire de toute type de perruque ? Quelle peine. Mais on a beaucoup parlé et il va le faire et pour simplifier toute, je vais enfin couper quelques cheveux à mon nuque. J'ai assez de cheveux pour le couvrir quand je ne tourne pas. En tout cas, j'attends voir comment ça va être...* »

Le producteur a été d'accord avec moi. J'ai envoyé à Julie un télégramme en Espagne où elle tournait *Dr Jivago*. Mais, avant d'accepter, elle a demandé que je lui écrive en lui disant comment cela se justifiait, ou plutôt à quoi ça ressemblerait...

Nous voilà à la veille du film. Là surgissent les gros

problèmes. Les assurances ne voulaient pas assurer Julie. Après la présentation de *Jivago* à New York, le docteur la trouvait trop nerveuse. Elle avait eu à tenir trop de conférences de presse, à répondre à tant de questions. Le manque d'habitude ; et puis, c'est une anxieuse : elle a facilement le trac, tout en étant facile à travailler.

C'était la catastrophe : les décors étaient construits, les contrats signés... Après trois jours de discussion avec Hollywood, le patron, Wasserman, a décidé de commencer sans assurance. Nous avons d'ailleurs fait tout le film en nous en passant. En France, on aurait annulé le tournage purement et simplement comme celui de *L'Enfer* de Clouzot.

Pour expliquer Julie Christie, pourquoi pas retourner à mon journal de tournage. Pour la première fois, j'en ai tenu un. Je ne sais pas pourquoi ; c'était spécial : Londres, la brume, l'anglais que je parlais très mal, l'hôtel Hilton ; je me sentais un peu seul...

« *Julie Christie sera épatante, aussi facile à travailler que Jeanne Moreau ou Françoise Dorléac, comme elles faisant confiance, ne chipotant jamais et ne posant jamais de questions abstraites du genre : Que ressent-elle quand elle dit patati patata... Dans ce rôle de Linda, je vais la filmer généralement de profil, réservant la face pour le rôle de Clarisse. Son profil est justement très beau, à la manière d'un dessin de Cocteau ; le nez droit fantastique et la lèvre supérieure très ourlée. Immense bouche, large, vampire...*

« *Julie Christie est superbe aux rushes, elle donne de merveilleux regards bien stylisés, elle peut tout faire ; malheureusement, le rôle de Linda étant ce qu'il est, je n'utilise qu'une partie de son talent.*

« *Pour le rôle de Clarisse, je l'ai asexuée pour ne pas l'immiscer, ni Montrag (Oskar Werner), dans une situation adultérine qui a fait ses preuves ailleurs que dans la science-fiction. Ni maîtresse, ni girl-scout, ni girl-friend, Clarisse n'est qu'une petite jeune fille raisonneuse et questionneuse que Montag trouve sur son chemin et qui l'en fait dévier. Julie Christie lui donne la réalité nécessaire et je ne me fais plus trop de soucis à ce sujet...*

« *Julie est une actrice curieuse. Au repos son visage est*

trop facilement tragique. Si elle sourit c'est tout de suite énorme à cause de sa grande bouche qui s'agrandit encore et de ses yeux de louve qui se ferment. La justesse de ton est si constante que mon travail se borne à l'empêcher de s'agiter, de se cacher et l'amener à ralentir son jeu en le décomposant presque exagérément : un seul geste large au lieu de deux petits, un regard en trois étapes, des mimiques qui apaisent le visage sans qu'il lui soit nécessaire de sourire.

« Julie déteste son physique de haut en bas, sa poitrine qu'elle croit insuffisante, ses jambes parce que trop minces. Son instinct l'a bien inspirée en ce qui concerne les jambes puisque au lieu de créer une diversion sur une autre partie du corps elle a choisi de les montrer beaucoup grâce à des robes et jupes ultra-courtes.

« Très inquiète et anxieuse, elle réussit à se concentrer au milieu de la plus bruyante agitation. Indifférente aux allées et venues des machinistes et électriciens, on la voit marcher de long en large en remuant ses lèvres, elle se joue les scènes à venir sans arrêt. Dès qu'elle attaque les scènes, c'est avec cette intensité et cette force de conviction qui font les actrices durables. Il est évident que le tapage que l'on fait actuellement autour de Julie après Darling *et* Jivago *correspond à une réalité et l'on ne voit ni comment ni pourquoi elle cesserait d'avoir du succès.*

« Evidemment, Julie a davantage de féminité et de mystère sur l'écran que dans la vie, car elle appartient à la génération des " copains " avec tout ce que cela comporte de solidité, de fragilité et de transparence. »

Non, Julie ne change pas quand on dit « moteur ». Elle reste elle-même. Elle devrait tourner avec Visconti. Lui saurait en tirer parti à fond. L'ennui de nos films — la Nouvelle Vague — est que nous avons supprimé les beaux rôles par goût de la vérité qui va contre le « personnage ».

Fascinante fille... Cinéphile au point d'aller beaucoup au cinéma, même pendant le tournage. Un jour, j'ai voulu aller voir *Pierrot le fou* qui sortait à Londres. Dans la queue anonyme, il y avait Julie. Le lendemain, au travail, on a parlé de *La Religieuse,* interdite. Elle connaissait l'histoire de la liste-manifeste et a voulu la signer.

Moralement, elle est comme un garçon : respect de la parole donnée, loyauté, jamais d'arrière-pensée quand elle parle. Je la vois comme une sœur de Belmondo. Ils ont été à la même école, celle du théâtre en tournée. Ils feraient un couple étonnant. C'est toujours drôle d'imaginer des accouplements, c'est ce qui est amusant dans ce métier...

Non, jamais Julie Christie ne m'a fait penser à une autre femme...

(*Arts-Loisirs* n° 53, 28 septembre 1966)

En travaillant avec Catherine Deneuve

Je défie n'importe qui de refermer le beau roman de William Irish *La Sirène du Mississippi* sans penser : « *Ah ! Catherine Deneuve serait formidable dans ce rôle !* »

Effectivement, lorsqu'en 1967, des producteurs m'ont proposé de tourner *La Sirène du Mississippi*, Catherine était la vedette pressentie par eux et souhaitée par tous. Je ne me suis finalement pas entendu avec ces producteurs parce qu'ils prétendaient conserver par contrat le droit de modifier le film jusqu'à son montage final. Après la rupture de nos pourparlers, les producteurs se dépensèrent beaucoup pour convaincre Catherine Deneuve de tourner *La Sirène du Mississippi* avec d'autres réalisateurs plus « compréhensifs » et elle refusa avec beaucoup de courage puisque le rôle, dès lors, risquait de lui échapper définitivement.

Des semaines passèrent et puis des mois, des « options » se promenèrent, changèrent de mains et je me retrouvai l'année suivante avec les droits d'adaptation de *La Sirène* dans ma poche : « *Allo, Catherine ? Que ferez-vous en janvier 1969 ?* » Bref, à notre premier rendez-vous manqué devait succéder le rendez-vous de la fidélité réciproque.

Catherine Deneuve, de *Belle de jour* en *Benjamin*, et de *Chamade* en *Mayerling*, poursuit une ascension à laquelle Jacques Demy, avec *Les Parapluies de Cher-*

bourg, a donné un sacré coup d'envoi. L'année dernière, Catherine Deneuve a été décrite dans le magazine américain *Look* comme « *la plus belle femme au monde* ». Belle, Catherine Deneuve l'est en effet à tel point qu'un film dont elle est l'héroïne pourrait presque se passer de raconter une histoire. Je suis convaincu que le spectateur trouve son bonheur, simplement à regarder Catherine et que cette contemplation rembourse le prix du ticket d'entrée ! Lorsqu'on tourne avec elle des scènes dans les rues, on est frappé par les manifestations de respect et de sympathie qu'elle provoque ; d'habitude, il n'est pas rare que les actrices célèbres aient à subir diverses insultes des passants ; ce n'est jamais le cas avec elle et je suppose qu'en dehors de cette sympathie qu'elle suscite, on n'associe jamais Catherine au souvenir d'un film médiocre, donc d'une soirée perdue.

A quoi puis-je comparer Catherine ? Si l'on tient à la rapprocher de quelque chose, il ne faut la comparer ni à une fleur ni à un bouquet car il y a une certaine neutralité en elle qui m'amène à la comparer plutôt au vase dans lequel on peut mettre toutes les fleurs. Son comportement, son allure, sa réserve permettent aux spectateurs de projeter sur son visage tous les sentiments qu'ils ont envie d'imaginer. Malgré son apparence plutôt romantique et fragile, Catherine a le naturel absolu des filles qui sont nées après la guerre, le même côté imperturbable et une pudeur qui, dans son travail d'actrice, lui commandent de ne pas se livrer tout entière. Cette retenue fait rêver, accroît le mystère et permet aux spectateurs de « remplir le vase ».

Catherine ajoute de l'ambiguïté à n'importe quelle situation, n'importe quel scénario, car elle donne l'impression de dissimuler un grand nombre de pensées secrètes qui se laissent deviner à l'arrière-plan, puis peu à peu, deviennent l'essentiel et forment le climat du film. Cette impression de « double vie » vient peut-être aussi d'une espèce de sévérité qu'on trouve dans son regard. Si le visage de Catherine est très doux, le regard est quelquefois assez dur, il juge et exprime alors une grande lucidité.

De ce point de vue, son film le plus exemplaire est *Belle de jour*. Elle y a joué un peu différemment de ce que Buñuel attendait. Non qu'elle se soit opposée à ses indications, mais elle s'est tenue en-deçà des situations dans lesquelles il voulait l'installer. Elle contournait les audaces, elle s'en tenait à leur suggestion, à l'esquisse. Je suis convaincu que ce freinage, dicté par une pudeur excessive plutôt que par des raisons artistiques, a nettement contribué au succès du film. Avec une comédienne plus exhibitionniste ou plus facilement abandonnée, *Belle de jour* serait moins envoûtant. Avec son air de « ne pas y toucher » et même de « ne pas vouloir y toucher », Catherine a rendu ce film vraiment troublant. Toutes les spectatrices se sont rendues avec elle, pleines d'émoi, à ces curieux rendez-vous d'après-midi...

Greta Garbo ? Je ne suis pas partisan de comparer Catherine à Greta Garbo ; je n'ai jamais « lu » des pensées secrètes sur le visage de Garbo mais Catherine est, comme elle, une actrice « ralentie ». Certaines actrices bougent trop et perturbent le rythme du film. Catherine est plutôt lente ; quelquefois je lui ai demandé de s'animer davantage, mais généralement j'apprécie sa tranquillité qui donne à chaque scène sa densité. Remarquez que la majorité des actrices qui ont accédé au « mythe » sont des actrices hiératiques comme Greta Garbo, Marlene Dietrich, Carole Lombard, Grace Kelly et non les actrices frénétiques dont certaines pourtant étaient merveilleuses comme Kay Kendall ou Paula Prentiss dont le public connaît à peine les noms. Julie Christie, avec qui j'ai travaillé, ne tient guère en place et elle se cache derrière ses cheveux tant elle a peur d'être regardée ; la crainte de Catherine n'est pas de se laisser regarder mais plutôt de se laisser deviner. Elle tourne cette difficulté en adoptant le point de vue de la personne qui observe. Si les gens, comme le pensait Louis-Ferdinand Céline, se divisent en voyeurs et en exhibitionnistes, Catherine est une « voyeuse » et à cause de cela, elle est plus proche de la vie que la plupart des actrices qui l'ont précédée.

On ne verra plus, dans le cinéma d'aujourd'hui, un

homme qui fait « cocorico » comme dans *L'Ange bleu*, un homme qui se met à quatre pattes pour « faire le beau » comme dans *Nana*, des femmes entièrement garces ou entièrement victimes comme dans les films d'avant-guerre. Désormais, si les rôles que les metteurs en scène de cinéma offrent aux actrices sont moins beaux, ils sont plus vrais et s'éloignent davantage du théâtre.

Catherine Deneuve est une actrice purement « cinéma ». Elle a un sens certain de son intérêt pour tout ce qui concerne son apparence physique et elle ne fait aucune faute de goût tant pour la coiffure, le maquillage, les vêtements. C'est pourquoi tant de femmes copient sa façon de s'habiller et de se coiffer. Elle n'a cependant pas toujours le sens de son intérêt en ce qui concerne le personnage. Elle peut dire la phrase-clé d'une scène de dos en s'éloignant de la caméra. Ce sont les scènes physiques les plus difficiles, comme les transformations de la voix, une vraie colère, une crise de nerfs, qu'elle réussit le mieux, comme on l'a vu dans *Répulsion* et dans *La Sirène du Mississippi*.

Je m'étais fait une certaine idée de Catherine avant le tournage de *La Sirène du Mississippi*. J'imaginais qu'elle avait exagérément le sens de son intérêt d'actrice et qu'il passait avant celui du film. Je la soupçonnais d'être perfectionniste, donc toujours déçue. Je ne la croyais pas acquise d'avance au film et à cause de cela, je me méfiais un peu d'elle ; je pensais qu'elle serait trop préoccupée par des détails et qu'elle demanderait souvent des explications, des justifications. Bref, malgré le désir que j'avais de tourner avec elle, j'abordais ce film avec certaines préventions qu'elle a devinées immédiatement. Pendant qu'elle tournait *April Fools* en Amérique, je lui écrivais à Hollywood et lui envoyais des avertissements plus ou moins sournois comme : « *Dans mes films, on travaille dans la bonne humeur* » ou bien : « *Il est exclu de penser que nous ferons un chef-d'œuvre. On essaiera de faire un film vivant.* »

A cause de cela, les premiers jours de tournage, nous nous tenions sur nos gardes, puis j'ai découvert assez vite que nous pensions la même chose et que nous étions d'accord sur tout.

Catherine, en réalité, ne s'arrête pas aux questions de détails, elle voit les choses « en gros » et ne chipote jamais. En fait, elle calcule très peu et préfère se laisser aller. Elle possède un instinct très fort qui lui souffle que, dans telle entreprise, elle sera très à l'aise et, dans telle autre, malheureuse. Elle est très peu actrice dans la vie. Elle possède aussi une décence que j'apprécie beaucoup ; rien de ce qui lui arrive ne l'étonne ; ses succès lui font plaisir mais ne l'épatent pas. C'est une qualité féminine qui souligne déjà la supériorité des femmes sur les hommes. Les hommes ont tendance à trop croire à leurs mérites, ils se contorsionnent comme des singes sur les barreaux de l'échelle sociale, alors que les femmes savent qu'il s'agit surtout de chance. Elles n'ont pas la vanité de leur talent. Pour une femme, seul le bonheur compte. Tout le reste est dérisoire. Catherine est comme ça.

(*Unifrance Film Magazine*, 1969)

Raymond Devos est un monstre

Raymond Devos est un monstre. Il aurait pu être un grand acteur et un auteur moyen, il aurait pu être travailleur et peu inspiré, il aurait pu être acrobate et ne pas avoir l'oreille musicale, un bon mime mais un mauvais prestidigitateur et, dans toutes ces hypothèses, il aurait, quand même, bien réussi sa vie. Oui mais, voilà, il est un très bon écrivain qui joue admirablement ses textes, un très grand acteur et un vrai mime, un musicien, un gagman, un prestidigitateur, un bourreau de travail constamment inspiré, un artiste « complet » jusqu'à l'insolence.

Au temps de ses débuts, à l'époque des Trois Baudets, le style Devos était déjà bien en place, la véhémence, l'interpellation du public, la fausse colère, la volonté acharnée de convaincre, le don de rendre le quotidien délirant et l'incroyable plausible. Le jeune

Devos avait l'autorité mais, derrière elle, on devinait pas mal de peur et même d'angoisse. A cette époque, Raymond ressemblait à Louis XVI, tout en lui était noble et royal, mais l'appréhension de la guillotine se lisait dans son œil étonné. Un quart de siècle est passé comme un souffle. Le Devos de 1983 ? Ni tout à fait le même ni tout à fait un autre. Louis XVI a sauvé sa tête. Je n'oserai pas dire que sa peur a disparu mais qu'à force de gagner trois cents soirs par an son combat de corps à corps avec le public, Raymond a appris à dissimuler son anxiété, à nous faire croire qu'elle est seulement le sujet de ses textes, alors qu'elle est sans doute sa raison de paraître sur scène et de s'exposer à cent pour cent.

En vingt-cinq ans de triomphe, le côté douloureux s'est estompé, le côté jubilatoire s'est accru et un je-ne-sais-quoi de présidentiel est venu se loger dans le personnage. Le jeune Devos devait se faire accepter, il devait conquérir, à présent, son public arrive dans la salle avec un préjugé favorable et, pour Raymond, il s'agit de ne pas décevoir, tout en continuant à surprendre, par exemple en agrandissant son territoire avec des incursions toujours plus audacieuses dans le fantastique et le surnaturel.

Le jeune Devos criait dans la nuit, le Devos de la maturité profère en pleine lumière, c'est que, de kafkaïen qu'il était au départ, son personnage est devenu balzacien, ample comme la sculpture de Rodin.

Voué à son travail avec une passion têtue, orgueilleuse et exclusive que je n'ai rencontrée, à ce degré d'intensité, que chez un autre faux bon gros, Alfred Hitchcock, soucieux lui aussi de produire des effets physiques en vue de faire réagir un public unanime, Raymond Devos est devenu, comme disent les Américains, *bigger than life* et, comme disent les Français, plus grand que nature.

(Octobre 1982)

Elle s'appelait Françoise...

Deux cents numéros des *Cahiers* sont tombés et, en cours de route avec eux, Bazin, Ophuls, Becker, Cocteau, le petit Biesse. Quand Jean-Pierre Léaud me parlait de lui je demandais : « *C'est celui qui a l'air d'un cycliste italien ?* » C'était bien celui-là.

Les films disparaissent et aussi ceux qui les font et ceux qui les jugent et ceux qui les regardent. Ceux qui les jouent également et même si les *Cahiers* s'intéressent moins à ceux-là, je demande la permission de publier une ou deux photos de Françoise Dorléac qui est morte le 26 juin de l'année dernière dans un accident de voiture, en route vers l'aéroport de Nice. Pour le public, c'était un fait divers, d'autant plus cruel qu'il frappait une très belle fille de vingt-cinq ans, une actrice qui n'avait pas encore eu le temps de devenir une vedette. Pour tous ceux qui l'ont connue, Françoise Dorléac représentait devantage, une personne comme on en rencontre peu dans une existence, une jeune femme incomparable que son charme, sa féminité, son intelligence, sa grâce et son incroyable force morale rendaient inoubliable à quiconque avait parlé une heure avec elle.

Personnalité forte, éventuellement autoritaire, contrastant avec un physique fragile et romantique du type algue marine ou lévrier, Françoise Dorléac, actrice selon moi insuffisamment appréciée, aurait certainement trouvé avec la trentaine le vrai contact avec le grand public qui l'aurait alors adorée comme l'ont adorée tous ceux qui ont eu la chance de travailler avec elle.

Le difficile, pour les jeunes actrices, est d'effectuer harmonieusement le passage de la jeune fille à la femme, d'abandonner les rôles juvéniles au profit des rôles adultes ; je crois que Françoise Dorléac femme précoce et prématurée avec son visage et son corps déjà construits et, comme on dit dans les studios, construits en dur, et pour durer, était la seule jeune actrice dont on pouvait penser qu'elle plairait de plus en plus.

Depuis l'adolescence, elle prenait deux douches d'eau glacée chaque jour en affirmant : « *C'est à vingt ans qu'on prépare ses quarante ans* » ; lorsqu'elle se montrait impatiente de trouver des rôles, et de tourner des films, je tentais de la convaincre qu'elle n'avait rien à redouter des années qui s'ajoutent aux années et que le temps travaillait pour elle. Je lui disais qu'on tournerait tous les six ans et je lui donnais rendez-vous en 1970, 1976, 1982.

Chaque fois que je lui écrivais je mettais sur l'enveloppe : « *Mademoiselle Framboise Dorléac* » pour être certain qu'elle lirait ma lettre en souriant.

Françoise Dorléac était intransigeante, à la limite de l'intolérance, elle était une moraliste, ses interviews étaient riches en aphorismes exigeants sur la vie et sur l'amour. Elle pouvait jeter sur quelqu'un dont elle se méfiait un regard soudainement très dur, la vie ne l'avait pas encore tabassée, l'indulgence serait venue plus tard.

D'ici là, que de sourires, de rires et de fous rires et c'est ce qui rend inacceptable le 26 juin de l'année dernière, ce grand rire en cascade, coupé net.

(*Cahiers du cinéma* n° 200/201, 1968)

Quand Marie Dubois joue

Trop de films, de pièces, d'ouvrages se vantent d'emblée de n'offrir qu'accidentellement toute éventuelle similitude avec des personnages ayant existé.

Si j'ai suggéré un jour à Claudine Huzé de devenir Marie Dubois, c'est qu'elle incarne, comme l'héroïne de Jacques Audiberti, toutes les femmes en une seule. C'est elle qui conduit le taxi dans Paris, ou qui prépare son agrégation de philo, ou mieux encore, c'est elle qui prépare son agrégation le jour en conduisant son taxi la nuit. C'est elle qui prend le voile aux Ursulines et qui dispense d'horribles merveilleuses faveurs aux clochards de la zone.

Marie Dubois est une enveloppe dans laquelle on

peut glisser n'importe quel message. Si elle joue dans un mauvais film, le film semble pire, car son génie ne consiste pas à limiter les dégâts, mais à augmenter, par chaque geste et chaque regard, le poids de plausibilité d'une histoire ou d'une ambiance.

Quand Marie Dubois joue, toute ressemblance avec la vie réelle cesse d'être fortuite.

Vive Lillian Gish !

Tristesse sans fin des films sans femme ! Je déteste les films de guerre, sauf le moment où un soldat tire de sa poche une photo de femme pour la regarder. D.W. Griffith a compris, le premier, que le cinéma était un art de la femme, l'art de montrer les femmes. Tandis que les talents-scouts d'Hollywood arpentaient les Etats-Unis et mettaient en pratique le slogan : « cherchez la femme », Griffith, lui, n'avait pas besoin de *chercher*, il avait *trouvé*... Lillian Gish, actrice splendide et exemplaire dont la vie est aussi rigoureusement parallèle à l'histoire du cinéma que les deux rails de l'Union Pacific Express.

Lillian Gish ! On a rarement vu tant de force tranquille émaner d'un corps si frêle et si gracieux. Lillian Gish a le don de concilier les extrêmes : Tchekhov et T.S. Eliot, King Vidor et Robert Altman, le cinéma et le théâtre, l'amour et la fidélité, les awards et la modestie. Voilà pourquoi j'ai tant voulu lui dédier mon film *La Nuit américaine*.

Reparlons un moment de cette photographie de femme que le soldat tire de sa poche. Quel visage de femme allons-nous choisir ? Que la photo représente la fiancée du soldat, son épouse, sa fille ou sa mère, le visage de Lillian Gish sera le plus éloquent. Le secret de Lillian Gish ? Ses deux yeux grands ouverts qui voient tout, qui sont restés ceux de la fillette de *An Unseen Enemy*, ces deux yeux rieurs qui nous disent que le XXe siècle est passé comme un souffle, comme un « one reel film ».

(Mai 1980)

Hommage à Gene Kelly

Pour la circonstance, j'ai préparé une petite improvisation.

Cher Gene Kelly ! Autant ne pas dissimuler la vérité : les Français sont divisés à ton sujet. Il y a ceux qui t'appellent *Gine* (Kelly) et ceux qui t'appellent *Gène*. Cette erreur de prononciation est d'autant plus regrettable que nous avons en France un dicton qui dit : « *Où il y a de la gêne, il n'y a pas de plaisir.* » En réalité nous savons depuis longtemps que : *Où il y a Gine, il y a toujours du plaisir !*

Cher Gene Kelly ! Chorégraphe, acteur, chanteur, metteur en scène, tu as pratiqué et tu pratiques encore tous les métiers de show-bizness à l'exception d'un seul : celui de critique musical, et de cela aussi nous te remercions !

La première fois que je t'ai vu chanter et danser dans un film, ce qui m'a frappé c'est que tu n'avais pas le physique de l'emploi. Quand un de tes films commence, je te regarde et je me dis : « *Ce type n'a pas l'air d'un artiste de music-hall* ! ». L'air sombre, quelquefois le regard sévère, on t'imagine pilotant un avion ou dirigeant un service d'agents secrets et puis, au fur et à mesure que le film se déroule, on est pris par ta science et par ton charme, et lorsque la lumière se rallume dans la salle, le public est conquis et tous les couples sans enfant rêvent de t'adopter !

A présent je dois présenter deux superbes extraits de films. Dans le premier, on va te voir danser avec une souris de dessin animé. Cela me rappelle une réflexion de notre grand Alfred Hitchcock quand il disait : « *Le seul cinéaste dont je suis jaloux est Walt Disney parce que, quand il est mécontent d'un de ses acteurs, il peut le déchirer.* »

Le second morceau de film nous emmènera en Californie, qui est un Etat privilégié puisque le soleil y brille du début à la fin de l'année. Quand on rencontre un type qui nous dit : « *Je pars m'installer en Californie pour y créer une usine de parapluies* » on est certain d'entendre parler un futur clochard.

Et pourtant c'est en faisant pleuvoir dans une rue de Hollywood que tu nous as donné la séquence la plus euphorisante de toute l'histoire de la comédie musicale. Cher Gene Kelly ! A nous tous qui t'admirons et qui t'aimons, tu as appris beaucoup de choses, la plus importante étant qu'il faut savoir chanter sous la pluie !

Boby Lapointe, le chanteur sous-titré

C'est en 1959 que j'ai vu et entendu Boby Lapointe pour la première fois au *Cheval d'or*. Une de ses premières chansons était inspirée par Léon, le directeur du cabaret :

> Il a du bobo, Léon
> Il va peut-être caner, Léon.

Ensuite, Boby chantait *Marcelle* :

> Marcelle
> J'ai fait la vaisselle
> J'ai descendu la poubelle
> Marcelle
> J'ai mis du sel
> Aux vermicelles
> Toi, t'aimes mieux les nouilles au beurre ?
> Moi, je préfère ta sœur !

Enfin ce fut un délire de joie dans la salle quand Boby attaqua *Framboise* :

> Pour sûr qu'elle était d'Antibes
> C'est plus près que les Caraïbes
> Et malgré ses yeux de braise
> Ça ne me mettait pas à l'aise
> De la savoir Antibaise.
> Moi qui serait plutôt pour !...

A la table voisine de la mienne se trouvait Jacques Audiberti qui, lorsque le nom d'Antibes fut prononcé, me regarda comme pour me prendre à témoin, avec une expression réjouie et fière qui voulait dire exactement : « Vous voyez, comme nous sommes, nous, à Antibes... »

A cause de cet instant inoublié, j'ai toujours jumelé dans ma mémoire ces deux géants timides, Boby Lapointe et Audiberti ; chacun d'eux, empêtré dans la vie pratique, avait refusé l'état adulte, chacun était resté un colossal enfant.

Sur le point de commencer un film, *Tirez sur le pianiste*, dans lequel allait jouer — mais non chanter — Charles Aznavour, je demandai à Boby Lapointe de venir chanter *Framboise* devant la caméra. On ne pratiquait guère le play-back à cette époque et, du reste, je crois bien que Boby n'avait pas encore enregistré de disque. Il joua et chanta donc « en direct », comme il le faisait chaque soir au *Cheval d'or*, solidement planté sur ses jambes, inclinant le torse en mesure, la tête ballottant de gauche et de droite au rythme de la musique, le visage restant complètement sérieux avec une sorte de tristesse acharnée dans le regard.

Mon producteur, Pierre Braunberger, n'aimait pas cette scène de Boby chantant *Framboise* et il me disait : « *On ne comprend pas les paroles, il faut couper la chanson. Votre chanteur doit apprendre à articuler ou alors il faut le sous-titrer !* » Je pris cette observation au pied de la lettre et je fis faire un sous-titrage, chaque vers de la chanson apparaissant au bas de l'image, syllabe par syllabe, dans un synchronisme parfait. Le résultat était excellent, l'effet comique décuplé. Aznavour, qui avait aimé le travail de Boby, le fit engager en première partie de son récital à *L'Alhambra* et il fut annoncé comme : « *Boby Lapointe, le chanteur sous-titré.* » Son premier disque fut édité à la même époque.

Plus tard, Boby devint acteur, je le vis dans *Les Choses de la vie*, puis je le rencontrai un soir à l'aéroport d'Orly. Il attendait un avion pour Rome où il allait jouer dans un film. Il avait toujours son bon accent de Provence, contrarié par l'anxiété de son regard. Je lui demandai quel était le film dans lequel il allait jouer : « *Je ne sais pas, ça s'appelle* Rosembach[2]. — *Vous avez un bon rôle, vous êtes content ? — Je ne sais pas, je ne comprends rien à mon contrat, regardez.* »

Je regardai le contrat et je vis que Boby Lapointe était engagé pour tenir le rôle de... Rosembach : il avait le rôle principal et il ne le savait pas !

Souvent, dans les studios, dans les salles de montagne, j'entends des jeunes gens chanter les chansons de Boby Lapointe sans savoir que l'auteur nous a quittés. C'est pourquoi, quand je pense à Boby ce n'est pas comme à un artiste mort mais comme à un camarade affectueux, modeste, inquiet et doux qui a disparu, escamoté.

(Publié dans *Boby Lapointe*, Editions Encre, 1980)

Jean-Pierre Léaud : comédien halluciné

Il y a les gens qui aiment la fantaisie et ceux qui la détestent. Certains de ceux qui détestent la fantaisie feignent d'aimer le cinéma mais, si vous les questionnez, vous vous apercevrez qu'ils aiment surtout le cinéma documentaire, celui qui est aussi rasoir que les conférences d'explorateurs à la salle Pleyel. Les gens qui affectionnent les documentaires daignent parfois se déplacer pour visionner de la fiction mais vous remarquerez que leur goût les porte vers les histoires réalistes, bien situées géographiquement, historiquement, sociologiquement. Comme par hasard, ces histoires sont le plus souvent interprétées par des acteurs corpulents, bien rassurants parce que leur poids fait pardonner ce que la fonction d'acteur supposerait de légèreté dans l'esprit du public. Personne ne critique jamais ces bons gros, toujours plausibles en patrons de bar, chauffeurs de taxi, adjoints au maire. Les fanatiques de la vraisemblance concentrent leurs critiques

2. J'invente ce nom pour les besoins de l'histoire.

contre les comédiens maigres, aux joues creuses et à la chevelure en bataille, les acteurs bressonniens que leur introversion fait s'exprimer comme des ventriloques douloureux. Contrairement aux bons gros culottés, les acteurs maigres ne dissimulent pas leur peur ni un léger tremblement dans la voix, ce ne sont pas des dompteurs mais des indomptables. Quelle tentation s'offre alors aux descentes de lit qui se prennent pour des lions de mordre les chevilles des acteurs somnambules !

Je viens de faire ici le portrait de Jean-Pierre Léaud et d'expliquer pourquoi il ne plaît pas à tout le monde et pourquoi il plaît si fort à ceux à qui il plaît. Jean-Pierre Léaud est un acteur antidocumentaire, même quand il dit bonjour, nous basculons dans la fiction, pour ne pas dire dans la science-fiction. Avant la guerre, le public, dont l'oreille n'était pas encore banalisée par la télévision, appréciait les acteurs spéciaux, les dictions singulières : on aimait l'accent roumain de Popesco, la saccade asthmatique de Louis Jouvet, la véhémence hallucinée de Robert Le Vigan.

Halluciné, le mot est lâché, Jean-Pierre, fils naturel de Goupi Tonkin, sécrète lui aussi de la plausibilité et de la vraisemblance mais son réalisme est celui des rêves.

(Pour le *Studio 43*,
à l'occasion d'un hommage à l'acteur
en mars-avril 1984)

Jeanne Moreau rieuse et tendre

La femme est passionnée, l'actrice est passionnante.

Chaque fois que je l'imagine à distance je ne la vois pas lisant un journal mais un livre car Jeanne Moreau ne fait pas penser au flirt mais à l'amour.

A l'opposé de tant d'acteurs et d'actrices qui ne parviennent à jouer qu'à travers conflits et tensions au point de confondre parfois la concentration et les camps de sinistre mémoire, Jeanne Moreau est à son meilleur dans une ambiance de travail rieuse et tendre qu'elle contribue à créer et qu'elle aide à préserver même quand il s'agit de projeter des émotions fortes.

Générosité, ardeur, complicité, compréhension de la fragilité humaine, tout cela peut se lire sur l'écran quand Jeanne Moreau joue.

A l'intérieur de mes vingt ans de cinéma, le tournage de *Jules et Jim*, grâce à Jeanne Moreau, reste un souvenir lumineux, le plus lumineux.

(Paris, le 7 septembre 1981)

Le secret de Michel Simon

Depuis 1925, Michel Simon a joué dans cent quarante films et les spectateurs ont toujours senti qu'ils étaient en train de regarder non *un* acteur mais *l'acteur*.

Michel Simon cumule le génie de l'amateur qu'on recrute dans la rue avec celui de l' « enfant de la balle », né sur les planches. Sacha Guitry le comparait à Sarah Bernhardt et Jean Renoir dit à son visage qu'il est « *aussi passionnant que le masque de la tragédie antique* ». Lorsque, dans deux ou trois films, Michel Simon a joué aux côtés de Raimu, on a justement comparé leur tandem à celui qu'auraient pu former Charlie Chaplin et Charles Laughton si on les avait accouplés.

En regardant les meilleurs films que Michel Simon a tournés on s'aperçoit qu'il a particulièrement brillé dans les « rôles-doubles » : *Boudu* est à la fois un clochard et un enfant, le Père Jules de *L'Atalante* est un marinier fruste en même temps qu'un collectionneur raffiné, le Monsieur Legrand de *La Chienne*, petit caissier médiocre, est sans le savoir un grand peintre, le grand bourgeois Irwin Molyneux de *Drôle de drame* écrit clandestinement des romans sanguinaires, *Vautrin* est un prêtre-bagnard. Dans son nouveau chef-d'œuvre, *Le Vieil Homme et l'enfant*, Michel Simon prolonge cette dualité plus loin que jamais en étant à la fois un lamentable antisémite et le délicieux Pépé.

Si on a toujours confié à Michel Simon ces troublants rôles-doubles que lui seul en France pouvait interpréter, c'est que l'on a senti inconsciemment qu'il incarne à la fois la vie et le secret de la vie, l'homme que nous paraissons être et celui que nous sommes vraiment. Lorsque Michel Simon joue nous pénétrons au cœur du cœur humain.

(Février 1968)

Charles Trenet : ce n'est qu'un adieu mes frères...

Dans le domaine du music-hall, le mot « Adieu » n'est pas forcément coloré de tristesse, et plus d'une idole de la chanson pourrait consoler ses admirateurs en les faisant entonner : « *Ce n'est qu'un adieu mes frères, oui nous nous reverrons...* ». Ses adieux, Charles Trenet est bien décidé à les étaler sur trois ou quatre ans, ils rempliront au moins mille soirées à travers la France et c'est très bien ainsi.

Nous connaissons des artistes prétentieux, des artistes modestes et d'autres faussement modestes. Charles Trenet échappe à toutes ces catégories, il est simplement un artiste heureux. Oui, c'est évident, il est heureux d'être là, heureux de chanter et forcément heureux de voir devant lui mille têtes qui par mimétisme s'illuminent et lui renvoient son propre sourire content.

Retour en arrière. Je n'ai pas oublié un petit article publié dans *Combat*, il y a vingt ans, peu de temps après la fin de la guerre, un chroniqueur reprochait à Charles Trenet de reparaître devant nous inchangé. « *Comment*, disait-il, *il y a eu un conflit mondial, des bombardements, des millions de morts, et ce Monsieur arrive sur scène avec le même costume bleu, la même cravate blanche, le petit chapeau et le même œillet rouge à la boutonnière, comme si de rien n'était.* » Grâce à ce morceau de journal, j'ai compris pourquoi j'aimais Charles Trenet, pour ce qu'il y a de définitif et d'imperturbable chez celui qui chante aujourd'hui :

« *Fidèle... Je suis resté fidèle... A des choses sans importance pour vous...* ».

De même que Simenon à travers cinquante années d'écriture est resté fidèle à sa vocation de Docteur Tant Pis, Charles Trenet est resté fidèle à la sienne, de Docteur Tant Mieux, ce qui ne l'empêche pas d'avoir un reflet changeant dans les yeux quand il prononce — rarement il est vrai — le mot : malheur.

La vie est une blague, disent les chansons de Charles Trenet, une assez bonne blague. Ne pas s'attarder, ne pas trop s'expliquer, ne pas être pesant ou abusif, donner aux choses leur poids exact, voilà son secret professionnel. Chantant en public, Charles Trenet envoie ses idées dans la salle comme on lance de la mie aux oiseaux.

Cet homme est tout le contraire d'un emphatique ou d'un laborieux, il n'exalte pas le travail, il ne prononce jamais le mot hideux de professionnalisme, il n'a pas honte d'être un artiste, un amateur, un amateur d'art, un amateur de vie, un rimeur qui ne va pas chercher midi à quatorze heures, un vagabond qui fait — forcément — des bonds.

Plusieurs fois, il a fait rimer « *les filles en corsage* » avec « *les filles encore sages* » et aussi « *les bateaux remorques dans le port de New York* », car il sait que la première idée est la bonne. Ses chansons sont pleines de petits détails, de noms propres, de mots bizarres, d'allusions incompréhensibles sauf pour sa famille et ses proches et cependant, nous qui l'écoutons, nous ne nous sentons jamais exclus de son univers. Il nous laisse le soin de remplir les pointillés. Pas démagogiques pour un sou — il préfère chanter la pluie que condamner la guerre —, quand il vient vers nous c'est en nous attirant vers lui, de sorte que chacun fait la moitié du chemin pour se retrouver à l'endroit du rendez-vous, quelque part entre Québec et Montauban. Pendant des années, vous fredonnez un couplet de Charles Trenet sans même chercher à savoir si cela veut dire quelque chose, simplement pour le plaisir, et puis un jour vous détachez les mots et vous vous dites : mais si c'était important ce qu'il a dit là, par exemple à la fin de la *Folle Complainte* : « *Je n'ai jamais su dire... Pourquoi j'étais distrait... Je n'ai pas su sourire... A tel ou tel attrait... J'étais seul sur les routes... Sans dire ni oui ni non... etc.* »

Si j'aime les chansons de Charles Trenet davantage que toutes celles qu'on peut entendre en France, ce n'est pas seulement qu'elles sont l'œuvre d'une seule et même personne — paroles et musiques —, mais aussi qu'il est impossible de deviner si la mise en musique a précédé la mise en paroles ou inversement. Comme les films de John Ford, ses chansons rendent dérisoire la vieille querelle de la forme et du fond, car elles sont en même temps une forme et un fond.

On ne peut pas dire : il y a un vase et puis il y a des fleurs, car chaque chanson est un vase de fleurs. Les mélodies sont d'une simplicité incroyable et pourtant il est bien rare de confondre deux airs de Trenet (sur les quatre cents que nous connaissons). Les paroles donnent constamment l'impression de premier jet, même si ce n'est pas le cas, et je vois dans toute cette façon d'être et de faire, davantage que de l'élégance, de la grâce et de la légèreté, quelque chose qui ressemblerait au comble de la politesse. Oui, pour moi, Charles Trenet est d'une politesse fantastique. Puisqu'il a décidé de faire ses adieux au music-hall, nous irons lui dire adieu souvent.

(*Le Point*, 3 avril 1975)

5

UN PEU DE POLÉMIQUE NE FAIT PAS DE MAL

Une certaine tendance du cinéma français

> *« On peut aimer que le sens du mot art soit tenté de donner conscience à des hommes de la grandeur qu'ils ignorent en eux. »*
>
> André Malraux
> (*Le Temps du mépris*, préface).

Ces notes n'ont pas d'autre objet qu'essayer de définir une certaine tendance du cinéma français — tendance dite du réalisme psychologique — et d'en esquisser les limites.

Dix ou douze films...

Si le cinéma français existe par une centaine de films chaque année, il est bien entendu que dix ou douze seulement méritent de retenir l'attention des critiques et des cinéphiles, l'attention donc de ces *Cahiers*.

Ces dix ou douze films constituent ce que l'on a joliment appelé la *Tradition de la Qualité*, ils forcent par leur ambition l'admiration de la presse étrangère, défendent deux fois l'an les couleurs de la France à Cannes et à Venise où, depuis 1946, ils raflent assez régulièrement médailles, lions d'or et grands prix.

Au début du parlant, le cinéma français fut l'honnête démarquage du cinéma américain. Sous l'influence de *Scarface* nous faisions l'amusant *Pépé le*

Moko. Puis le scénario français dut à Prévert le plus clair de son évolution, *Quai des brumes* reste le chef-d'œuvre de l'école dite du *réalisme poétique*.

La guerre et l'après-guerre ont renouvelé notre cinéma. Il a évolué sous l'effet d'une pression interne, et au réalisme poétique — dont on peut dire qu'il mourut en refermant derrière lui *Les Portes de la nuit* — s'est substitué le *réalisme psychologique* [1], illustré par Claude Autant-Lara, Jean Delannoy, René Clément, Yves Allégret et Marcello Pagliero.

Des films de scénaristes...

Si l'on veut bien se souvenir que Delannoy a tourné naguère *Le Bossu* et *La Part de l'ombre*, Claude Autant-Lara *Le Plombier amoureux* et *Lettres d'amour*, Yves Allégret *La Boîte aux rêves* et *Les Démons de l'aube*, que tous ces films sont justement reconnus comme des entreprises strictement commerciales, on admettra que les réussites ou les échecs de ces cinéastes étant fonction des scénarios qu'ils choisissent, *La Sympholie pastorale*, *Le Diable au corps*, *Jeux interdits*, *Manèges*, *Un homme marche dans la ville* sont essentiellement des *films de scénaristes*.

Et puis l'indiscutable évolution du cinéma français n'est-elle pas due essentiellement au *renouvellement* des scénaristes et des sujets, à *l'audace* prise vis-à-vis des chefs-d'œuvre, à la confiance, enfin, faite au public d'être sensible à des sujets généralement qualifiés de difficiles ?

C'est pourquoi il ne sera question ici que des scénaristes, ceux qui, précisément, sont à l'origine du *réalisme psychologique* au sein de la *Tradition de la Qualité* : Jean Aurenche et Pierre Bost, Jacques Sigurd, Henri Jeanson (nouvelle manière), Robert Scipion, Roland Laudenbach, etc.

1. En fait, le *réalisme psychologique* s'est créé parallèlement au *réalisme poétique* avec le tandem Spaak-Feyder. Il faudra bien, un jour, ouvrir une ultime querelle Feyder, avant que celui-ci ne tombe définitivement dans l'oubli.

Nul n'ignore plus aujourd'hui...

Après avoir tâté de la mise en scène en tournant deux courts métrages oubliés, Jean Aurenche s'est spécialisé dans l'adaptation. En 1936 il signait, avec Anouilh, les dialogues de *Vous n'avez rien à déclarer* et *Les Dégourdis de la 11ᵉ*.

Dans le même temps Pierre Bost publiait à la N.R.F. d'excellents petits romans.

Aurenche et Bost firent équipe pour la première fois en adaptant et dialoguant *Douce,* que mit en scène Claude Autant-Lara.

Nul n'ignore plus aujourd'hui qu'Aurenche et Bost ont réhabilité l'adaptation en bouleversant l'idée que l'on en avait, et qu'au vieux préjugé du respect à la lettre ils ont substitué, dit-on, celui contraire du respect à l'esprit, au point qu'on en vienne à écrire cet audacieux aphorisme : « *Une adaptation honnête est une trahison* » (Carlo Rim, *Travelling et Sex-appeal*).

De l'équivalence...

De l'adaptation telle qu'Aurenche et Bost la pratiquent, le procédé dit de *l'équivalence* est la pierre de touche. Ce procédé suppose qu'il existe dans le roman adapté des scènes tournables et intournables et qu'au lieu de supprimer ces dernières (comme on le faisait naguère) il faut inventer des scènes *équivalentes,* c'est-à-dire telles que l'auteur du roman les eût écrites pour le cinéma.

« *Inventer sans trahir* », tel est le mot d'ordre qu'aiment à citer Aurenche et Bost, oubliant que l'on peut aussi trahir par omission. Le système d'Aurenche et Bost est si séduisant dans l'énoncé même de son principe, que nul n'a jamais songé à en vérifier d'assez près le fonctionnement.

C'est un peu ce que je me propose de faire ici.

Toute la réputation d'Aurenche et Bost est établie sur deux points pécis :

1) La *fidélité* à l'esprit des œuvres qu'ils adaptent [2] ;

2. Aurenche et Bost n'ont jamais dit qu'ils étaient « fidèles ». Ce sont les critiques.

Cette fameuse fidélité...

Depuis 1943 Aurenche et Bost ont adapté et dialogué ensemble : *Douce* de Michel Davet. *La Symphonie pastorale* de Gide[3], *Le Diable au corps* de Radiguet[4], *Un recteur à l'île de Sein* (*Dieu a besoin des hommes*) de Queffélec, *Les Jeux inconnus (Jeux interdits*) de François Boyer, *Le Blé en herbe* de Colette[5].

De plus, ils ont écrit une adaptation du *Journal d'un curé de campagne* qui n'a jamais été tournée[6], un scénario sur *Jeanne d'Arc*[7] dont une partie seulement vient d'être réalisée (par Jean Delannoy) et enfin

3. *La Symphonie pastorale*. Personnages ajoutés dans le film : Piette, fiancée de Jacques, Casteran, père de Piette. Personnages retranchés : trois enfants du Pasteur. Dans le film, il n'est pas fait mention de ce que devient Jacques après la mort de Gertrude. Dans le livre, Jacques entre dans les ordres.

« Opération Symphonie pastorale » : 1. Gide écrit lui-même une adaptation de son livre. 2. Cette adaptation est jugée « intournable » 3. Jean Aurenche et Jean Delannoy écrivent à leur tour une adaptation ; 4. Gide la refuse ; 5. L'entrée de Pierre Bost dans l'équipe concilie tout le monde.

4. *Le Diable au corps*. A la radio, au cours d'une émission d'André Parinaud consacrée à Radiguet, Claude Autant-Lara déclarait en substance : « *Ce qui m'a mené à faire un film d'après* Le Diable au corps, *c'est que j'ai vu là un roman contre la guerre.*

A la même émission, Francis Poulenc, ami de Radiguet, disait n'avoir rien trouvé du livre en voyant le film.

5. *Le Blé en herbe*. Le roman de Colette était adapté depuis 1946. Claude Autant-Lara accusa Roger Leenhardt d'avoir avec *Les Dernières Vacances* plagié *Le Blé en herbe* de Colette. L'arbitrage de Maurice Garçon donna tort à Claude Autant-Lara. Avec Aurenche et Bost l'intrigue imaginée par Colette s'était enrichie d'un nouveau personnage, celui de Dick, une lesbienne qui vivait avec la « Dame blanche ». Ce personnage fut supprimé quelques semaines avant le tournage du film par Mme Ghislaine Auboin, qui « revoyait » l'adaptation avec Claude Autant-Lara.

6. Au producteur éventuel du *Journal d'un curé de campagne*, qui s'étonnait de voir dans l'adaptation disparaître le personnage du docteur Delbende, Jean Aurenche (lequel eut signé la mise en scène) répondit : « *Peut-être que, dans dix ans, un scénariste pourra conserver un personnage qui meurt à la moitié du film, quant à moi, je ne m'en sens pas capable.* » Trois ans plus tard, Robert Bresson conservait le docteur Delbende et le laissait mourir à la moitié du film.

7. Un extrait des dialogues d'Aurenche et Bost pour *Jeanne d'Arc* a été publié dans la *Revue du cinéma* n° 8, page 9.

scénario et dialogues de *L'Auberge rouge* (mis en scène par Claude Autant-Lara).

On aura remarqué la profonde diversité d'inspiration des œuvres et des auteurs adaptés. Pour accomplir ce tour de force qui consiste à rester fidèle à l'esprit de Michel Davet, Gide, Radiguet, Queffélec, François Boyer, Colette et Bernanos, il faut posséder soi-même, j'imagine, une souplesse d'esprit, une personnalité démultipliée peu communes ainsi qu'un singulier éclectisme.

Il faut aussi considérer qu'Aurenche et Bost sont amenés à collaborer avec les metteurs en scène les plus divers ; Jean Delannoy, par exemple, se conçoit volontiers comme un moraliste mystique. Mais la menue bassesse du *Garçon sauvage,* la mesquinerie de *La Minute de vérité,* l'insignifiance de *La Route Napoléon* montrent assez bien l'intermittence de cette vocation.

Claude Autant-Lara, au contraire, est bien connu pour son non-conformisme, ses idées « avancées », son farouche anticléricalisme ; reconnaissons à ce cinéaste le mérite de rester toujours, dans ses films, honnête avec lui-même.

Pierre Bost étant le technicien du tandem, c'est à Jean Aurenche que semble revenir la part spirituelle de la commune besogne.

Elevé chez les jésuites, Jean Aurenche en a gardé tout à la fois la nostalgie et la révolte. S'il a flirté avec le surréalisme, il semble avoir sympathisé avec les groupes anarchistes des annnées trente. C'est dire combien sa personnalité est forte, combien aussi elle paraît incompatible avec celles de Gide, Bernanos, Queffélec, Radiguet. Mais l'examen des œuvres nous renseignera sans doute davantage.

L'abbé Amédée Ayffre a su très bien analyser *La Symphonie pastorale* et définir les rapports de l'œuvre écrite à l'œuvre filmée : « *Réduction de la foi à la psychologie religieuse chez Gide, réduction maintenant de celle-ci à la psychologie tout court... A cet abaissement qualitatif va correspondre maintenant, selon une loi bien connue des esthéticiens, une augmentation quantitative. On va ajouter de nouveaux personnages : Petite et Casteran, chargés de représenter certains sentiments. La tragédie devient drame, mélodrame.* » (*Dieu au Cinéma*, p. 131).

Ce qui me gêne dans ce fameux procédé de l'équivalence c'est que je ne suis pas certain du tout qu'un roman comporte des scènes intournables, moins certain encore que les scènes décrétées intournables le soient pour tout le monde.

Louant Robert Bresson de sa fidélité à Bernanos, André Bazin terminait son excellent article : *La Stylistique de Robert Bresson*, par ces mots : « *Après* Le Journal d'un curé de campagne, *Aurenche et Bost ne sont plus que les Viollet-Leduc de l'adaptation.* »

Tous ceux qui admirent et connaissent bien le film de Bresson se souviennent de l'admirable scène du confessionnal où le visage de Chantal « *a commencé d'apparaître peu à peu, par degré* » (Bernanos).

Lorsque, plusieurs années avant Bresson, Jean Aurenche écrivit une adaptation du *Journal*, refusée par Bernanos, il jugea intournable cette scène et lui subsitua celle que nous reproduisons ici.

« *Voulez-vous que je vous entende ici ?* (Il désigne le confessionnal).

— *Je ne me confesse jamais.*

— *Pourtant, vous vous êtes bien confessée hier puisque vous avez communié ce matin ?*

— *Je n'ai pas communié.*

Il la regarde, très surpris.

— *Pardonnez-moi, je vous ai donné la communion.*

Chantal s'écarte rapidement vers le prie-Dieu qu'elle occupait le matin.

— *Venez voir.*

Le curé la suit. Chantal lui désigne le livre de messe qu'elle y a laissé.

— *Regardez dans ce livre, Monsieur. Moi, je n'ai peut-être plus le droit d'y toucher.*

Le curé, très intrigué, ouvre le livre et découvre entre deux pages l'hostie que Chantal y a crachée. Il a un visage stupéfait et bouleversé.

— *J'ai craché l'hostie*, dit Chantal.

— *Je vois*, dit le curé, d'une voix neutre.

— *Vous n'avez jamais vu ça, n'est-ce pas ?* dit Chantal, dure, presque triomphante.

— *Non, jamais,* dit le curé très calme en apparence.

— *Est-ce que vous savez ce qu'il faut faire ?*

Le curé ferme les yeux un court instant. Il réfléchit ou il prie. Il dit :

— *C'est très simple à réparer, Mademoiselle. Mais c'est horrible à commettre.*

Il se dirige vers l'autel, en portant le livre ouvert. Chantal le suit.

— *Non, ce n'est pas horrible. Ce qui est horrible, c'est de recevoir l'hostie en état de péché.*

— *Vous étiez donc en état de péché ?*

— *Moins que d'autres, mais eux ça leur est égal.*

— *Ne jugez pas.*

— *Je ne juge pas, je condamne,* dit Chantal avec violence.

— *Taisez-vous devant le corps du Christ !*

Il s'agenouille devant l'autel, prend l'hostie dans le livre et l'avale. »

Une discussion sur la foi oppose au milieu du livre le curé et un athée obtus nommé Arsène. Cette discussion se termine par cette phrase d'Arsène : « *Quand on est mort, tout est mort.* » Cette discussion, dans l'adaptation, sur la tombe même du curé, entre Arsène et un autre curé, *termine le film.* Cette phrase : « *Quand on est mort, tout est mort* », devait être la dernière réplique du film, celle qui porte, la seule peut-être que retient le public. Bernanos ne disait pas pour conclure : « *Quand on est mort, tout est mort* », mais : « *Qu'est-ce que cela fait,tout est grâce.* »

« *Inventer sans trahir* », dites-vous, il me semble à moi qu'il s'agit là d'assez peu d'invention pour beaucoup de trahison. Un détail encore ou deux. Aurenche et Bost n'ont pu faire *Le Journal d'un curé de campagne* parce que Bernanos était vivant. Robert Bresson a déclaré que, Bernanos vivant, il eut pris avec l'œuvre plus de liberté. Ainsi l'on gêne Aurenche et Bost parce qu'on est en vie, mais l'on gêne Bresson parce que l'on est mort.

Le masque arraché...

De la simple lecture de cet extrait, il ressort :

1) Un souci *d'infidélité* à l'esprit comme à la lettre constant et délibéré ;

2) Un goût très marqué pour la profanation et le blasphème.

Cette infidélité à l'esprit dégrade aussi bien *Le Diable au corps*, ce roman d'amour qui devient un film antimilitariste, antibourgeois, *La Symphonie pastorale* une histoire de pasteur amoureux, Gide devient du Béatrix Beck, *Un recteur à l'île de Sein* dont on troque le titre contre celui équivoque de *Dieu a besoin des hommes*, où les îliens nous sont montrés comme les fameux « crétins » du *Terre sans pain* de Buñuel.

Quant au goût du blasphème, il se manifeste constamment, de manière plus ou moins insidieuse, selon le sujet, le metteur en scène, voire la vedette.

Je rappelle pour mémoire la scène du confessionnal de *Douce*, l'enterrement de Marthe dans *Le Diable*..., les hosties profanées dans cette adaptation du *Journal d'un curé de campagne* (scène reportée dans *Dieu a besoin des hommes*), tout le scénario et le personnage de Fernandel dans *L'Auberge rouge*, la totalité du scénario de *Jeux interdits* (la bagarre dans le cimetière).

Tout désignerait donc Aurenche et Bost pour être les auteurs de films *franchement* anticléricaux, mais comme les films de soutanes sont à la mode, nos auteurs ont accepté de se plier à cette mode. Mais comme il convient — pensent-ils — de ne point trahir leurs convictions, le thème de la profanation et du blasphème, les dialogues à double entente, viennent çà et là prouver aux copains que l'on sait l'art de « rouler le producteur » tout en lui donnant satisfaction, rouler aussi le « grand public » également satisfait.

Ce procédé mérite assez bien le nom d'*alibisme* ; il est excusable et son emploi est nécessaire à une époque où il faut sans cesse feindre la bêtise pour œuvrer intelligemment, mais s'il est de bonne guerre de « rouler le producteur », n'est-il pas quelque peu scandaleux de « rewriter, ainsi Gide, Bernanos, Radiguet ?

En vérité, Aurenche et Bost travaillent comme tous les scénaristes du monde, comme avant-guerre Spaak ou Natanson.

Dans leur esprit, toute histoire comporte les personnages A, B, C, D. A l'intérieur de cette équation, tout s'organise en fonction de critères connus d'eux seuls. Les coucheries s'effectuent selon une symétrie bien concertée, des personnages disparaissent, d'autres sont inventés, le script s'éloigne peu à peu de l'original pour devenir un tout, informe mais brillant, un film nouveau, pas à pas, fait son entrée solennelle dans *La Tradition de la Qualité*.

Soit, me dira-t-on...

On me dira : « Admettons qu'Aurenche et Bost soient infidèles, mais nierez-vous aussi leur talent ? » Le talent, certes, n'est pas fonction de la fidélité, mais je ne conçois d'adaptation valable qu'écrite par un *homme de cinéma*. Aurenche et Bost sont essentiellement des littérateurs et je leur reprocherai ici de mépriser le cinéma en le sous-estimant. Ils se comportent vis-à-vis du scénario comme l'on croit rééduquer un délinquant en lui trouvant du travail, ils croient toujours avoir « fait le maximum » pour lui en le parant des subtilités, de cette science des nuances qui font le mince mérite des romans modernes. Ce n'est d'ailleurs pas le moindre travers des exégètes de notre art que de croire l'honorer en usant du jargon littéraire. (N'a-t-on pas parlé de Sartre et de Camus pour l'œuvre de Pagliero, de phénoménologie pour celle d'Allégret ?)

En vérité, Aurenche et Bost affadissent les œuvres qu'ils adaptent, car *l'équivalence* va toujours soit dans le sens de la trahison, soit de la timidité. Voici un bref exemple : dans *Le Diable au corps* de Radiguet, François rencontre Marthe sur le quai d'une gare, Marthe sautant, en marche, du train ; dans le film, ils se rencontrent dans l'école transformée en hôpital. Quel est le but de cette équivalence ? Permettre aux scénaristes d'amorcer les éléments antimilitaristes ajoutés à l'œuvre, de concert avec Claude Autant-Lara.

Or il est évident que l'idée de Radiguet était une *idée de mise en scène,* alors que la scène inventée par Aurenche et Bost est *littéraire.* On pourrait, croyez-le bien, multiplier les exemples à l'infini.

Il faudrait bien qu'un jour...

Les secrets ne se gardent qu'un temps, les recettes se divulguent, les connaissances scientifiques nouvelles font l'objet de communications à l'Académie des sciences et, puisque à en croire Aurenche et Bost, l'adaptation est une science exacte, il faudrait bien qu'un de ces jours ils nous apprissent au nom de quel critère, en vertu de quel système, de quelle géométrie interne et mystérieuse de l'œuvre, ils retranchent, ajoutent, multiplient, divisent et « rectifient » les chefs-d'œuvre ?

Une fois émise l'idée selon quoi ces équivalences ne sont qu'astuces timides pour contourner la difficulté, résoudre par la bande sonore des problèmes qui concernent l'image, nettoyages par le vide pour n'obtenir plus sur l'écran que cadrages savants, éclairages compliqués, photo « léchée », le tout maintenant bien vivace la « tradition de la qualité », il est temps d'en venir à l'examen de l'ensemble des films dialogués et adaptés par Aurenche et Bost et de rechercher la permanence de certains thèmes qui expliqueront sans la justifier *l'infidélité* constante de deux scénaristes aux œuvres qu'ils prennent pour « prétexte » et « occasion ».

Résumés en deux lignes, voici comment apparaissent les scénarios traités par Aurenche et Bost :

La Symphonie pastorale : Il est pasteur, il est marié. Il aime et n'en a pas le droit.

Le Diable au corps : Ils font les gestes de l'amour et n'en ont pas le droit.

Dieu a besoin des hommes : Il officie, bénit, donne l'extrême-onction et n'en a pas le droit.

Jeux interdits : Ils ensevelissent et n'en ont pas le droit.

Le Blé en herbe : Ils s'aiment et n'en ont pas le droit.

On me dira que je raconte aussi bien le livre, ce que je ne nie pas. Seulement, je fais remarquer que Gide a écrit aussi : *La Porte étroite*, Radiguet : *Le Bal du comte d'Orgel*, Colette : *La Vagabonde*, et qu'aucun de ces romans n'a tenté Delannoy ou Autant-Lara.

Remarquons aussi que les scénarios, dont je ne crois pas utile de parler ici, vont dans le sens de ma thèse : *Au-delà des grilles*, *Le Château de verre*, *L'Auberge rouge*...

On voit l'habileté des promoteurs de la *Tradition de la Qualité*, à ne choisir que des sujets qui se prêtent aux malentendus sur lesquels repose tout le système.

Sous le couvert de la littérature — et bien sûr de la qualité — on donne au public sa dose habituelle de noirceur, de non-conformisme, de facile audace.

L'influence d'Aurenche et Bost est immense...

Les écrivains qui sont venus au dialogue de films ont observé les mêmes impératifs ; Anouilh, entre les dialogues des *Dégourdis de la 11e* et *Un caprice de Caroline chérie*, a introduit dans des films plus ambitieux son univers que baigne une âpreté de bazar, avec en toile de fond les brumes nordiques transposées en Bretagne (*Pattes blanches*). Un autre écrivain, Jean Ferry, a sacrifié à la mode, lui aussi, et les dialogues de *Manon* eussent tout aussi bien pu être signés d'Aurenche et Bost : « *Il me croit vierge, et dans le civil, il est professeur de psychologie !* » Rien de mieux à espérer des jeunes scénaristes. Simplement, ils prennent la relève, se gardant bien de toucher aux tabous.

Jacques Sigurd, un des derniers venus au « scénario et dialogue », fait équipe avec Yves Allégret. Ensemble, ils ont doté le cinéma français de quelques-uns de ses plus noirs chefs-d'œuvre : *Dédée d'Anvers*, *Manèges*, *Une si jolie petite plage*, *Les miracles n'ont lieu qu'une fois*, *La Jeune Folle*. Jacques Sigurd a très vite assimilé la recette, il doit être doué d'un admirable esprit de synthèse car ses scénarios oscillent ingénieusement entre Aurenche et Bost, Prévert et Clouzot, le tout légèrement rajeuni. La religion n'a jamais de part, mais le blasphème fait toujours timidement son entrée grâce à quelques enfants de Marie ou quelques bonnes sœurs qui traversent le champ au moment où leur présence est la plus inattendue (*Manèges, Une si jolie petite plage*).

La cruauté par quoi l'on ambitionne de « remuer les tripes du bourgeois » trouva sa place dans des répliques bien senties du genre : « *il était vieux, il pouvait crever* » (*Manèges*). Dans *Une si jolie petite plage* Jane Marken envie la prospérité de Berck à cause des tuberculeux qui s'y trouvent : « *Leur famille vient les voir et ça fait marcher le commerce !* » (On songe à la prière du recteur de l'île de Sein).

Roland Laudenbach, qui semblerait plus doué que la plupart de ses confrères, a collaboré aux films les plus typiques de cet état d'esprit : *La Minute de vérité, Le Bon Dieu sans confession, La Maison du silence.*

Robert Scipion est un homme de lettres doué ; il n'a écrit qu'un livre : un livre de pastiches ; signes particuliers : la fréquentation quotidienne des cafés de Saint-Germain-des-Prés, l'amitié de Marcello Pagliero que l'on nomme le Sartre du cinéma, probablement parce que ses films ressemblent aux articles des *Temps modernes*. Voici quelques répliques des *Amants de Bras-Mort*, film populiste dont des mariniers sont les « héros », comme les dockers étaient ceux de *Un homme marche dans la ville* :

« *Les femmes des amis c'est fait pour coucher avec.*
— *Tu fais ce qui te rapporte ; pour ça tu monterais sur n'importe qui, c'est le cas de le dire.* »

Dans une seule bobine du film, vers la fin, on peut entendre en moins de dix minutes les mots de : « *grue, putain, salope*, et *connerie* ». Est-ce cela le réalisme ?

On regrette Prévert...

A considérer l'uniformité et l'égale vilénie des scénarios d'aujourd'hui, l'on se prend à regretter les scénarios de Prévert. Lui croyait au diable, donc en Dieu, et si la plupart de ses personnages étaient par son seul caprice chargés de tous les péchés de la création, il y avait toujours place pour un couple sur qui, nouveaux Adam et Eve, le film terminé, l'histoire allait se mieux recommencer.

Réalisme psychologique, ni réel, ni psychologique...

Il n'y a guère que sept ou huit scénaristes à travailler régulièrement pour le cinéma français. Chacun de ces scénaristes n'a qu'une histoire à raconter et comme chacun n'aspire qu'au succès des « deux grands », il n'est pas exagéré de dire que les cent et quelques films français réalisés chaque année racontent la même histoire : il s'agit toujours d'une victime, en général un cocu. (Ce cocu serait le seul personnage sympathique du film s'il n'était toujours infiniment grotesque : Blier-Vilbert, etc.). La rouerie de ses proches et la haine que se vouent entre eux les membres de sa famille amènent le « héros » à sa perte ; l'injustice de la vie, et, en couleur locale, la méchanceté du monde (les curés, les concierges, les voisins, les passants, les riches, les pauvres, les soldats, etc.)

Distrayez-vous, pendant les longues soirées d'hiver, en cherchant des titres de films français qui ne s'adaptent pas à ce cadre et, pendant que vous y êtes, trouvez parmi ces films ceux où ne figure pas dans le dialogue cette phrase, ou son équivalent, prononcée par le couple le plus abject du film : « *C'est toujours eux qui ont l'argent* (ou la chance, ou l'amour, ou le bonheur), *ah ! c'est trop injuste à la fin.* »

Cette école qui vise au réalisme le détruit toujours au moment même de le capter enfin, plus soucieuse qu'elle est d'enfermer les êtres dans un monde clos, barricadé par les formules, les jeux de mots, les maximes, que de les laisser se montrer tels qu'ils sont, sous nos yeux[8] L'artiste ne peut dominer son œuvre toujours. Il doit être parfois Dieu, parfois sa créature.

8. Les personnages d'Aurenche et Bost parlent volontiers par maximes. Quelques exemples : *La Symphonie pastorale : « Ah ! Des enfants comme ça il vaudrait mieux qu'ils ne soient pas nés. » — « Tout le monde n'a pas la chance d'être aveugle. » — « Une infirme c'est quelqu'un qui fait semblant d'être comme tout le monde. »*

Le Diable au corps (Un soldat a perdu une jambe) : « C'est peut-être le

On connaît cette pièce moderne dont le personnage principal, normalement constitué lorsque sur lui se lève le rideau, se retrouve cul-de-jatte à la fin de la pièce, la perte successive de chacun de ses membres ponctuant les changements d'actes. Curieuse époque où le moindre comédien raté use du mot kafkaïen pour qualifier ses avatars domestiques. Cette forme de cinéma vient tout droit de la littérature moderne, mi-kafkaïenne, mi-bovaryste !

Il ne se tourne plus un film en France que les auteurs ne croient refaire *Madame Bovary*.

Pour la première fois dans la littérature française, un auteur adoptait par rapport à son sujet l'attitude lointaine, extérieure, le sujet devenant comme l'insecte cerné sous le microscope de l'entomologiste. Mais si, au départ de l'entreprise, Flaubert avait pu dire : « *Je les roulerai tous dans la même boue — étant juste* » (ce dont les auteurs d'aujourd'hui feraient volontiers leur exergue), il dut déclarer après coup : « *Madame Bovary c'est moi* » et je doute que les mêmes auteurs puissent reprendre cette phrase et à leur propre compte !

Mise en scène, metteur en scène, textes...

L'objet de ces notes se limite à l'examen d'une certaine forme de cinéma du seul point de vue des scénarios et des scénaristes. Mais il convient, je pense, de bien préciser que les metteurs en scène sont et se veulent responsables des scénarios et dialogues qu'ils illustrent.

Films de scénaristes, écrivais-je plus haut, et ce n'est certes pas Aurenche et Bost qui me contrediront. Lorsqu'ils remettent leur scénario, le film est fait ; le metteur en scène, à leurs yeux, est le monsieur qui met des cadrages là-dessus... et c'est vrai, hélas ! J'ai parlé de cette manie d'ajouter partout des enterrements. Et

---

dernier blessé » — « *Ça lui fait une belle jambe.* »

Jeux interdits : « *Qu'est-ce que ça veut dire : la charrue devant les bœufs.* — Berthe : *Ben, c'est ce qu'on fait* (ils font l'amour). — Francis : *Je savais pas que ça s'appelait comme ça.* »

pourtant la mort est toujours escamotée dans ces films. Souvenons-nous de l'admirable mort de Nana ou d'Emma Bovary, chez Renoir ; dans *La Pastorale*, la mort n'est qu'un exercice de maquilleur et de chef opérateur ; comparez un gros plan de Michèle Morgan morte dans *La Pastorale*, de Dominique Blanchard dans *Le Secret de Mayerling* et de Madeleine Sologne dans *L'Eternel retour* : c'est le même visage ! Tout se passe *après* la mort.

Citons enfin cette déclaration de Delannoy qu'avec perfidie nous dédions aux scénaristes français : « *Quand il arrive que des auteurs de talent, soit par esprit de lucre, soit par faiblesse, se laissent aller un jour à " écrire pour le cinéma ", ils le font avec le sentiment de s'abaisser. Ils se livrent plus à une curieuse tentative vers la médiocrité, soucieux qu'ils sont de ne pas compromettre leur talent, et certains que, pour écrire cinéma, il faut se faire comprendre par le bas.* » (*La Symphonie pastorale* ou *L'Amour du métier*, revue *Verger*, novembre 1947).

Il me faut sans attendre dénoncer un sophisme qu'on ne manquerait pas de m'opposer en guise d'argument : « *Ces dialogues sont prononcés par des gens abjects et c'est pour mieux stigmatiser leur vilénie que nous leur prêtons ce dur langage. C'est là notre façon d'être des moralistes.* »

A quoi je réponds : il est inexact que ces phrases soient prononcées par les plus abjects des personnages. Certes, dans les films « réalistes psychologiques » il n'y a pas que des êtres vils, mais tant se veut démesurée la supériorité des auteurs sur leurs personnages que ceux qui d'aventure ne sont pas infâmes, sont au mieux infiniment grotesques.

Enfin, ces personnages abjects, qui prononcent des phrases abjectes, je connais une poignée d'hommes en France qui seraient *incapables* de les concevoir, quelques cinéastes dont la vision du monde est au moins aussi valable que celle d'Aurenche et Bost, Sigurd et Jeanson. Il s'agit de Jean Renoir, Robert Bresson[9], Jean Cocteau, Jacques Becker, Abel Gance, Max

9. Jean Aurenche était de l'équipe des *Dames du bois de Boulogne*, mais il dut quitter Bresson pour incompatibilité d'inspiration.

Ophuls, Jacques Tati, Roger Leenhardt ; ce sont pourtant des cinéastes français et il se trouve — curieuse coïncidence — que ce sont des *auteurs* qui écrivent souvent leur dialogue et quelques-uns inventent eux-mêmes les histoires qu'ils mettent en scène.

On me dira encore...

« Mais pourquoi — me dira-t-on — pourquoi ne pourrait-on porter la même admiration à tous les cinéastes qui s'efforcent d'œuvrer au sein de cette *Tradition de la Qualité* que vous gaussez avec tant de légèreté ? Pourquoi ne pas admirer autant Yves Allégret que Becker, Jean Delannoy que Bresson, Claude Autant-Lara que Renoir ?[10] »

Eh bien je ne puis croire à la coexistence pacifique de la *Tradition de la Qualité* et d'un *cinéma d'auteurs*.

Au fond, Yves Allégret, Delannoy ne sont que les *caricatures* de Clouzot, de Bresson.

Ce n'est pas le désir de faire scandale qui m'amène à déprécier un cinéma si loué par ailleurs. Je demeure convaincu que l'existence exagérément prolongée du *réalisme psychologique* est la cause de l'incompréhension du public devant des œuvres aussi neuves de conception que *Le Carrosse d'or, Casque d'or,* voire *Les Dames du bois de Boulogne* et *Orphée.*

Vive l'audace certes, encore faut-il la déceler où elle est vraiment. Au terme de cette année 1953, s'il me fallait faire une manière de bilan des audaces du cinéma français, n'y trouveraient place ni le vomissement des *Orgueilleux,* ni le refus de Claude Laydu de prendre le goupillon dans *Le Bon Dieu sans confession,* non plus les rapports pédérastiques des personnages du *Salaire de la peur,* mais bien plutôt la démarche de *Hulot,* les soliloques de la bonne de *La Rue de l'Estrapade,* la mise en scène du *Carrosse d'or,* la direction d'acteurs dans *Madame de,* et aussi les essais de polyvision d'Abel Gance. On l'aura compris, ces audaces sont celles *d'hommes de cinéma* et non plus de

10. « Le goût est fait de mille dégoûts » (Paul Valéry).

scénaristes, de metteurs en scène et non plus de littérateurs.

Je tiens par exemple pour significatif l'échec qu'ont rencontré les plus brillants scénaristes et metteurs en scène de la *Tradition de la Qualité* lorsqu'ils abordèrent la comédie : Ferry-Clouzot : *Miquette et sa mère,* Sigurd-Boyer : *Tous les chemins mènent à Rome,* Scipion-Pagliero : *La Rose rouge,* Laudenbach-Delannoy : *La Route Napoléon,* Aurenche-Bost-Autant-Lara : *L'Auberge rouge* ou si l'on veut *Occupe-toi d'Amélie.*

Quiconque s'est essayé un jour à écrire un scénario ne saurait nier que la comédie est bien le genre le plus difficile, celui qui demande le plus de travail, le plus de talent, le plus d'humilité aussi.

Tous des bourgeois...

Le trait dominant du réalisme psychologique est sa volonté antibourgeoise. Mais qui sont Aurenche et Bost, Sigurd, Jeanson, Autant-Lara, Allégret, sinon des bourgeois, et qui sont les cinquante mille nouveaux lecteurs que ne manque pas d'amener chaque film tiré d'un roman, sinon des bourgeois ?

Quelle est donc la valeur d'un cinéma antibourgeois fait par des bourgeois, pour des bourgeois ? Les ouvriers, on le sait bien, n'apprécient guère cette forme de cinéma même lorsqu'elle vise à se rapprocher d'eux. ils ont refusé de se reconnaître dans les dockers d'*Un homme marche dans la ville* comme dans les mariniers des *Amants de Bras-Mort.* Peut-être faut-il envoyer les enfants sur le palier pour faire l'amour, mais leurs parents n'aiment guère à se l'entendre dire, surtout au cinéma, même avec « bienveillance ». Si le public aime à s'encanailler sous l'alibi de la littérature, il aime aussi à le faire sous l'alibi du social. Il est instructif de considérer la programmation des films en fonction des quartiers de Paris. On s'aperçoit que le public populaire préfère peut-être les naïfs petits films étrangers qui lui montrent les hommes « tels qu'ils devraient être » et non pas tels qu'Aurenche et Bost croient qu'ils sont.

Comment on se refile une bonne adresse...

Il est toujours bon de conclure, ça fait plaisir à tout le monde. Il est remarquable que les « grands » metteurs en scène et les « grands » scénaristes ont tous fait longtemps des petits films et que le talent qu'ils y mettaient ne suffisait pas à ce qu'on les distinguât des autres (ceux qui n'y mettaient pas de talent). Il est remarquable aussi que tous sont venus à la qualité *en même temps*, comme on se refile une bonne adresse. Et puis un producteur — et même un réalisateur — gagne plus d'argent à faire *Le Blé en herbe* que *Le Plombier amoureux*. Les films « courageux » se sont révélés très rentables. La preuve : un Ralph Habib renonçant brusquement à la demi-pornographie, réalise *Les Compagnes de la nuit* et se réclame de Cayatte. Or, qu'est-ce qui empêche les André Tabet, les Companeez, les Jean Guitton, les Pierre Véry, les Jean Laviron, les Ciampi, les Grangier de faire, du jour au lendemain, du cinéma intellectuel, d'adapter les chefs-d'œuvre (il en reste encore quelques-uns) et, bien sûr, d'ajouter des enterrements un peu partout ?

Alors ce jour-là nous serons dans la « tradition de la qualité » jusqu'au cou et le cinéma français, rivalisant de « réalisme psychologique », d'« âpreté », de « rigueur », d'« ambiguïté », ne sera plus qu'un vaste enterrement qui pourra sortir du studio de Billancourt pour entrer plus directement dans le cimetière qui semble avoir été placé à côté tout exprès pour aller plus vite du producteur au fossoyeur.

Seulement, à force de répéter au public qu'il s'identifie aux « héros » des films, il finira bien par le croire, et le jour où il comprendra que ce bon gros cocu aux mésaventures de qui on le sollicite de compatir (un peu) et de rire (beaucoup) n'est pas comme il le pensait son cousin ou son voisin de palier mais *lui-même*, cette famille abjecte, sa *famille*, cette religion bafouée, *sa* religion, alors ce jour-là il risque de se montrer ingrat envers un cinéma qui se sera tant appliqué à lui montrer la vie telle qu'on la voit d'un quatrième étage de Saint-Germain-des-Prés.

Certes, il me faut le reconnaître, bien de la passion et même du parti pris présidèrent à l'examen délibérément pessimiste que j'ai entrepris d'une certaine tendance du cinéma français. On m'affirme que cette fameuse « école du réalisme psychologique » devait exister pour que puissent exister à leur tour *Le Journal d'un curé de campagne*, *Le Carrosse d'or*, *Orphée*, *Casque d'or*, *Les Vacances de Monsieur Hulot*.

Mais nos auteurs qui voulaient éduquer le public doivent comprendre que peut-être ils l'ont dévié des voies primaires pour l'engager sur celles, plus subtiles, de la psychologie, ils l'ont fait passer dans cette classe de sixième chère à Jouhandeau, mais il ne faut pas faire redoubler une classe indéfiniment !

(*Cahiers du cinéma* n° 31 — janvier 1954)

Les sept péchés capitaux de la critique

Il est toujours question des vedettes et des cinéastes, les goûts et dégoûts des uns, les manies des autres. Cependant, il existe, en marge du cinéma, une profession ingrate, laborieuse et mal connue : celle de « critique cinématographique ». Qu'est-ce que le critique ? Que mange-t-il ? Quels sont ses mœurs, ses goûts et ses manies ? L'article qui suit a pour but de faire mieux connaître cet artisan désintéressé qui travaille dans l'ombre des salles dites obscures.

L'appareil financier et publicitaire du cinéma, le prestige des vedettes sont tels que la critique, fût-elle unanimement défavorable, serait impuissante à enrayer la marche au succès d'un mauvais film à gros budget.

La critique n'est efficace qu'à l'égard des petits films ambitieux mais sans grandes vedettes.

Je citerai deux exemples opposés qui représentent deux « cas-limites » : *Le Pain vivant* et *La Strada*. Le sort de ces deux films dépendait uniquement du jugement de la critique. Le premier a été unanimement éreinté, ce qui a eu pour conséquence de stopper son exploitation. Jean Mousselle, réalisateur du *Pain vivant*, n'est pas près de se voir confier la mise en scène d'un autre film. Quant à *La Strada* — dont on sait qu'il a battu tous les records de « fréquentation des salles » —, sans la critique il n'aurait pas tenu l'affiche plus de trois semaines ; au lieu de quoi il va rapporter dix ou quinze fois ce qu'il a coûté.

L'influence de la critique ne s'exerçant que sur un film parmi vingt, il serait dans l'ordre des choses que la critique cinématographique fût la plus libre, donc la plus intelligente. On va voir qu'il n'en est rien et comment.

Ignorance de l'histoire

1) Le Critique se complaît dans l'ignorance totale de l'histoire du cinéma. Il est facile de s'en rendre compte à la faveur du remake. Si le remake est annoncé, officiel, le critique (pour paraître savant) écrira que l'on a « repris » l'ancien film « plan par plan », ce qui ne s'est jamais produit. Si le remake n'est pas annoncé, le critique ne s'en apercevra pas. (Exemples : *Prisonniers des marais* de Négulesco était le remake de *L'Etang tragique* de Jean Renoir, *La Flèche brisée* de Dmytryck celui de *La Maison des étrangers* de Mankiewicz). Par ailleurs, le critique, avant de rédiger son papier, consulte souvent les « histoires du cinéma » : comme elles fourmillent d'erreurs, il recopie ces erreurs. Le mois dernier, de nouveaux confrères, dont Jean Dutourd (*Carrefour*) et François Nourissier (*N.N.R.F.*) ont attribué le *Vulcano* de Dieterle à Roberto Rossellini. Ils avaient simplement trouvé ce faux renseignement dans l'*Histoire du cinéma* de Georges Sadoul. On devine que si le critique recopie des erreurs matérielles, il ne répugne guère à reprendre à son compte des jugements qui ne valent guère mieux que la documentation qui les accompagne. C'est encore Georges Sadoul (*Les Lettres françaises*) qui attribuait au grand chef opérateur Robert Burks la paternité de la pièce : *Dial M. for murder*.

2) Le critique cinématographique ignore non seulement l'histoire de son art, mais aussi sa technique.

Combien d'entre les critiques savent ce que sont un « raccord dans l'axe » ou un « panoramique filé » ? Bien sûr, ils ne sont pas tenus d'être très savants là-dessus, mais pourquoi feindre d'y connaître quelque chose ? Quelques exemples :

Georges Charensol (*Les Nouvelles littéraires*) s'étonnait que l'on présentât sur un écran normal *Les Hommes préfèrent les blondes* qui, selon lui, était un film en cinémascope. Mon illustre confrère aurait dû savoir : a) que ce film a été tourné avant le cinémascope, b) que s'il avait été tourné en cinémascope, on ne pourrait le projeter autrement.

Le film de Hitchcock : *La Corde*, comporte en tout et pour tout cinq plans ; *Le Crime était presque parfait* du même Hitchcock en comporte environ quatre cents, ce qui n'a pas empêché Louis Chauvet (*Figaro*) d'écrire : « Le Crime était presque parfait *est une pièce policière filmée comme* La Corde, *d'un seul tenant ou presque.* » J'ai montré à plusieurs de mes confrères cette autre phrase récente de Louis Chauvet ; aucun n'ayant pu lui trouver une signification, je la livre à la perspicacité des lecteurs : « *J'ajoute qu'un metteur en scène soucieux de cinéma pur (?) aurait sans doute préparé puis exploité d'une manière plus énergique les épisodes angoissants par une autre disposition des éclairages (?) et sans nuire à l'authenticité.* »

Louis Chauvet confond peut-être le metteur en scène et le chef-électricien ?

Balzac contre Frison-Roche

3) Le critique se définit par son absence totale d'imagination, sans quoi il ferait des films au lieu de les discuter. D'où le mépris qu'il professe pour l'imagination des autres. Combien de fois relève-t-on ces mots sous sa plume : « *A part une courte pêche au thon, rien d'intéressant dans ce film* », ou : « *L'auteur aurait dû renoncer à son intrigue au profit d'un documentaire sur les papillons.* » C'est en somme le triomphe de Frison-Roche sur Balzac et de Norbert Casterets sur Stendhal. Jean-Jacques Gautier est le champion de cette forme de critique.

4) On ne « fait » pas une carrière de critique sans rencontrer un jour ou l'autre Delannoy, Decoin, Cayatte ou Le Chanois, alors que Mankiewicz, Hitchcock, Preminger ou Hawks sont à des milliers de kilomètres. Il s'ensuit une sorte de chauvinisme plus ou moins conscient.

André Lang (*France-Soir*), s'il n'est pas le plus grand critique, est en revanche et de très loin, le plus « patriotique » ; à le lire régulièrement, on s'aperçoit que rien de ce qui est français ne lui est indifférent ; voici quelques critiques : *Village magique : « Ce village magique de toile et de soleil tout parfumé d'air marin... » Oasis : « Le résultat enchante l'œil ». Le Port du désir : « Un film copieux et dynamique... » Escale à Orly : « Comédie habilement et intelligemment conduite... » Les Evadés : « ... cette émouvante réussite justement honorée par le Grand Prix du cinéma français... » Futures vedettes : « Un sujet en or, traité avec esprit. »*

On peut croire qu'André Lang qui encourage les lecteurs de *France Soir* à aller voir tous ces films n'a que le tort d'être trop indulgent ; voilà pourtant ce qu'il écrit de *La Comtesse aux pieds nus*, film américain qui intrigue fort ceux qu'il n'enthousiasme pas : « *Le film est encore plus bête que le titre.* » Voilà un bien frêle argument et péremptoire.

Razzia sur la chnouf, dont André Lang a chanté les louanges est-il un titre plus intelligent ? Et que penser d'une pièce qui s'intitulerait « Fragile » ?

La politique des auteurs

5) Le critique est insolent et professoral. Roger Régent, au sortir du *Rififi*, voulait conseiller à Dassin de couper un quart d'heure dans le hold-up scientifique. Et que resterait-il du *Carrosse d'or* si chacun de ces messieurs avait pu couper telle scène qui le dérangeait, tel plan qui l'ennuyait ?

La critique cinématographique a ses poncifs : si ce film était signé Untel, personne ne crierait au chef-d'œuvre ou : la rigueur protestante de Jean Delannoy ou : Fernandel, acteur tragique...

La critique fonctionne selon la « loi de l'alternance » ; selon Giraudoux : « *Il n'y a pas d'œuvres, il n'y a que des auteurs* » ; pour le critique de cinéma, c'est tout le contraire : il n'y a pas d'auteurs, et il en va des films comme des mayonnaises ; cela se rate ou se réussit. C'est là qu'intervient la loi de l'alternance.

La critique aime un film de Jean Renoir sur deux, systématiquement.

6) Le critique, qui ignore l'histoire du cinéma et sa technique, qui ne connaît rien à la construction d'un scénario, ne peut juger que sur les apparences, les signes extérieurs d'ambition.

Les critiques jugent les films sur les « intentions » de leurs auteurs. Leur méconnaissance de l'histoire et de la technique du cinéma, ainsi que des conditions d'écriture des films et de leur exécution, fait qu'ils (les critiques) sont incapables de remonter aux intentions, à moins qu'elles ne soient évidentes, annoncées sur l'affiche, à l'entrée de la salle. L'incompétence et les préjugés font bon ménage. Il s'agit donc de juger sur leurs intentions des films dont on n'arrive pas à retrouver les intentions !

Eclatement de la critique

7) Le cinéma — comme du reste tous les arts — devient trop compliqué pour des cerveaux qui donnèrent en 1925 le meilleur d'eux-mêmes.

Il ne serait pas étonnant que l'on assistât bientôt à l'éclatement de la critique. Jacques Lemarchand a confessé qu'il n'avait rien compris à la pièce *Le Maître et la servante*, André Billy a confessé sa perplexité devant *Les Portes dauphines* et M. Emile Henriot, (de l'Académie française) la semaine dernière confiait aux lecteurs du *Monde* qu'après deux lectures successives du *Voyeur*, il se sentait incapable d'en raconter le sujet. A quand cette franchise chez nos confrères du cinéma ? Lequel avouera n'avoir pas tout compris de *La Comtesse aux pieds nus ?*

Dans l'état actuel des choses, il n'y a pas lieu de déplorer l'impuissance de la critique cinématographique par rapport à la toute-puissance de la critique dramatique.

En vérité, le critique cinématographique, lorsqu'il sort d'une salle, ne sait que penser de ce qu'il vient de voir ; il quête un avis auprès de ses confrères : le premier qui parle a raison, celui qui saura trouver une jolie « formule » triomphe.

Avec un peu d'adresse, un critique « intelligent » qui désire « lancer » un film « difficile », peut y parvenir en écrivant son papier avant ses confrères. Sous leurs plumes il retrouvera, adapté sinon « repensé » l'essentiel de son argumentation. Le cas s'est produit récemment pour un excellent film dont je ne puis donner le titre.

Curieux exercice, curieuse profession. En vérité, je vous le dis : « *N'attachez pas trop d'importance aux critiques* ! »

(*Arts*, 1955)

Vous êtes tous témoins dans ce procès le cinéma français crève sous les fausses légendes

Le cinéma est-il un art ?

Dans la plupart des cas, la conclusion se résume au mot oui. Il y a toujours l'exception qui confirme la règle et, dans ce cas, la conclusion est celle-ci : le cinéma n'est pas un art, car les films sont le résultat d'un travail collectif, le film est une œuvre d'équipe.

On pourrait déclarer tout net que, contrairement à ce qui est écrit dans toutes les histoires du cinéma, contrairement à ce qu'affirment les metteurs en scène eux-mêmes, un film n'est pas plus un travail d'équipe qu'un roman, qu'un poème, qu'une symphonie, qu'une peinture.

Les grands metteurs en scène, Jean Renoir, Roberto Rossellini, Alfred Hitchcock, Max Ophuls, Robert Bresson et bien d'autres, écrivent eux-mêmes les films qu'ils tournent. Quand même s'inspirent-ils d'un roman, d'une pièce, d'une histoire vraie, le point de départ n'est qu'un prétexte. Un cinéaste n'est pas un écrivain, il pense en images, en termes de mise en scène, et rédiger l'ennuie.

Le rôle d'un scénariste-dialoguiste auprès d'un grand metteur en scène se limitera à celui d'un technicien, un coup de pouce pour la construction dramatique, une astuce pour « boucler » une intrigue compliquée, des indications de dialogue ; le scénariste parle avec le metteur en scène et lui « renvoie la balle » ; les génériques ne signifient pas grand-chose en fin de compte et c'est ainsi que Cécil Saint-Laurent et Annette Wademant, qui ont signé respectivement le scénario et l'adaptation de *Lola Montès,* m'affirment que Max Ophuls n'a rien conservé de leur travail ; l'un et l'autre n'en sont pas moins de grands admirateurs du film en question et de Max Ophuls.

Si j'ai cité *Lola Montès,* c'est que ce film constitue un exemple parfait de film dont le metteur en scène est l'unique responsable ; un jour, je rendis visite à Max Ophuls ; il me convia à regarder des rushes : c'étaient de longs plans de la route de Nice, rougie artificiellement par Ophuls ; les feuilles elles-mêmes avaient été teintes. Max Ophuls n'était pas dans la salle et Christian Matras, excellent chef-opérateur du film, ne cachait pas son indignation : « *On n'a jamais vu une route rouge, et ces feuilles ! Ce n'est pas naturel...* » Le chef-opérateur de *Lola Montès,* collaborateur le plus direct de Max Ophuls, ignorait les intentions du cinéaste ; il ignorait peut-être même pourquoi Ophuls avait fait peindre la route et les feuilles (chaque épisode de *Lola Montès* correspondant à une saison, le sketch de l'aventure avec Litz devait être automnal).

Il n'est donc pas exagéré de prétendre que Max Ophuls était son propre chef-opérateur, d'autant que l'on retrouve le même style de photo dans tous ses films, alors que Christian Matras a fait dans *Till l'espiègle,* par exemple, une photo en couleurs excellente, mais très différente.

Une autre fois, j'allai voir Ophuls au studio ; il préparait un plan qu'il tournerait l'après-midi. Le décor représentait l'appartement de Martine Carol à

Nice où Peter Ustinov vient lui proposer de jouer sa vie dans son cirque. Le long de l'escalier — l'œuvre d'Ophuls est pleine d'escaliers parce que l'action de grimper des marches est encore plus physique que la marche —, il y avait de petits carreaux transparents. Ophuls se disputait avec son directeur de production, son vieil ami Ralph Baum : « *Ralph, je veux des carreaux de couleur, de plusieurs couleurs, à la place de ceux-ci* ! » Le directeur de production faisait son travail qui est de concilier les désirs artistiques du metteur en scène et les impératifs financiers du producteur : « *Max, ces carreaux, on ne les verra même pas sur l'écran puisque le mouvement de grue est trop rapide et que l'on voit très vite apparaître Ustinov en haut de l'escalier.* — *Ralph, je tiens à ces carreaux de couleur, absolument* ! » A part moi, je donnai raison à Ralph Baum, tant il semblait évident que ce détail n'était pas important.

Le jour où j'ai vu le film pour la première fois — jour à marquer d'une pierre blanche —, j'ai constaté qu'après mon départ du plateau, Ophuls avait obtenu gain de cause : j'ai vu la silhouette d'Ustinov se profiler derrière les carreaux de couleur, grimper l'escalier pesamment — comme un éléphant — accompagné d'une musique de cirque et j'ai compris l'intention d'Ophuls : Ustinov est l'homme du cirque et son arrivée dans la vie de Lola devait évoquer l'ambiance du cirque non seulement par la musique, mais aussi par les couleurs différentes, l'ambiance multicolore de la piste, les projecteurs teintés.

Les metteurs en scène dont j'ai déjà dit qu'ils pensent en images répugnent à s'expliquer par les mots, ils sont généralement aussi pudiques que les scénaristes le sont peu, d'où le refus de Max Ophuls à expliquer ses intentions à ses plus proches collaborateurs[11].

11. Les scénaristes sont des « baratineurs ». Ils glissent dans les dialogues de films les phrases définitives des romans qu'ils n'auront jamais le courage d'écrire. Si le film est mauvais, le scénariste se défend en disant qu'il ne reste plus rien de son travail. S'il est bon, il se plaint que le prestige n'en rejaillisse que sur le seul metteur en scène. Jean Ferry reproche aux critiques, de le juger sur des

Jean Renoir, qui est très proche de Max Ophuls, procède de manière différente ; il n'est pas autoritaire, il ne sait pas d'avance ce qu'il veut obtenir, mais il feint de le trouver en même temps que ses collaborateurs et ses interprètes, grâce à eux, alors qu'il n'en est rien. Renoir déclare toujours qu'il n'est pas l'auteur de ses films, que ce sont les amis qui ont tout fait, tout trouvé, qu'un film est une œuvre collective, mais il n'en pense rien, et je crois bien que sa femme elle-même, Dido Renoir, qui travaille à ses côtés depuis la conception du film jusqu'à la livraison de la « copie zéro », ne soupçonne pas que ce qui se trame dans le cerveau de son mari n'a aucun rapport avec ce qui est écrit sur le scénario, aucun rapport avec la « fantaisie musicale » annoncée au générique, aucun rapport avec ce à quoi s'attend le producteur : il y avait tellement de rires sur le plateau d'*Elena et les hommes* que tout le monde, visiteurs, interprètes, techniciens s'attendait à un film désopilant.

Si le beau film de Renoir ne rencontre qu'un accueil assez froid, c'est qu'il est aussi personnel qu'une empreinte digitale, plus personnel même que ne le voudrait Renoir qui, tout en ayant conservé le désir de s'amuser et d'amuser ses semblables, est devenu très pessimiste en vieillissant, très amer en s'apercevant qu'il avait surestimé ses contemporains et que la bonne volonté de quelques-uns ne peut rien contre le pourrissement du monde politique et la volonté des hommes d'aujourd'hui de ne pas chercher la conciliation, la paix, la sagesse. *Elena* est bien un film de Renoir, le film d'un homme extraordinairement fin et confiant, qui a accepté une guerre mais refusé la seconde (annoncée par lui dans *La Règle du jeu*), que la lecture des journaux écœure et poursuit jusque dans son travail, un homme qui, parce qu'il est né à Montmartre, résiste à son désir de s'installer aux Indes, et qui

---

dialogues de commande du genre *Bonjour Paris, bonjour l'amour*, mais lorsqu'il écrit délibérément pour un metteur en scène de qualité, cela donne par exemple : « *Il me croit vierge et dans le civil il est professeur de psychologie* ! » (*Manon*).

adopte un compromis : une petite maison en brique, construite de plain-pied, en Amérique, où il retrouve la sérénité quelques mois par an.

Il suffirait de voir *Elena* en sachant que c'est un film sérieux pour que tout devienne clair. Mais plus ce qu'un grand artiste veut dire est sérieux, plus il s'efforce de le dire légèrement, toujours par pudeur, et dans le cas de Renoir, par humilité. *Elena* n'est pas un film d'équipe malgré le grand talent de Claude Renoir, Ingrid Bergman, etc.

Le niveau moyen des films dans les pays dont nous connaissons l'ensemble de la production est assez bas. Les producteurs pensent sincèrement que l'on manque de scénaristes inventifs et talentueux ; les scénaristes pensent qu'il n'est pas nécessaire de se creuser la tête pour des réalisateurs qui affadiront leur pensée, des producteurs qui émasculeront leurs sujets. Les metteurs en scène invoqueront la censure politique ou celle des mœurs et, *systématiquement,* la censure financière des producteurs, celle enfin dont les lois tacites sont édictées par le crétinisme du public.

De la même façon que j'ai prétendu que le film n'est pas une œuvre collective, je me propose de chercher pourquoi, selon moi, la liberté d'expression est totale pour un grand metteur en scène.

Il y a en France plus de trois cents producteurs inscrits, sans compter tous les gens qui possèdent des fortunes plus ou moins licites — le trafic des piastres n'entre peut-être pas pour rien dans les investissements de ces dernières années — et pour qui la production de films est une excellente manière d'employer leurs capitaux bloqués. Il en est des producteurs comme des cinéastes ; il y a ceux qui connaissent leur métier et les autres, ceux qui sont intelligents et les autres, ceux qui sont honnêtes et les autres. On peut réussir à tourner un bon film avec un producteur intelligent et honnête (*Un condamné à mort s'est échappé* est un bon exemple puisqu'il ne contient pas un mot, pas une image venant de quelqu'un d'autre que Robert Bresson qui a, de plus, écrit lui-même le scénario et les dialogues, choisi librement toute son équipe, ses interprètes, ses décors, sa musique).

On peut très bien également tourner un bon film avec de mauvais producteurs ; leur ignorance du métier, le travail inouï que constituera la recherche des capitaux qu'ils n'ont pas, les empêcheront de s'occuper de la partie créatrice. (En l'occurrence, je ne puis citer d'exemples, mais ils abondent). Par ailleurs, et même dans le cas du *Condamné à mort s'est échappé*, un film constitue un spectacle et la nécessité pour un cinéaste de tenir compte de cette réalité (à la condition majeure qu'il ne sous-estime pas le public) constituera une discipline esthétique supplémentaire, grâce à quoi son œuvre sera moins intentionnelle, moins théorique, moins gratuite qu'un roman moderne, qu'une peinture abstraite, qu'un morceau de musique concrète ou qu'un poème obscur ; elle sera plus décisive, plus « utile » à l'homme d'aujourd'hui, moins hautaine mais plus noble.

L'écrivain moderne est tenté de déchirer son manuscrit : « *A quoi bon ?... Serais-je compris ?... Ne suis-je pas qu'un raté ? Tout cela n'a-t-il pas déjà été dit et mieux dit ?...* » Bref, l'artiste moderne connaît les affres du doute, conscient de la vanité de sa tâche, il vacille devant le gouffre du renoncement, si l'orgueil ne l'étouffe. Jean Anouilh déclare qu'il cesse de lire les journaux pendant qu'il écrit une pièce, de crainte que la plume ne lui glisse des mains. Le cinéaste, lui, n'a pas le droit de reculer, d'abandonner ; une immense machinerie qui le domine et qu'il domine tour à tour l'entraîne de force ; des millions sont en jeu, et tout simplement parce qu'il a eu l'idée d'un film, un cinéaste fait vivre pendant des semaines des électriciens, des machinistes, des comédiens et leurs familles ; il ne peut stopper la marche de son œuvre qu'en devenant subitement fou, comme Lantier à bord de sa locomotive dans *La Bête humaine*.

Par ailleurs, le cinéma, en ce qui concerne huit films sur dix, est financé sur le seul nom des vedettes ; il en est d'intelligentes que l'on peut convaincre et gagner à sa cause. C'est grâce à Frank Sinatra que Otto Preminger a pu tourner *L'Homme aux bras d'or* dans un système de production où la simple mention du mot drogue était interdite par des associations plus puissantes que ne le seront jamais en France les syndicats de producteurs et même les politiciens.

La censure n'existe pas, l'argent purifie tout

Quant à la censure politique, c'est la même chose. Les politiciens passent, les cinéastes restent et nos gouvernants ont tant de vilenies sur la conscience qu'un habile chantage serait décisif, quand même les vingt-deux membres de la commission de censure auraient interdit tel ou tel film à l'unanimité. (La puissance de l'argent, quoique fameuse, est toujours sous-estimée ; interdits à l'unanimité, des films pornographiques tels que *Légère et court vêtue* ou *Au Diable la vertu,* sont sortis sans « visa » dans toutes les salles de France et aussi de Navarre, malgré l'interdiction à l'exportation. Ce que l'on a obtenu pour des films cochons on peut aussi bien l'obtenir pour des films « audacieux » ou « courageux »). C'est par une ruse intelligente que Jacques Becker obtint de remettre dans *Casque d'or* un plan de guillotine coupé par les censeurs.

Donc la censure politique n'existe pas et Clouzot bluffe lorsqu'il dit qu'on ne lui a pas laissé faire un film sur la guerre d'Indochine. Il y avait douze façons pour un homme comme lui, considéré, protégé par la presse mondiale, financé automatiquement, aidé par n'importe quelle vedette, de tourner ce film à sa convenance ; par ailleurs, si Clouzot avait eu un désir profond, réel, de réaliser un tel film et qu'on l'en eût empêché, il ne se serait pas consolé avec *Les Diaboliques*.

Tout ceci m'amène naturellement à aligner deux formules : *le cinéma est purifié par l'argent. La censure n'existe pas*.

On me dira qu'une telle lutte et tant de ruses n'entrent pas dans les devoirs d'un artiste et qu'il y a là quelque chose d'inhumain. Je répondrai que la mise en scène n'est pas un travail de collégienne ou de garçonne et que réaliser un film constitue également une performance physique. Il s'en suit qu'un grand metteur en scène est forcément viril, courageux, puissant, à l'abri des tentations romantiques, roucoulades, esthétisme, pirouettes décoratives, poudre aux yeux.

Cet article qui, à l'intérieur de la « profession », fera sourire ceux qu'il ne mettra pas en colère, m'est dicté par un amour profond, total, du cinéma et le mépris de ceux qui en vivent sans l'aimer. Il n'y a pas de crise du cinéma car s'il y avait une crise, les producteurs cesseraient de produire, ce qui n'est pas le cas, les chiffres des investissements grimpant chaque année, en même temps il est vrai que celui des déficits, mais là réside le divin mystère... S'il y avait une crise du cinéma, ce serait une crise d'hommes et non une crise de sujets — les sujets ne sont pas des légumes qui poussent bien ou mal selon le temps qu'il fait.

N'importe qui peut être metteur en scène ou acteur

En fait, je trouve qu'il est stupide de se lamenter, à quelque échelon que l'on soit. Que ceux qui, travaillant dans le cinéma ne sont pas satisfaits, changent de métier ; personne n'est venu au cinéma autrement que de son plein gré. Si les scénaristes sont déçus par les metteurs en scène, que ne tournent-ils eux-mêmes les films qu'ils écrivent ? Si les réalisateurs ne sont pas contents de leurs producteurs, que ne financent-ils leurs films eux-mêmes ?

N'importe qui peut être metteur en scène, n'importe qui peut être scénariste, n'importe qui peut être acteur (il n'est guère que la fonction de chef-opérateur qui réclame quelque technologie). La pellicule coûte trente mille francs les trois cents mètres. Un grand film fait deux mille cinq cents mètres. On pourrait déduire de cela qu'il suffit de réunir un million de francs pour tourner un grand film. Ce serait oublier la location de la caméra, le coût des éclairages et surtout les tarifs de laboratoires (développement de la pellicule, tirage, etc.), le son, le montage, le mixage, en admettant que tout le monde soit bénévole. On peut imaginer qu'une caméra s'emprunte, qu'un film peut se tourner entièrement en extérieurs (suppression des éclairages) et que l'essentiel étant de tourner, il n'est pas nécessaire de développer tout de suite la pellicule. Alors, dans ce cas, on arrive à cette conclusion stupéfiante que, dans un pays où le coût moyen des films oscille autour de quatre-vingt-dix millions de francs, un garçon qui a quelque chose dans le ventre, comme on dit un peu bêtement, peut tourner un film pour quatre ou cinq millions ! [12]

Ce serait compter sans l'admirable organisation du cinéma français, grâce à laquelle vous n'avez pas le droit d'acheter de la pellicule sans une autorisation de tournage, laquelle s'obtient sur présentation d'un devis qui n'est pas considéré comme « sérieux » au-dessous d'environ trente millions.

Il est possible, sans trop se donner de mal, de se procurer de la pellicule illégalement, de tourner illégalement et de faire développer illégalement (la preuve : les films pornographiques clandestins projetés en appartement, rue Blanche).

Votre film terminé risque de rencontrer toutes sortes d'ennuis avec les organisations par lesquelles vous auriez dû passer pour le tourner ; là encore, il est possible de jouer sur l'élasticité d'un système que la rareté des exceptions empêche d'être trop rigoureux.

La Pointe courte d'Agnès Varda, film qui, malheureusement, s'adresse à une clientèle très restreinte — la seule que concernerait *Un condamné à mort s'est échappé* s'il s'agissait d'un détenu de droit commun au lieu d'un lieutenant de la résistance — réalisé dans un village près de Sète, en intérieurs réels et dans les rues, financé par des particuliers réunis en coopérative, techniciens et acteurs travaillant en participation, c'est-à-dire payés sur les bénéfices éventuels, a coûté, je crois bien, une dizaine de millions, ce qui est fort peu, eu égard au soin maniaque de l'entreprise, son standing fort honorable.

12. Les chiffres mentionnés par F. Truffaut sont évalués en anciens francs NDLE.

C'est de cette manière qu'a été réalisé en Amérique, par trois jeunes gens, *Le Petit Fugitif*, qui a eu, lui, une carrière internationale.

Lorsque les choses, dans le cinéma, ne vont pas très bien il ne reste plus qu'à souhaiter qu'elles empirent, de manière que les colonnes du temple, lentement métamorphosé en bordel, s'écroulent, suscitant un renouvellement par la base.

Rossellini : Palissy du cinéma

Le cinéma italien, qui éclata en 1943 sous le poids de *Scipion l'Africain*, ressuscita avec *Rome, ville ouverte*, qui est la première pierre du néo-réalisme. Pour acheter la pellicule, Roberto Rossellini dont je vais dire beaucoup de bien, vendit son appartement. Comme il n'avait pas d'argent pour la développer, il réalisa son film jusqu'au bout sans jamais voir de rushes, nerveusement, implacablement, brutalement, sans défaillance et sans prendre le temps de se gratter la tête ; dans la rue, il priait les passants de faire ceci ou cela et si l'un d'eux malgré ses ordres regardait la caméra, il descendait lui casser la figure. Quand le film fut terminé, Rossellini vendit à une vieille comtesse italienne trois Chirico qu'il possédait encore et le film fut développé enfin et sonorisé, ayant été tourné en muet. Au bout de ce marathon dans la nuit, il y avait le Festival de Cannes, un homme d'affaires américain et avisé, la fortune...

Il faut dépasser l'anecdotique

Peu à peu, le cinéma italien se dégrada et retourna à l'école de *Scipion l'Africain* ; Rossellini refusa de céder et, seul à continuer dans la ligne de *Rome, ville ouverte*, petit budget, tournage rapide, liberté totale, connut bien des échecs commerciaux. Contrairement à Pagliero, Lattuada, Blasetti, De Sica, De Santis, il n'accepta jamais un film de commande, et l'an dernier il quitta la Jamaïque au deuxième jour de tournage de *Sea Wife*, parce que la femme du producteur exigeait qu'il filmât un cyclone pour corser l'ensemble !

Roberto Rossellini depuis quatre mois est aux Indes,

où il tourne huit histoires qui illustreront les principaux problèmes sociaux et religieux propres à ce pays. Je suis certain que ce film imposera de nouveau le nom de Rossellini dans le cinéma mondial, parce qu'il procède d'une vision claire, nette et lucide de ce dont a besoin le cinéma pour dépasser l'historiette et le mélodrame.

Je ferme la parenthèse rossellinienne en exprimant le vœu de voir naître en France des entreprises aussi radicalement révolutionnaires que celle de *Rome, ville ouverte*. Le moment est venu, car l'édifice est branlant ; les derniers films de Fernandel et de Jean Gabin vont faire perdre de l'argent à leurs producteurs, ce qui est tout à fait réjouissant, car on hésitera désormais à faire tourner n'importe quoi par n'importe qui, sur leur seul nom, ce qui donne à Brigitte Bardot la première place dans le box-office.

Une nouvelle vérité n'est jamais trop chère

Brigitte Bardot étant bien conseillée et très consciente de la valeur des cinéastes qui l'ont dirigée à ce jour, n'acceptera plus de tourner avec un Lacombe ou un Gaspart-Huit. Elle a récemment signé avec Vadim, Autant-Lara et Robert Aldrich des contrats qui la garantissent de ne rien tourner de bas ou de vulgaire. Ceux qui critiquent Brigitte Bardot actuellement — ils sont nombreux — ne comprennent pas qu'elle inaugure un nouveau moment du cinéma. A Cannes, le soir dans les bars, des messieurs en smoking et des dames en taffetas cassent du sucre sur le dos de Brigitte Bardot : « *C'est un scandale : 45 millions par film à une fillette mal débarbouillée qui ne sait pas dire un texte... il paraît qu'elle ne veut pas dire les dialogues de* La Parisienne... *il paraît que...* ». Pendant que les oisifs se gaussent d'elle, B.B. travaille à sauver (sans s'en douter le moins du monde) le cinéma français.

Une histoire que l'on raconte contre elle, redouble mon admiration. Il paraît qu'ayant à prononcer une longue phrase très bien tournée, dans *La Parisienne* justement, B.B. a suggéré à Michel Boisrond : « *Et si je disais à la place seulement* : Non ? ». Je trouve cela admirable et significatif ; *La Parisienne*, ce que j'en sais, ce que tout le monde en sait, est une comédie dans laquelle Brigitte Bardot est la fille d'un ambassadeur ; c'est le vieux style de comédie américaine, toujours le même, avec les conventions du genre, le même brillant, le même vernis. Que Brigitte Bardot, actrice en 1957, réagisse sur un plateau de cinéma comme les filles de son âge, qui n'aiment pas faire de phrases, qui n'aiment pas « dire au revoir » (cf. *Dieu créa la femme*), qui n'aiment pas dire merci, bref, qui n'aiment pas parler pour ne rien dire et se moquent bien d'être spirituelles, voilà une gifle à nos théâtreux ou romanciers refoulés. Voilà qui donne mille fois raison à Vadim, seul à avoir compris que Brigitte Bardot n'était pas une actrice qui articule, qui dit « juste », qui « nuance » et qui grimace sur commande, mais un personnage, *une star*, au sens où l'entend Malraux.

J'aime beaucoup Michel Boisrond, j'aime beaucoup Annette Wademant et Charles Boyer, je supporte Henri Vidal, mais je sais bien que *La Parisienne* n'apportera rien de neuf dans le cinéma français, aucune vérité d'aucune sorte, seulement de beaux costumes, uniformes et robes du soir, un bal somptueux probablement et de beaux décors chatoyants. Je serais ravi si, grâce à l'imperméabilité de Brigitte Bardot, son inaptitude à la rouerie et à la convention, il pouvait se glisser quelques fausses notes dans le concert de musique de chambre ; si, grâce à elle, quelques mots du dialogue sont écorchés, si quelques intonations sont rauques, si l'unité de ton est détruite, si l'homogénéité de l'œuvre est compromise, le film me comblera en m'apportant au moins des SURPRISES et, de temps à autre, *une seconde de vérité*, un rien, un certain geste, un petit regard, une syllabe appuyée car, je vous le demande, quel intérêt y a-t-il à entendre une comédienne dire juste un dialogue faux ? Comme Renoir, je préfère entendre dire faux un dialogue juste, et je crois fermement qu'avec Françoise Rosay et Edwige Feuillère disparaîtra un style de jeu qui a été celui de tout le cinéma français depuis le parlant : battement des paupières, regards qui en disent long, diction nuancée et onctueuse, l'expression roublarde et le visage plein de l'intelligente compréhension d'un texte riche en sous-entendus !

Maintenant, on peut rêver d'un cinéma sans Françoise Rosay, sans Edwige Feuillère et aussi sans Brigitte Bardot. Mais comme ce n'est pas Henri Vidal qui déplacera les foules, un « *bon sujet bien mis en scène* » ne suffira plus, le talent non plus, *il faudra du génie* ! A partir du moment où il est reconnu que c'est POUR Brigitte Bardot que le public se dérange et pour elle *seulement*, on n'a pas le droit de dire qu'elle est trop payée, puisqu'elle est le film à elle seule et il me semble que c'est la moindre des choses que d'adapter le film à son personnage plutôt que le contraire.

Je trouve très bien que Brigitte Bardot ne soit pas une actrice de théâtre capable de tout faire, de même que je préfère Magali Noël qui chante faux en soufflant que cela en devient pathétique des chansons de Boris Vian, à douze chanteuses capables de vocalises extraordinaires. Le style, c'est la femme !

Il n'y a pas de mauvais films : il n'y a que des réalisateurs médiocres

Je ne crois pas aux bons et aux mauvais films, je crois aux bons et aux mauvais metteurs en scène [13]. Il est possible qu'un cinéaste médiocre ou très moyen réussisse un film de temps à autre, mais cette réussite ne compte pas. Elle a moins d'importance qu'un ratage de Renoir, si tant est que Jean Renoir puisse rater un film. De ses films, celui que j'aime le moins est *French Cancan*, où la part des contingences extérieures me paraît trop grande. Toutefois, *French Cancan*, par son thème (la vocation du spectacle chez un homme qui fait coïncider sa vie sentimentale avec son activité professionnelle), par la direction de Françoise Arnoul, comp-

13. Actuellement le rêve de tout mauvais metteur en scène français est d'avoir pour scénaristes-dialogistes Jean Aurenche et Pierre Bost, gage presque certain de réussite commerciale, tandis que le rêve de certains bons metteurs en scène français est d'avoir un succès sans le secours d'Aurenche et Bost. (C'est le drame de René Clément, Jean Delannoy et Claude Autant-Lara.)

tait plus dans l'année 1955 que tous les autres films français.

Un metteur en scène possède un style que l'on retrouve dans tous ses films, et ceci vaut pour les pires cinéastes et leurs pires films. Les différences d'un film à l'autre[14], un scénario plus ingénieux, une meilleure photo, je ne sais quoi, n'ont pas d'importance, car ces différences tiennent justement à cet apport de l'extérieur, plus ou moins d'argent, un plus ou moins long temps de tournage. L'essentiel est qu'un cinéaste intelligent et doué demeure intelligent et doué quel que soit le film qu'il tourne. Je suis donc partisan de juger, lorsqu'il s'agit de juger, non des films mais des cinéastes. Je n'aimerai jamais un film de Delannoy, j'aimerai toujours un film de Renoir.

Le film de demain sera tourné par des aventuriers

Ce que l'on pourrait écrire qui soit pessimiste sur le cinéma français est ceci : au moment où le cinéma hollywoodien se libère, où les cinéastes commencent enfin à tourner les films de leur choix, où les Nicholas Ray, les Richard Brooks, les Aldrich, les Anthony Mann, les Kazan, les Mankiewicz, les Logan tournent des films sur la guerre, contre la guerre, contre la publicité, des films extrêmement libres à tous points de vue, les cinéastes français, parcourant un chemin inverse, s'apprêtent à singer l'Hollywood d'il y a cinq ans. Nos cinéastes deviennent des esclaves de la superproduction et, comme ils n'ont pas tous la force

14. Le film d'équipe : un bon scénario bien mis en valeur, bien joué, etc., ne peut donner que des réussites éphémères, des films qui font illusion à leur sortie et qui sont rigoureusement invisibles dix ans plus tard. (cf. *Les Visiteurs du soir, Brève rencontre, Quatre pas dans les nuages, The Lost Week-end*, etc.). Le film de metteur en scène ne vise pas à la perfection ; il est moins homogène mais plus vivant, il est plus beau à revoir (*La Règle du jeu*, *L'Atalante*, *Un grand amour de Beethoven*, *Notorious*, *Amore*, *Le Plaisir*).

Le film de scénariste vise à une fausse perfection tandis que le film de metteur en scène sacrifie toujours quelque chose : la psychologie (Renoir), la vraisemblance (Hitchcock), le confort (Ophuls), les détails (Rossellini), la logique (Astruc), etc. On dit toujours : « *Renoir est inégal* », bien sûr et c'est ce qui fait sa force.

d'Ophuls, ils se laissent dévorer, absorber par le standing démesuré des films d'aujourd'hui.

Becker, il y a trois ans, annonçait son intention d'aller faire son « petit Flaherty au Maroc » en filmant la vie quotidienne des jeunes Arabes. Le résultat fut un film très coûteux et finalement peu commercial : *Ali Baba*, avec Fernandel ! Partant à l'aventure au Japon, Yves Ciampi revient avec le très conventionnel *Typhon sur Nagasaki*. Clouzot s'obstine dans le genre Frankenstein et ce n'est pas parce qu'il se réclame de Barbey d'Aurevilly ou de Kafka que cela changera la vraie physionomie de ses films.

Plus les films sont chers, plus ils sont bêtes dans notre système de production, plus aussi ils sont impersonnels et anonymes.

C'est pourquoi, Max Ophuls disparu, Renoir en chômage, nous plaçons notre confiance en Vadim et Astruc plutôt qu'en tout autre parce que les films qu'ils tourneront seront plus personnels, plus vrais, plus neufs. Vadim ne parlera que de ce qu'il connaît bien : les filles d'aujourd'hui, les voitures rapides, l'amour en 1957 (et non pas celui que l'on copie sur les films d'avant-guerre). Alexandre Astruc, de son côté, au tempérament plus abstrait, tournera des films lyriques qui pourront être très beaux et très commerciaux lorsque les personnages seront en costumes d'époque, très beaux et non commerciaux lorsque les mêmes personnages exprimant la même chose seront en costumes modernes.

Le film de demain m'apparaît donc plus personnel encore qu'un roman, individuel et autobiographique comme une confession ou comme un journal intime. Les jeunes cinéastes s'exprimeront à la première personne et nous raconteront ce qui leur est arrivé : cela pourra être l'histoire de leur premier amour ou du plus récent, leur prise de conscience devant la politique, un récit de voyage, une maladie, leur service militaire, leur mariage, leurs dernières vacances et cela plaira presque forcément parce que ce sera vrai et neuf.

Un film de trois cents millions pour s'amortir doit plaire à toutes les couches sociales dans tous les pays.

Un film de soixante millions peut s'amortir simplement sur la France ou en touchant de petits groupes dans beaucoup de pays (*Le Petit Fugitif*).

Le film de demain ne sera pas réalisé par des fonctionnaires de la caméra, mais par des artistes pour qui le tournage d'un film constitue une aventure formidable et exaltante. Le film de demain ressemblera à celui qui l'a tourné et le nombre de spectateurs sera proportionnel au nombre d'amis que possède le cinéaste.

Le film de demain sera un acte d'amour.

(*Arts* — Spécial Festival de Cannes
15 mai 1957)

Clouzot au travail ou le règne de la terreur

L'expression « presse pourrie » vire chaque semaine davantage au pléonasme et, en ce qui concerne le cinéma, il va falloir nous serrer les coudes aux *Cahiers*, dernier bastion de l'intégrité critique. Nous ne reprocherons pas à nos confrères du matin, du soir ou de la semaine, d'être toujours idiots et souvent malhonnêtes, mais d'être *quelquefois* honnêtes. Qu'aucun critique parisien n'ait le courage d'avouer sans détour sa franche déception devant *Œil pour Œil* ou *Les Espions*, passe encore ; Cayatte et Clouzot sont entreprenants, courageux, obstinés et je ne sais quoi encore, ou plutôt si : *ils nous connaissent et nous les connaissons*, nous qui écrivons sur eux ; ils savent prononcer des « conférences de presse », réunir les journalistes aux préviews et l'on risque toujours de les rencontrer ici ou là, ils sont français, n'est-ce pas, et parlent la même langue que nous, tiens pardi !

Mais alors, si l'on se croit tenu à l'indulgence à l'égard de Clouzot, Cayatte, pour ne pas nommer Carlo Rim, Patelière, quelles circonstances atténuantes ne pas évoquer quand il s'agit de Charlie Chaplin auquel nous lie une dette de reconnaissance autrement criarde ? En conclusion, je ne reconnaîtrais à André

Lang, par exemple, le droit d'éreinter *Un roi à New York* qu'à la condition de ne pas nous « recommander » *Ce joli monde, Casino de Paris* et *C'est arrivé à trente-six chandelles*.

Bref, les « Intouchables » du cinéma français contemporain, Clouzot, Clair et Clément, ne seront « reconsidérés » honnêtement qu'ici : il fallait que cela fût dit[15].

Nous parlons beaucoup cinéma aux *Cahiers* et même nous ne parlons que de cela, à tel point que nous en deviendrions dingues tôt ou tard, si nous ne prenions la précaution à tour de rôle d'aller impressionner un peu de pellicule, nous aussi, pourquoi pas.

A force de discuter sur les films sortis et à sortir, à force d'analyser et de chipoter, nous étions arrivés récemment à prévoir assez exactement non seulement à quoi ressembleraient les films attendus, mais jusqu'au sort commercial qui serait le leur. « Jésus en Grèce, en cinémascope noir et blanc avec aux quatre coins de l'écran des popes barbus, notre chère Julie va se casser la figure c'est évident, embarquée dans cette fausse tragédie grecque dont on devinera tout dès la première bobine. » Nous ne nous trompions pas davantage sur *Les Sorcières de Salem*, dont nous pressentions le soin têtu, la perfection glacée, l'ennui académique.

A force de gagner, le jeu nous lassa et nous en modifiâmes les règles ; l'attitude en vigueur présentement aux *Cahiers* n'est plus de deviner ce que sera un film, mais de définir le plus précisément possible ce qu'il pourrait être « au mieux » ; ce nouveau jeu est plus subtil, plus constructif aussi, riche de préjugés favorables. Il ne s'agit plus que de faire semblant de miser. Nous étions d'avance pour *Un roi à New York*, *Les Espions*, *Les Fanatiques*, *Un homme dans la foule*,

15. Je n'ai rencontré H.-G. Clouzot qu'une fois. C'était la semaine de la sortie du premier film de Vadim. Clouzot me dit : « *J'ai lu votre article sur Brigitte Bardot et je ne suis pas d'accord avec vous. Je trouve davantage de qualité de mise en scène dans* La mariée est trop belle *que dans* Et Dieu créa la femme ». Il me dit encore : « *Je me suis fait projeter* Le Grand Couteau. *Dieu que c'est mal joué, c'est exagéré, hein ?* »

comme nous étions contre *Pot-bouille, Douze hommes en colère, Amère victoire*. Le jeu en vaut la chandelle et, ravis de nous tromper dans un sens ou dans l'autre, voici la situation actuelle. Nous sommes pour : *Ascenseur pour l'échafaud, Une vie, En cas de malheur*, contre *Sans famille, Le Désert de Pigalle, Le Gorille, Thérèse Etienne*. A ce nouveau jeu, comme à l'ancien, préside Jacques Rivette dont la perspicacité diabolique n'est jamais prise en défaut.

L'examen des photos parues dans *Cinémonde*, notre rancœur contre *Les Diaboliques*, la bonne volonté et la loi de l'alternance faisant le reste, tout nous prédisposait en faveur des *Espions*. Le livre de Michel Cournot : *Le Premier Spectateur* (éditions Gallimard), dont plusieurs extraits paraissaient dans *France-Soir*, acheva de nous enflammer.

Mais lorsque l'on sort des *Espions*, souscrivant fermement au jugement de Elio Vittorini[16], il faut surmonter sa lassitude et relire l'ouvrage en question, qui nous éclaire cette fois dans l'autre sens.

Aucun journal n'a osé reproduire ce mot de Jeanson à propos des *Espions* : « *Clouzot a fait kafka dans sa culotte* », admirable formule qui en sept mots réussit à rendre compte très parfaitement de la portée exacte de l'entreprise.

Si la lecture, puis la relecture du *Premier Spectateur* sont tellement instructives, c'est que ce livre est avant tout l'histoire d'une déception. On sent très bien Cournot séduit, puis progressivement déçu par le cinéaste au travail dont il doit tracer le portrait. Ce livre est également le récit minutieux d'un abus de pouvoir. Clouzot, oubliant que son travail consiste essentiellement à animer, à installer de la vie, va durant quatre-vingt-dix jours, paralyser toute une équipe en la terrorisant. Pendant trois mois, il donnera son « génie » en spectacle et devra porter seul sur ses

16. « *Certes, il nous arrive, à nous aussi en Italie, de nous enticher de certains de vos traits uniquement pittoresque ou qui, de toutes manières, ne vous sont pas essentiels : par exemple des films de Clouzot (que vous me permettrez de considérer parmi les plus laids et les plus sots de votre cinéma)* ». (Elio Vittorini in *France-Observateur*).

épaules le poids d'un film qui s'en va à la dérive, chacun ne pouvant donner que le minimum de soi-même.

Dès la première phrase, c'est la terreur : « *Vingt-deux, l' patron, dans l'ascenseur !* »

Clouzot, pour un rôle de bonniche comportant deux répliques, ne convoque pas moins de seize filles dont aucune ne fait l'affaire. Voici en quels termes il renvoie l'une d'elle : « *Ce n'est pas vrai, Mademoiselle, il faut apprendre à parler juste* » (page 17). Finalement, cent pages plus loin, une candidate est acceptée : « *Ça suffit*, dit Clouzot. *C'est vrai, ce qu'elle fait. C'est une vraie garce... Prévenez Matras, on va lui faire faire un essai.* » (A noter : 1) Que Clouzot s'exprime ainsi en présence de la jeune actrice ; 2) Qu'il va lui faire faire un essai !) La maniaquerie ne constitue pas un vice rédhibitoire et nous admirons fort certains cinéastes aussi scrupuleux. Si le film était réussi, alors bravo, ou même seulement bien joué, mais comment qualifier le jeu de Martita Hunt, Sardou, Sacha Pitoëf ?

Le meilleur acteur des *Espions* est Clément Harari, engagé au dernier moment pour le rôle du garçon de café. « *Alors Mennegoz, Bussières accepte pour le garçon de café ? — Il refuse. — Qu'il aille se faire fiche ! — C'est ce que je lui ai dit. — Je ne vois plus qui prendre... — Ardisson ? — On a déjà un Marseillais. — Max Dejean ? — Il n'est pas pittoresque* ». (Page 10).

Et comme elles sont sommaires, les indications données aux acteurs, parfois frisant le ridicule : « *Jouez sans jouer, débrouillez-vous* » (page 21) ou : « *Remuez, mes enfants, vivez* » (page 27). Clouzot passe le plus clair de son temps à insulter Gérard Séty, allant jusqu'à le traiter plusieurs fois de « con » et s'étonne ainsi de sa roideur. Comme il ne peut insulter Curd Jurgens, il le flatte, et c'est pourquoi de toute évidence le général du diable est ici moins mauvais que d'habitude. A ce propos, il faut mettre à l'actif de Clouzot les lunettes noires qui masquent les yeux du cabot : « *Mais ces lunettes*, dit Jurgens, en les ôtant, *je les porte à quelle scène du film ? — A toutes les scènes*, dit Clouzot. *Vous les avez pendant tout le film. J'ai les yeux cachés pendant tout le film ?* dit Jurgens, qui a subitement pâli (Clouzot fixe Jurgens très calmement, les yeux dans les yeux). — *Pendant tout le film, Jurgens.* (Un long silence). » (Page 24). Ceci écrit, il est bon de rappeler que Clouzot a cédé au tournage et que dans sa dernière scène, Jurgens ôte ses lunettes.

A la caméra, Clouzot toujours sacrifie le jeu ; souvent il oblige ses interprètes à tricher sur leurs positions ; cette mise en scène, sommaire jusqu'au primarisme, est organisée à coups de craie sur les planchers. « *Non, Mennegoz jamais la grue... C'est une facilité ; ça se sent, ça fait voulu* » (page 186). Voilà bien un de ces décrets péremptoires dont Clouzot est prodigue. Mais que dire de l'usage qu'il fait du « pancinor » cent fois plus visible et « voulu » que la grue ?

Le travail de Clouzot est soumis constamment à l'idée que celui-ci se fait du public. L'acteur Sardou demande si on lui laissera porter plusieurs costumes. Clouzot lui répond : « *Un seul Sardou. Dans mes films, les acteurs gardent le même costume. Je n'aime pas les changements. Ça déroute les spectateurs, ils ne reconnaissent plus les personnages tout de suite, ils ne comprennent plus rien* ». (Page 29) et plus loin : « *Encore un coup comme ça, et votre Turbeau, je le fous en l'air. S'il croit qu'on trompe les spectateurs sur une table de clinique !* » (Page 39) ; et enfin : « *Racine il avait trois mille spectateurs ! Il m'en faut quatre-vingts millions... Les trois quarts des spectateurs ne comprennent pas tout...* » (Page 66). Si Clouzot raffine sur la médiocrité, le sordide, c'est pour mettre le public à l'aise. En faisant de Séty un idiot, il pense que l'on s'identifiera à lui : « *Je suis le premier spectateur... Et là je ne ris plus parce que Séty me ressemble, un peu minable, un peu nerveux... il ne comprend plus ce qui lui arrive...* » (Page 207). Or, il est bien connu que le spectateur s'identifie toujours « en mieux » et plus volontiers à un héros handicapé *physiquement,* corporellement (cf. les films d'Hitchcock) qu'à un abruti qui accumule les gaffes (cf. Laurel et Hardy). De plus, pour le public, un médecin est un personnage situé socialement plus haut que la moyenne et forcément prestigieux. Je peux affirmer à Clouzot que son médecin n'est pas vraisemblable, non plus que le décor de la clinique. Le mot clinique évoque, que Clouzot le veuille ou non, des murs blancs, des couloirs feutrés, univers plus kafkaïen à coup sûr que celui recréé par lui, qui procède du même esprit que le collège des *Diaboliques*[17].

Clouzot sacrifie toujours au réalisme extérieur, celui des apparences ; partout la gadoue, les murs sales, les vêtements fripés ; mais la vérité des gestes et des sentiments, où est-elle ?

Et le rythme ! L'obsession de Clouzot est de gagner partout des secondes. Il a la hantise des trous, qu'il faut absolument meubler, comme au théâtre. Cela donne des choses insensées comme lorsque Séty raccroche le téléphone avant d'avoir fini de parler ; je sais vingt films remplis de longs silences non « meublés » et qui sont infiniment plus dynamiques que *Les Espions*, à commencer par *L'Atalante* pour finir par *Un condamné à mort s'est échappé*. Et pour « meubler » comme il dit, ces silences, Clouzot oblige ses acteurs à bouffer des croissants qu'au dernier moment il remplace par des petits pains ; il fait allumer des cigarettes, déplacer des meubles, bref c'est le délire en studio comme en extérieur : « *Vous me déplacez cet arbre, vous me le mettez là à droite, vous faites passer l'allée à côté du bassin et elle file droit sur la grille. Mais là, il me faut un*

17. Comme Hitchcock, Clouzot dessine ses films, plan par plan, mais au tournage il est obligé de renoncer parce qu'il ne dessine, lui, que des plans impossibles à filmer ! Par ailleurs, l'esthétique créée par les plans dessinés a pour mérite essentiel de doter le film de quelque chose de systématique, de rigoureux et parfois même d'onirique. Ce style, cette méthode, sont rigoureusement incompatibles avec la quête maniaque de réalisme extérieur de Clouzot. Pour être plus clair : on ne peut tout à la fois, dessiner un film plan par plan et, au tournage, répandre de la crasse artificielle sur les murs ! Un autre préjugé de Clouzot est de croire qu'un plan est plus angoissant si l'on ménage des zones d'ombre ici et là. *L'Inconnu du Nord Express* nous étreint en pleine lumière comme le bagne, comme Kafka ! Mais *Les Espions*, il faut bien le dire, sont en retard de vingt-cinq ans sur Hitchcock puisqu'ils démarquent sans l'égaler *La Femme disparaît* et son infirmière inquiétante ! (1938).

buisson. Quelque chose d'important, un mètre trente, un mètre cinquante ». (Page 236).

Le moins drôle n'est pas quand Clouzot se prend pour un intellectuel : « — *Et cette étagère* ? dit Clouzot. *Elle devrait être vide. Qu'est-ce que j'avais dessiné* ? — *Mais voyons, Georges,* dit Michel Romanoff, *vous voyez bien qu'elle est vide. Faut pas exagérer, il n'y a pas un objet sur cette étagère* ! — *Justement, Michel, on n'a pas l'impression du vide.* » (Page 42). Plus tard, Clouzot, après avoir vu cette scène en projection, s'apprête à recommencer : « *Cette lampe-là, Renoux, je la fais sauter, c'est trop joli... RIEN NON PLUS SUR L'ETAGERE* ». (Page 158).

Retenons cette définition de Clouzot : « *La mise en scène, ce n'est pas commander à trois cents personnes. Ça consiste à voir ce qui n'est pas bon* ». (Page 143). Tout à fait d'accord, mais d'accord aussi avec la meilleure critique des *Espions*, parue dans *Radio-Cinéma-Télévision* sous la signature de Janik Arbois : « *Ce n'est pas l'angoisse de H.-G. Clouzot que le film nous propose de partager, mais celle d'un Monsieur que H.-G. Clouzot considère avec une pointe de mépris. Ce Monsieur, c'est vous, moi, le public. Clouzot a eu tort de sous-estimer son public* ». [18]

C'est ce mépris du public et des journalistes qui amène Clouzot à déclarer à un reporter « engagé » des *Lettres françaises* : « *On ne peut pas, on ne peut plus faire des films intemporels. On ne peut pas se dégager des problèmes actuels. On vit là-dedans. Fermer les yeux devant ces problèmes, qu'ils soient d'ordre moral, social ou ce que vous voudrez, serait un signe de paresse, de désintérêt, de pauvreté intellectuelle* », et à faire entendre un autre son de cloche — si j'ose dire — dans *Radio-Cinéma*, comme on sait d'obédience catholique : « *Le problème de l'absolu me hante. Dans cette optique, j'aimerais réaliser un film religieux sur le thème de la sainteté par exemple. La vie de sainte Thérèse de Lisieux me fascine particulièrement.* »

18. Mépris du public encore lorsque Clouzot fait afficher à l'entrée de salles à moitié remplies l'écriteau « Complet » ou lorsqu'il déclare : « *C'est très ennuyeux, ce Spoutnik, les journaux en sont pleins. La sortie des* Espions *va passer inaperçue.* »

Voyons comme H.-G. se rallie à Hitchcock : « *Je suis très ami avec Alfred Hitchcock. Nous avons des préoccupations communes. Au fond, plus que les questions esthétiques et les problèmes métaphysiques, ce sont les questions d'éthique qui m'intéressent.* » Clouzot, qui n'est pas à un « flou artistique » près, ajoute dans la même interview : « *Ce que je voudrais que tout le monde comprenne, c'est que je viens de réaliser mon premier film à tendances métaphysiques.* » Fichtre ! Une chose commune à ces deux interviews : « *J'ai remarqué que les jeunes marchent beaucoup plus que les gens de mon âge* » (*Les Lettres françaises*) et : « *Je suis très sensible au fait que ce sont des jeunes gens qui ont le mieux senti ce que j'ai voulu mettre dans* Les Espions. » (*Radio-Cinéma*).

Le leitmotiv de Clouzot lorsqu'il est en rogne, c'est-à-dire lorsqu'il travaille, est : « *le cinéma, nom de Dieu, cela s'apprend* », mais a-t-il lui, Clouzot, appris quelque chose en dix ans ? Peut-on dire que *Les Diaboliques* étaient meilleurs que *Le Corbeau* et *Les Espions*, supérieurs à *Manon* ?

Nous laisserons le soin de conclure à l'exquis William Sivel, spirituel, joyeux, intelligent, la révélation du livre de Cournot, ingénieur du son, poète qui, par sa bonne humeur et son aplomb, se trouve être le seul sur le plateau des films de Clouzot à échapper au régime de la terreur : « *Et voilà* ! dit Sivel, *fini de vivre* ! *L'esclavage pour trois mois* !... *Parce que Monsieur du fric, maintenant* ! *Monsieur donne des ordres* ! *Monsieur se prend au sérieux* ! *Si vous l'aviez vu dans son premier film, les enfants* ! *C'était* : L'Assassin habite au 21... *Il est arrivé vert de peur ! Petit Georges, va* !... » (page 78).

(*Cahiers du cinéma*, n° 77, décembre 1957)

L'adaptation littéraire au cinéma

Opposer fidélité à la lettre et fidélité à l'esprit me paraît fausser les données du problème de l'adaptation si toutefois problème il y a.

Aucune règle possible, chaque cas est particulier. Tous les coups sont permis hormis les coups bas ; en d'autres termes, la trahison de la lettre ou de l'esprit est tolérable si le cinéaste ne s'intéressait qu'à l'une ou l'autre et s'il a réussi à faire :

a) la même chose
b) la même chose, en mieux
c) autre chose, de mieux.

Inadmissibles sont l'affadissement, le rapetissement, l'édulcoration.

Les plus célèbres adaptateurs français sont Jean Aurenche et Pierre Bost dont chaque travail cinématographique aboutit à une réussite commerciale ; leur crime est simplement de transformer les romans adaptés en pièces de théâtre par le jeu adroit des situations « équivalentes », du resserrement de la construction dramatique et de la simplification abusive. Je m'étonne qu'aucun directeur de théâtre n'ai pressenti qu'il pouvait faire fortune en confiant à Aurenche et Bost l'adaptation de tout spectacle monté sur scène, pièces étrangères ou françaises, romans classiques ou modernes, n'importe quoi, exprimable par le seul dialogue.

Le cinéma est autre chose : mise en scène.

Le seul type d'adaptation valable est l'adaptation de metteur en scène, c'est-à-dire basée sur la reconversion en terme de mise en scène d'idées littéraires.

La situation est quelque peu différente en Amérique par exemple, où les scénaristes, adapteurs et dialoguistes ne sont pas des romanciers ratés mais des intellectuels au service du spectacle c'est-à-dire rompus à une gymnastique de l'esprit qui leur permet de penser en images, visuellement. Adaptant *A l'est d'Eden*, Aurenche et Bost auraient écrit dix-huit scènes alors que le film en comporte six ou sept, très longues. Ils auraient perdu un quart du film à présenter les personnages alors que Kazan nous les impose en pleine action. Ils n'auraient pas donné la possibilité à James Dean de danser au milieu des haricots naissants parce que c'est une scène a) muette b) inutile.

La pire adaptation d'Aurenche et Bost est celle du

Diable au corps. Au début de son roman Radiguet raconte le souvenir qui, à la veille de la guerre, le frappa le plus profondément : la mort d'une folle sur le toit d'une maison, sa chute dans une verrière au milieu de l'attroupement des curieux tandis que les pompiers cherchent à s'emparer d'elle ; Radiguet conclut : « *Si j'insiste sur un tel épisode, c'est qu'il fait comprendre mieux que tout autre l'étrange période de la guerre, et combien, plus que le pittoresque, me frappait la poésie des choses.* »

Dans leur adaptation, Aurenche et Bost vont sans cesse sacrifier la poésie au pittoresque ; morcelant le récit chronologique de Radiguet, ils nous imposeront, entre plusieurs retours en arrière, un grotesque enterrement, celui de Marthe que, par raffinement vicieux, ils feront coïncider avec le fameux 11 novembre de l'armistice ! Le roman subit donc une fausse amélioration, un enjolivement aussi scandaleux que les biographies tronquées de *Paris-Match* par exemple dans lesquelles pour « faire bien », le rewriter de service s'emploiera à faire coïncider la mort d'un quelconque génie avec la naissance d'un autre lequel vingt ans plus tard jour pour jour aura la révélation complémentaire à celle qui orienta la carrière du premier, tout en marchant dans une allée bordée de marronniers, celle justement où Victor Hugo eut pour la première fois l'idée d'entreprendre *La Légende des siècles* au moment précis où l'arrière-grand-mère de Minou Drouet agonisait en voyant sur le mur de sa chambre le fantôme de Socrate lui disant : « *la musique, y a que ça de vrai* ».

Dans le roman de Radiguet, François devenu l'amant de Marthe, la trompe une fois avec une de ses amies, suédoise, qu'il a invitée à venir goûter sans lui dire que Marthe était absente ; suit alors de la part de François un demi-viol et Radiguet conclut : « *Je sentais combien blâmable pour la morale courante était ma conduite. Car sans doute sont-ce les circonstances qui m'avaient fait paraître Svéa si précieuse. Ailleurs que dans la chambre de Marthe, l'eussé-je désirée ?* »

Aurenche et Bost en supprimant cet épisode de leur adaptation simplifient le personnage de François en l'édulcorant ; si tant est que les spectatrices du film s'identifient à Marthe, elles ressentiraient certainement une humiliation devant cette scène à laquelle leur sympathie pour François-Gérard Philipe ne résisterait peut-être pas. D'un certain point de vue, le leur, Aurenche et Bost ont raison : cette scène, dans le film qu'ils écrivent et que Claude Autant-Lara à coups de gros effets filmera, ne « passerait » pas. Mais pourquoi ne passerait-elle pas ? Parce qu'ils sont en train de transformer en pièce de boulevard un roman de morale ou plus exactement le roman d'un moraliste.

Le livre est écrit à la première personne avec un recul de quelques années : « *Je vais encourir bien des reproches. Mais qu'y puis-je ? Est-ce ma faute si j'eus douze ans quelques mois avant la déclaration de la guerre ?* » C'est ce recul, cette distance qui permettent à Radiguet de porter un jugement moral sur des faits immoraux. En supprimant le « je » du narrateur, Aurenche et Bost « objectivent » le récit et plutôt qu'adapter un roman qui s'appelle *Le Diable au corps*, ils portent à l'écran la récapitulation d'anecdotes et de faits divers contenus dans ce roman. Radiguet et François ne faisaient qu'un. Aurenche et Bost tuent froidement Radiguet, se substituent à lui et actionnent avec leurs grosses pattes un pantin dérisoire nommé François maintenu debout par des ficelles. Roman d'adolescent précoce, *Le Diable au corps* devient en quelque sorte le récit de cette aventure par des adultes, ce qu'il eût été, écrit par les parents de François, la mère de Marthe, la concierge ou les voisins-voyeurs... auditifs !

La meilleure preuve de ce que j'avance est que le public du film rit assez bassement et contre les personnages chaque fois que François ment à ses parents ou à Marthe alors qu'il est impossible de rire en lisant le livre.

En lisant Balzac ou Stendhal, il nous arrive d'être bouleversés par le comportement imprévu et imprévisible de tel personnage qui devient tout à coup sublime, s'élevant à une grandeur d'âme qui le fait paraître supérieur au narrateur au point que nous oublions qu'il est inventé par Balzac ou Stendhal. Cela ne risque pas de nous arriver en voyant les films d'Aurenche et Bost qui ne peuvent créer, dans le meilleur des cas que Bouvard et Pécuchet (cf. : *La Traversée de Paris*), mais certainement jamais ni Mme de Mortsauf ni la Sanseverina.

En conclusion, le problème de l'adaptation est un faux problème. Nulle recette, nulle formule magique. Seule compte la réussite du film, celle-ci liée exclusivement à la personnalité du metteur en scène. Si Jean Seberg n'était pas si admirablement dirigée par Otto Preminger dans *Bonjour tristesse,* si le même script avait été filmé sans y changer une virgule, avec les mêmes angles de prises de vue, par Jean Delannoy avec Annie Girardot, ou Anne Doat, dans le rôle de Cécile, on aurait le droit d'écrire que l'adaptation de ce *Bonjour tristesse* est mauvaise.

Il n'y a donc ni bonne ni mauvaise adaptation. Il n'y a pas davantage ni bons ni mauvais films. Il y a seulement des auteurs de films et leur politique, par la force même des choses, irréprochable.

(*La Revue des lettres modernes*, été 1958)

Lettre contre le cinéma-vérité

Je renonce à vous envoyer un texte sur le « cinéma-vérité », car en recopiant les douze pages de notes que j'avais prises, je me suis rendu compte que cela n'était pas bon. C'était de la polémique assez mesquine. Tout se ramenait à une défense du cinéma tel que je le pratique et cette défense est absurde puisque mes films ont été, en général, bien reçus. D'autre part, les arguments *contre* le « cinéma-vérité » seront certainement exprimés par vos collaborateurs dans ce numéro.

Mon idée était que les films « cinéma-vérité » sont très utiles pour les gens de spectacle, les réalisateurs, les producteurs, les acteurs, mais n'offrent aucun intérêt pour le public ; il me semble que les films de ce genre devraient être montrés gratuitement. Ce n'est pas une blague, et d'ailleurs, les réactions des spectateurs de *Chronique d'un été*, selon que la projection était gratuite ou payante, étaient diamétralement opposées. Autrement dit, on peut faire payer les gens pour leur montrer du *mensonge organisé*, mais pas pour leur montrer de la *vérité en vrac*. On pourrait parler aussi de la *vérité organisée*, mais il faudrait beaucoup de temps. Dans le genre, c'est *Adieu Philippine* qui a mes préférences.

L'antifidélité ou la mémoire courte

Combat aura été le premier journal de la presse française à protester contre le limogeage d'Henri Langlois.

Ayant assisté au conseil d'administration au cours duquel les « hommes nouveaux » présentés par Monsieur le Commissaire du gouvernement André Holleaux ont évincé Henri Langlois, je crois pouvoir vous demander la permission de dissiper un malentendu.

Chaque fois qu'intervient une décision gouvernementale susceptible de nuire à l'art et aux artistes, il est d'usage de « dédouaner » le ministère des Affaires culturelles en disant : « *Malraux était contre mais Debré a été le plus fort* » ou cette variante : « *Malgré ses efforts Malraux n'a rien pu faire* » ou même assez souvent : « *Malheureusement André Malraux est l'homme le plus trahi de France.* »

Eh bien dans le cas de la Cinémathèque je puis vous assurer que la décision de se débarrasser d'Henri Langlois n'a pas été prise *malgré* André Malraux mais *par* lui.

Lorsque la séance du conseil d'administration s'est ouverte vendredi matin, tout le dispositif était en place. Monsieur André Holleaux, directeur du Centre national de la cinématographie, a ouvert le feu, assisté par M. Pierre Moinot dans cette chasse peu royale[19].

19. Monsieur Pierre Moinot est l'auteur d'un roman *La Chasse royale* (Gallimard) N.D.L.R.

Il n'y avait aucune équivoque possible. Avant chaque vote, M. Holleaux précisait nettement à l'intention des sceptiques et des indécis : « *Voici le candidat qui a l'agrément du ministre de la Culture, c'est-à-dire Monsieur André Malraux* » et chaque fois, les représentants de l'Etat, disposant des « pouvoirs » extorqués les jours précédents un par un dans des conditions balzaciennes, obtenaient la majorité. Ai-je besoin d'ajouter que les membres du conseil favorables à Henri Langlois ont quitté la séance avant le vote final...

Depuis qu'André Malraux est arrivé au pouvoir, toutes les décisions qu'il a prises à l'égard du cinéma ont été néfastes à commencer par la première : le limogeage de Jacques Flaud, qui à la tête du Centre national de la cinématographie pendant sept ans, avait réussi à gagner la sympathie des producteurs, des réalisateurs, des financiers et des artistes. Son remplacement par M. Fourré Cormeray fut un désastre suivi de beaucoup d'autres.

Petite silhouette frénétique, isolée dans son « usine à rêves » évacuée par les cinéastes grévistes, André Malraux doit savoir que nous n'avons pas l'antimémoire courte et que nous n'oublierons pas qu'il a « lâché » Henri Langlois comme il avait déjà « lâché » Jacques Flaud, Pierre Boulez, Gaetan Picon, Rivette et son ami Diderot.

(*Combat*, 12 février 1968)

Monsieur le Président

J'avais pris mes dispositions pour venir témoigner le 8 septembre au procès des vendeurs et diffuseurs de *La Cause du peuple*. Ayant reporté au 10 septembre mon départ pour les Etats-Unis, je ne puis ajourner à nouveau ce voyage, c'est pourquoi je vous adresse mon témoignage écrit.

Dans les premières semaines de juin, j'ai appris à travers la presse que le journal *La Cause du peuple*, dont Jean-Paul Sartre venait d'accepter la direction, était systématiquement saisi avant même que les autorités aient pris connaissance des textes qu'il contenait. J'ai appris également que la police appréhendait, arrêtait et inculpait les vendeurs de ces journaux et parfois même ses lecteurs pourvu qu'ils détiennent deux exemplaires dans leur poche ou dans la sacoche d'un vélo-solex.

Je savais, toujours pour l'avoir lu dans *Le Monde*, qu'une cour de justice, celle de Rennes je crois, avait refusé quelque temps avant de suspendre la parution de ce journal.

Tout cela montrait bien que le ministre de l'Intérieur n'hésitait pas, afin de persécuter un journal, à commettre des actions qu'il faut bien appeler illégales.

Je n'ai jamais eu d'activités politiques et je ne suis pas plus maoïste que pompidoliste, étant incapable de porter des sentiments à un chef d'Etat quel qu'il soit.

Il se trouve seulement que j'aime les livres et les journaux, que je suis très attaché à la liberté de la presse et à l'indépendance de la justice.

Il se trouve également que j'ai tourné un film intitulé *Fahrenheit 451*, qui décrivait pour la stigmatiser une société imaginaire dans laquelle le pouvoir brûle systématiquement tous les livres ; j'ai donc voulu mettre en accord mes idées de cinéaste et mes idées de citoyen français.

C'est pourquoi le samedi 20 juin, j'ai décidé de vendre sur la voie publique le journal *La Cause du peuple*. J'ai rencontré là, dans la rue, d'autres vendeurs, et parmi eux, Jean-Paul Sartre et Simone de Beauvoir. Le public, dans la rue, était intéressé, ma pile de journaux fondait à vue d'œil, et lorsqu'un agent s'est présenté devant nous, j'ai eu le plaisir de lui offrir deux exemplaires de *La Cause du peuple* qu'il a tenus à la main, ce qui aurait pu éventuellement lui valoir des poursuites. Une photo, prise par un passant, confirme l'exactitude de cette scène. Après nous avoir engagés à nous disperser, l'agent a demandé à Jean-Paul Sartre de le suivre au commissariat, ce que l'écrivain a fait bien volontiers. Naturellement, je suivais le mouvement ainsi que Simone de Beauvoir, d'autres vendeurs et quelques promeneurs intrigués.

Si l'agent de police a demandé à Jean-Paul Sartre de le suivre plutôt qu'à moi, c'est manifestement parce que je portais une chemise blanche, un costume sombre et une cravate, tandis que Sartre avait un blouson de daim froissé et usagé. Il y avait donc, déjà au niveau du costume (comme on dit aujourd'hui), une discrimination entre les diffuseurs de *La Cause du peuple*, ceux qui semblaient le vendre pour gagner leur vie étant plus exposés aux poursuites que ceux qui le faisaient pour le principe.

La suite de la scène allait me confirmer dans cette impression, puisqu'un promeneur ayant reconnu Sartre apostropha l'agent : « *Vous n'allez tout de même pas arrêter un prix Nobel !* » Alors, on vit cette chose étonnante, l'agent lâcher le bras de Jean-Paul Sartre, accélérer sa marche, dépasser notre groupe et filer droit devant lui si prestement qu'il nous eût fallu courir pour le rattraper. La preuve était faite qu'il existait deux poids deux mesures, et que la police décidait ses interpellations non pas à la tête du client, mais à celle du vendeur.

Je ne puis terminer ce témoignage qu'en recommandant à mes collègues les vendeurs de *La Cause du peuple* de s'habiller tous les jours « en dimanche » et de refuser le prix Nobel si jamais on le leur propose.

Tels sont, Monsieur le Président, les faits que j'aurais exposés à l'audience du 8 septembre.

(Paris, 8 septembre 1970)

Lettre ouverte à Armand Jammot et Guy Darbois, « Les Dossiers de l'écran »

Messieurs,

Programmé à trois reprises depuis un an et deux fois ajourné, mon film *Fahrenheit 451* doit finalement occuper la soirée des Dossiers de l'écran du mercredi 5 juillet.

Vous m'avez demandé de participer au débat, qui suivra la projection, et j'avais accepté avec l'espoir que la discussion porterait sur le sujet du film, c'est-à-dire les livres interdits ou brûlés et sur la notion de liberté d'expression.

N'étant que le metteur en scène de *Fahrenheit 451*, production anglaise, il n'est pas en mon pouvoir de vous empêcher de projeter ce film mais vous comprendrez que je ne désire plus assister à cette émission. En lisant le communiqué de presse sur lequel vous justifiez le retrait, dimanche dernier, de l'émission de Janine Bazin et André Labarthe *Vive le cinéma* animée par Me Kiejman, je perds jusqu'à l'envie de demander en direct pourquoi aucune émission littéraire n'a mentionné la parution de livres aussi intéressants que *Les Dossiers noirs de la police française* (éditions du Seuil), ou *L'Affaire du bazooka* (Editions de la Table ronde). Je crois pourtant que passer volontairement des livres sous silence équivaut à les brûler : je suis prêt à parier que le mot « censure » ne sera même pas prononcé pendant le débat qui suivra la projection de *Fahrenheit* et que les véritables questions seront escamotées. Tant il est évident que l'office est encore dirigé par des pompiers pyromanes.

Puisqu'il faudra me remplacer pour ce débat, permettez-moi de vous suggérer d'inviter à ma place Me Kiejman, qui est à la fois un spécialiste des livres et des films interdits ou non.

Ici s'arrête donc ma contribution aux « Dossiers noirs de l'écran ».

Je vous prie d'agréer, Messieurs, l'expression de mes sentiments les plus... (ici un mot autocensuré).

(*Nouvel Observateur*, 3/9 juillet 1972)

1979, année de l'enfance assassinée

Si l'on songe aux enfants, les années soixante-dix seront à marquer d'une pierre noire et l'Histoire ne pardonnera pas, j'espère, l'humour sinistre qui aura décrété 1979, Année de l'enfance, alors qu'on compte par milliers les enfants morts de faim ou de mauvais traitements, en Afrique, en Asie et ailleurs. Pendant que les journalistes français s'interrogent gravement pour savoir ce que notre président de la République a bien pu faire de quatre ou cinq plaquettes de diamants, les vraies questions ne sont pas posées : 1) Quand le gouvernement français a-t-il appris qu'une centaine d'enfants avait été massacré à Bangui ? 2) Qu'aurait-il fait (ou que n'aurait-il pas fait) si Amnesty International n'avait pas révélé l'affaire ? 3) La France a-t-elle chassé Bokassa parce qu'il a tué ces enfants ou seulement parce qu'il s'est fait prendre ?

J'imagine bien qu'on attend de moi un texte plus léger, plus spécifiquement orienté vers le cinéma et l'enfance, mais je ne suis pas disposé à oublier que tout se tient : n'y avait-il pas d'enfants parmi les deux cent cinquante spectateurs de cette salle de cinéma d'Iran dont on avait condamné les portes avant d'y mettre le feu au cours des premières manifestations, en 1978 ? Je ne rappelle évidemment pas cela pour défendre le régime du shah. Cinq années consécutives, je déclinais, comme tant d'autres certainement, l'honneur d'assister au Festival du Cinéma et l'enfance qui se déroulait à Téhéran, mais dire non tout le temps aux propositions douteuses, cela ne suffit pas à s'épargner les hontes : celle de ne pas protester plus vigoureusement chaque fois, celle de ne pouvoir rien empêcher, celle de se reconnaître de la même espèce que les bourreaux et pourtant impuissant. Je n'ignore pas davantage que la France détient le lamentable record européen quant au nombre d'enfants martyrisés, la loi réprimant la « non-assistance à personne en danger » n'étant jamais utilisée.

Le cinéma et l'enfance ? J'y viens. Cela m'a toujours irrité de voir les intellectuels attendre d'un film mettant en scène des enfants, qu'il exprime d'abord « la cruauté de l'enfance ». La cruauté enfantine est un thème littéraire en or, mais elle n'existe pas. Lorsqu'elle existe, c'est comme reflet caricatural de la cruauté des adultes. Un enfant normalement aimé, élevé, et environné, n'éprouve aucun désir de martyriser un autre enfant ou un animal. Il n'y a pas d'enfants nazis, fanatiques, terroristes, fascistes, il n'y a que des enfants de nazis, de fanatiques, de terroristes, de fascistes et parce qu'ils sont des enfants, ils sont innocents. Tant pis si je fais sourire certains d'entre vous. Comme les Noirs dans le cinéma de Hollywood, les enfants sont sous-représentés dans les films en comparaison à l'importance qu'ils ont dans notre vie quotidienne. Enfant ayant grandi à Paris dans le quartier de Pigalle pendant la guerre, j'ai eu à souffrir de la cruauté des adultes, jamais de celle d'autres enfants, et l'amour que je leur porte m'amène souvent à les montrer dans mes films même quand le sujet ne les concerne pas directement.

Le cinéma et l'enfance ! Je suppose que ce bulletin rassemblera les rubriques qui se présentent automatiquement à l'esprit : « Film *pour* enfants, films *avec* enfants, films *avec* enfants destinés aux adultes, films *avec* enfants destinés à tous publics ». J'avoue que les films appartenant à cette dernière rubrique ont ma préférence, car les divisions entre telle ou telle catégorie de spectateurs sont aussi arbitraires que les lois de l'occupation allemande qui classaient les enfants en J.1, J.2, J.3... N'oublions pas que Victor Hugo, Alphonse Daudet, Alexandre Dumas, Jules Verne, Hector Malot écrivaient *pour* les adultes et *pour* les enfants.

Pour terminer, je ferai remarquer que la responsabilité du cinéaste est plus grande lorsqu'il filme des enfants, car le public ne peut s'empêcher de surimpressionner un sens symbolique à tout ce que fait un enfant. Lorsque nous regardons un enfant particulier faire quelque chose sur l'écran, nous sommes aussitôt projetés en arrière, vers notre propre enfance et ce que fait cet enfant, il nous semble que l'enfance entière soit en train de le faire. C'est pourquoi je suis heurté lorsqu'un cinéaste croit pouvoir mêler un enfant à un meurtre, par exemple, ou à une intrigue policière. Un film avec des enfants peut se contenter de montrer des événements simples, car le drame enfantin naît dans la quotidienneté. Il faut surtout ne pas utiliser l'enfant comme un acteur à qui l'on donne un texte, mais comme un collaborateur auquel on demande d'apporter la vie, la plausibilité, la fantaisie.

Enfin, contrairement à ce que je lis parfois, ici ou là, il ne s'agit pas de tourner avec des enfants pour mieux les comprendre, il s'agit de filmer des enfants parce qu'on les aime.

(*Bulletin de la Fédération internationale des ciné-clubs*, 1979)

ÉPILOGUE

Voilà pourquoi je suis le plus heureux des hommes

Je suis l'homme le plus heureux du monde, voilà pourquoi : je marche dans une rue et je vois une femme, pas grande mais bien proportionnée, très brune, très nette dans son habillement avec une jupe sombre à larges plis qui bougent au rythme de sa démarche plutôt rapide ; ses bas, de couleur sombre, sont certainement bien accrochés car ils sont impeccablement tendus ; son visage n'est pas souriant, cette femme marche dans la rue sans chercher à plaire, comme si elle était inconsciente de ce qu'elle représente : une bonne image charnelle de la femme, une image physique, mieux qu'une image sexy, une image sexuelle. Un promeneur qui la croise sur le trottoir ne s'y est pas trompé : je le vois se retourner sur elle, faire demi-tour et lui emboîter le pas. Je regarde la scène. A présent, l'homme est arrivé à la hauteur de la femme, il marche à son côté et lui murmure quelque chose, sûrement les banalités habituelles : prendre un verre, etc. Toujours est-il qu'elle détourne la tête, presse le pas, traverse la rue et disparaît au prochain coin de rue tandis que l'homme s'en va tenter sa chance plus loin.

A présent, je monte dans un taxi et je rêve un peu à propos de cette scène tellement quotidienne dans les grandes villes et pas seulement à Paris. Instinctivement, je me solidarise avec la femme contre l'homme et je modifie la scène selon mes pensées du moment ; je me dis que ce serait formidable si, pour une fois, à la fin d'une scène de ce genre, l'humiliation changeait de camp. Je prends une note sur une feuille d'agenda et quatre mois plus tard, je me retrouve dans une rue derrière le Trocadéro, avec une caméra, une équipe technique de vingt-cinq personnes et deux acteurs que j'ai choisis, un homme blond et assez grand, plutôt beau et fort, et une femme dont vous avez deviné qu'elle est brune, bien proportionnée, avec une jupe à larges plis. Et je suis là, dans l'exercice de mon métier dont je ne laisserai personne dire qu'il est inutile ou inintéressant, et je dirige la scène. Je demande à l'acteur blond de marcher, de croiser la femme brune, de se retourner sur elle, de faire demi-tour, de la rejoindre, et de lui parler à l'oreille. Je n'ai pas écrit de phrases pour l'homme car on ne les entendra pas dans la scène, on en devinera le sens. A présent, les deux comédiens s'approchent de la caméra qui les précédait en travelling arrière et l'actrice brune saisit brusquement le suiveur par le col de son manteau comme pour l'empêcher de s'enfuir et, indifférente à ce que peuvent penser les passants, elle invective l'homme avec des phrases que j'ai formées dans ma tête depuis quatre mois avant de les rédiger et de les donner à l'actrice hier soir : « *Qui êtes-vous ? Pour qui vous prenez-vous ? Qu'est-ce que vous croyez ? Qu'est-ce que vous espérez ? Qu'est-ce que les femmes vous disent d'habitude ? Est-ce qu'elles s'allongent toutes ? Où les emmenez-vous ? Vous vous prenez sûrement pour un Don Juan, un homme irrésistible, hein ? Est-ce que l'amour, c'est spécialement bien avec vous ? Est-ce que vous vous êtes regardé seulement une fois dans une glace, rien qu'une fois ? Eh bien, venez voir, regardez-vous, regardez-vous bien !* »

La femme oblige donc le suiveur à se regarder dans la vitre d'un magasin ; terrifié par le ton coléreux de la femme, l'homme ne pense qu'à s'enfuir, il parvient à se dégager et à fendre la foule des curieux qui commençaient à se rassembler. La femme se met en marche à son tour, plus lentement. Cut. La scène est dans la boîte.

Voilà pourquoi je suis le plus heureux des hommes ;

je réalise mes rêves et je suis payé pour ça, je suis metteur en scène.

Faire un film, c'est améliorer la vie, l'arranger à sa façon, c'est prolonger les jeux de l'enfance, construire un objet qui est à la fois un jouet inédit et un vase dans lequel on disposera, comme s'il s'agissait d'un bouquet de fleurs, les idées que l'on ressent actuellement ou de façon permanente. Notre meilleur film est peut-être celui dans lequel nous parvenons à exprimer, volontairement ou non, à la fois nos idées sur la vie et nos idées sur le cinéma.

Qu'espérons-nous quand nous tournons un film ?

Je me solidarise complètement avec Jean Renoir lorsqu'il déclare : « *Il s'agit en somme d'apporter sa petite contribution à l'art de son temps.* » Mettre en scène, c'est prendre des décisions du matin au soir, *avant* le tournage, *pendant* le tournage et *après* le tournage. Plus les décisions prises s'étendent sur l'éventail de la création (c'est-à-dire de l'écriture du script jusqu'au travail sur la table de montage), plus le film présentera un aspect contrôlé et personnel.

On discute souvent à propos de ce que doit être le contenu d'un film, doit-il s'en tenir au divertissement ou informer le public sur les grands problèmes sociaux du moment, et je fuis ces discussions comme la peste. Je pense que toutes les individualités doivent s'exprimer et que tous les films sont utiles, qu'ils soient formalistes ou réalistes, baroques ou engagés, tragiques ou légers, modernes ou désuets, en couleurs ou en noir et blanc, en 35 mm ou en Super 8, avec des vedettes ou des inconnus, ambitieux ou modestes... Seul compte le résultat, c'est-à-dire le bien que le metteur en scène se fait à lui-même et le bien qu'il faut aux autres.

Il y a cinquante ans un auteur dramatique disait : « *Tous les genres sont permis, sauf le genre ennuyeux.* » J'accepterais volontiers cette définition à condition de se mettre d'accord sur ce qui est ennuyeux, ce qui est impossible.

Le danger qui nous guette lorsque nous accordons une interview au cours de laquelle nous définissons notre travail, c'est de se livre à des déclarations péremptoires et définitives qui sont encore pires que des justifications. En affirmant : “ *Le cinéma, c’est ceci ou cela et seulement ceci ou cela* ”, on sous-entend sournoisement qu’on est un type formidable et que tous les autres sont des cloches. Nous sommes menacés par notre propre intolérance, notre jalousie, notre inacceptation des autres et je crois que nous devons lutter contre cette tendance qui est en nous. Si la critique nous a maltraités, nous partons en guerre contre la critique en affirmant qu’elle n’y connaît rien. Si la critique a fait notre éloge, nous la blâmons quand même, parce que nous pensons qu’elle ne devrait pas être aussi indulgente avec les autres !

Lorsque j’ai débuté dans le cinéma en 1954 en devenant assistant de Roberto Rossellini, il était considéré comme un cinéaste “ fini ”. Les films qu’il tournait avec sa femme Ingrid Bergman étaient traînés dans la boue par les critiques du monde entier ; Rossellini était triste évidemment de cet état de choses, mais je me souviens bien qu’il m’a dit un jour : « *J’ai au moins une consolation dans tout ça, c’est que depuis trois ans je ne vois plus sur le visage des autres cinéastes italiens l’effrayant rictus de la jalousie qui était la leur après le succès de* Rome, ville ouverte, Païsa *et davantage encore quand Ingrid est venue partager ma vie.* »

Je n’ai pas oublié ces paroles, mais à l’époque je n’en éprouvais pas la vérité. Quand on est un cinglé de cinéma, on aime en bloc tous ceux qui constituent cette famille dont on aimerait tellement faire partie, sans se douter un seul instant qu’il s’agit de la famille d’Oreste et d’Agamemnon !

La jalousie professionnelle me paraît détestable. Pour n’être pas haïssable, la jalousie devrait aller jusqu’au meurtre ; si vous êtes un cinéaste amer et que le succès de Mike Nichols, son talent, sa jeunesse et sa fortune vous gênent, eh bien vous devez prendre un fusil et tuer Mike Nichols, le supprimer physiquement. Si vous n’avez pas ce courage, alors votre jalousie est lamentable, sordide, elle fait de vous un misérable et une seule issue s’offre à vous : accepter l’existence de Mike Nichols, votre confrère.

J'aime que les femmes soient jalouses, dans toutes les directions : jalouses en amour et jalouses en beauté, car être une femme, c'est déjà un métier dont Dieu est le seul patron. En ce qui concerne les artistes, si nous avons la chance de pratiquer un art et d'en vivre, ne nous regardons pas comme des concurrentes ni des rivaux mais comme d'autres artistes tout simplement. Acceptons les différences entre nous. Chacun de nous ne réalise qu'une partie de son rêve, mais son rêve était plus ou moins beau, plus ou moins accessible. Apprenons à détecter et à admirer les points forts ; il ne faut pas dire dans un haussement d'épaules : « *Orson Welles ? Bah, ses films ne font pas d'argent* », mais : « *Orson Welles est le seul cinéaste dont la succession des images sur l'écran donne une impression musicale.* » Les cinéastes ont des manies, des trucs ou des partis pris qui leur appartiennent en propre et qui le aident à travailler. On peut appeler ça leur style ou leurs secrets de fabrication, mais on doit les respecter et ne pas les remettre en question.

Robert Bresson dans ses films refuse de faire tourner des acteurs professionnels, il a raison, *pour lui*. Alfred Hitchcock refuse de tourner des westerns ou des films d'époque, il a raison, *pour lui*. Jean-Luc Godard ne veut plus tourner des films produits et consommés par une société dont il souhaite la destruction, il a raison, *pour lui*. Ingmar Bergman ne veut pas tourner de films en dehors de son pays la Suède, il a raison, *pour lui*. Luis Buñuel ne veut plus mettre de musique dans ses films, il a raison, *pour lui*. Roberto Rossellini ne veut plus tourner que des films éducatifs, il a raison, *pour lui*. Howard Hawks entend toujours placer sa caméra « à la hauteur de l'œil humain », il a raison, *pour lui*.

Ces cinéastes sont parmi les plus grands du monde, ils sont des orphelins parce que leurs pères sont morts : Griffith, Lubitsch, Murnau, Dreyer, Mizoguchi, Eisenstein, Stroheim, mais ils ont encore des frères, chanceux ou malchanceux, en activité ou en chômage, mais des frères qui sont en même temps leurs confrères : Renoir, Ford, Lang, Kurosawa, Sternberg, Walsh, Vidor et d'autres, de plus en plus rares, qui ont eu le privilège de commencer leur carrière avec le cinéma muet et de devenir des maîtres du cinéma parlant.

Ils sont tous de grands cinéastes parce que les films qu'ils tournent leur ressemblent, qu'ils expriment à la fois leurs idées sur la vie et leur idée du cinéma et que ces idées sont fortes et fortement présentées.

Vous me demandez, cher Monsieur Esquire : « *Quels conseils donneriez-vous à des futurs cinéastes ?* » Je ne crois pas que l'on puisse donner des conseils à quiconque s'apprête à pratiquer un métier artistique, mais je puis essayer de dégager quelques règles qui ont de la valeur pour moi et pour moi seul.

Le public ? Ne lui demandons pas son avis, seulement son argent pour continuer à travailler. N'adressons pas de déclaration d'amour au public ; le réalisateur d'un film en tournage est son premier spectateur, si la scène est bonne pour lui, elle doit être bonne pour le public. Pourtant, quand nous échouons, évitons de déclarer : « *Mon film sera compris dans dix ans* », ou, à propos d'un échec ancien, ne disons pas : « *Aujourd'hui mon film trouverait son public* », c'est une illusion, un manque de lucidité et il est préférable d'avancer, d'essayer de faire des progrès.

Les progrès ? C'est de la blague. Il faut essayer d'en faire, mais il est bon de savoir qu'ils seront dérisoires par rapport à la richesse qui est en nous et qui s'est exprimée dans le premier rouleau de pellicule impressionnée : tout Buñuel est dans *Un chien andalou,* tout Welles dans *Citizen Kane,* tout Godard dans *A bout de souffle,* tout Hitchcock dans *The Lodger.*

Les doutes ? Il faut douter de son talent, il ne faut pas douter de son inspiration. Il ne faut pas se dire : « *Mon Dieu, c'est épouvantable, pendant que des enfants meurent de faim au Biafra, je suis en train de tourner une comédie musicale sur l'adultère* », mais se rappeler qu'au moment où l'on a décidé de tourner cette comédie musicale sur l'adultère, on était dans un tel état d'exaltation qu'on aurait préféré mourir plutôt que de renoncer à son projet.

A qui la faute ? En cas de difficulté, ne jamais incriminer les autres. Si la scène est mal écrite, il ne faut pas incriminer le dialoguiste, car un metteur en scène doit être capable de prendre une feuille de papier et d'écrire ce qu'il ressent ; si la scène est mal jouée, ce n'est pas la faute des acteurs, il fallait conduire la scène autrement ou mieux choisir les acteurs. Si le montage est défectueux, c'est la même chose, le chef-monteur est un exécutant, il attend des solutions imaginatives.

Ensuite — inutile de multiplier les exemples — c'est la même chose avec la critique et le public. Le metteur en scène ne peut attendre ni exiger de personne d'autre que de lui la même passion, le même intérêt pour le film. Pour nous, il est le concentré d'un an de préoccupations et de pensées, mais pour l'équipe de travailleurs qui nous entoure et qui fait partie de l'industrie cinématographique, il est l'un des trois mille films produits dans le monde de cette année.

La critique ? Il faut lui laisser faire son boulot. S'en prendre à la critique quand elle nous éreinte est enfantin, car il faudrait également la contester quand elle nous approuve. Il existe, pour l'artiste trop sévèrement critiqué, une consolation psychologique qui n'est pas négligeable, c'est la « réputation » qui s'établit un peu plus tard, mystérieusement, pas *contre* la critique, mais *en dehors d'elle* et me semble-t-il solidement. Par exemple, si l'on considère un par un les films d'Orson Welles, on s'aperçoit qu'ils ont tous été critiqués sévèrement ; si l'on interroge n'importe quel amateur de cinéma dans le monde, il dira qu'Orson Welles est un grand cinéaste. Nos films ne sont pas scientifiques, l'accueil que leur réserve le public n'est pas scientifique, la part de talent et de chance n'est pas scientifique, pourquoi demanderions-nous à la critique d'être scientifique ? Evidemment, j'ai une bonne raison pour défendre les critiques : j'ai exercé ce métier de 1953 à 1957 !

Le dernier conseil que je donnerai est sûrement le plus important : il faut refuser tous les conseils.

Je manque d'idées à propos de ce que sera l'avenir du cinéma et de son évolution. Quand des journalistes viennent m'interviewer, ils pensent souvent me faire plaisir en me disant : « *Vous et vos amis, vous avez changé le cinéma ; aujourd'hui, le public ne va plus au cinéma pour voir telle ou telle vedette, mais pour voir un film de Bergman, de Fellini, de Buñuel, de Godard, de Resnais ou de Truffaut.* » En réalité, cette remarque me procure moins de fierté que d'inquiétude. J'ai aimé le cinéma quand j'avais douze ans au moment de la Libération de la France, lorsque tous les films américains sont apparus sur les écrans de Paris. Ces films, je choisissais d'aller les voir en regardant les photos à l'entrée du cinéma. Et puis, j'en suis venu, je ne sais pas pourquoi, à noter sur un carnet le nom du metteur en scène à la sortie de la salle chaque fois que j'avais aimé le film ; mais ce cinéma était populaire, tout le monde dans la salle disposait des mêmes éléments pour suivre l'action et la comprendre. Lorsque j'ai vu, le 6 juillet 1946, au cinéma Marbeuf, *Citizen Kane*, j'ai bien senti qu'il allait devenir mon film préféré et que je n'oublierais jamais le nom d'Orson Welles, mais depuis dix ans, chaque fois que je tourne un film, c'est avec l'espoir de susciter la curiosité des promeneurs qui choisissent les films en regardant les photos à l'entrée sans se préoccuper du nom du metteur en scène.

Aujourd'hui — je parle de la situation en France — les promeneurs n'entrent pas facilement dans les cinémas, ils sont saoulés d'images à domicile, et lorsque je vais au cinéma je ne vois dans la salle que des rangées presque vides : les quelques fauteuils occupés me montrent des visages familiers, des habitués de la Cinémathèque, des étudiants en cinéma, quelques confrères metteurs en scène, quelques script-girls passionnées et surtout beaucoup d'assistants-metteur en scène, des stagiaires et des comédiens.

Je sais bien que l'on a décrit Hollywood comme une ville de boulangers où l'on ne fabrique que du pain, mais que se passera-t-il quand le pain lui-même ne sera plus consommé que par des boulangers ?

Lorsque des pensées pessimistes de ce genre me traversent l'esprit, je me rassure ne me remémorant la dernière séquence d'un film d'Ingmar Bergman qui s'intitule *Les Communiants*. A la fin des *Communiants*, on voit un prêtre qui a pratiquement perdu la foi et qui se trouve célébrer la messe dans son église, complètement vide. Le film se termine là-dessus, et j'interprète cette scène autrement ; je me dis : « *Oui, Bergman veut nous dire que les spectateurs dans le monde entier se détachent du cinéma, mais il pense qu'il faut continuer quand même à faire des films, même si on doute et même s'il n'y a personne dans les salles*. » J'ai interprété cette scène comme cela et je ne sais pas du tout si la pensée de Bergman est celle-ci. En tout cas, cela m'a intéressé de voir dans ce final une parabole sur la crise du cinéma dans le monde.

(*Esquire*, 1969)

TABLE

3
Littérature et cinéma

4
Vive la vedette !

5

Un peu de polémique ne fait pas de mal

Épilogue

Achevé d'imprimer en mars 1990
sur les presses de l'Imprimerie Bussière
à Saint-Amand (Cher)

N° d'éditeur : 12 542
Dépôt légal : Avril 1990
N° d'impression : 306.

Imprimé en France